KB203510

역사의 맞수 ②

-고구려 고국원왕과 백제 근초고왕-

노 중 국

지식산업사

노중국 盧重國

경북 울진에서 태어나 계명대학교 사학과를 졸업하고, 서울대학교 대학원 국사학과에서 문학석사, 문학박사 학위를 받았다. 1979년 계명대학교 사학과에 부임하여 전임강사·조교수·부교수·정교수를 거쳐 인문대학장을 역임하고, 2014년 8월 정년 퇴임하였다. 현재 계명대학교 사학과 명예교수이다. 한국고대사학회 1~4대 회장, 백제학회 회장, 대구사학회 회장, 문화재위원회 사적분과위원장, 한성백제박물관건립추진단 전시기획실무위원회 위원장, 백제역사유적지구 세계유산등재추진위원회 위원장, 백제문화사대계(25권) 편집위원장, 신라 천년의 역사와 문화(30권) 편집위원장, 경상북도 목판사업자문위원회 위원장을 지냈다. 현재 국가유산청 역사문화권정비위원회 위원장을 맡고 있다.

저서로 《백제정치사연구》(1988), 《백제부흥운동사》(2003), 《백제사회사상사》(2010), 《백제의 대외 교섭과 교류》(2012), 《백제정치사》(2018), 《역사의 맞수: 백제 성왕과 신라 진흥왕》(2020), 《백제의 정치제도와 운영》(2022), 《한국고대의 수전 농업과 수리시설》(공저, 2010), 《(개정증보) 역주 삼국사기 1~5》(공역주, 2012), 《금석문으로 백제를 읽다》(공저, 2014), 《한류 열풍의 진앙지 일본 가와치》(공저, 2016), 《목간으로 백제를 읽다》(공저, 2020) 등이 있다.

역사의 맞수 ②

고구려 고국원왕과 백제 근초고왕

제1판 1쇄 인쇄 2025. 2. 10.
제1판 1쇄 발행 2024. 2. 20.

지 은 이   노중국
펴 낸 이   김경희
펴 낸 곳   (주)지식산업사
　　　　　본사 • 10881, 경기도 파주시 광인사길 53
　　　　　전화 (031)955-4226~7 팩스 (031)955-4228
　　　　　서울사무소 • 03044, 서울특별시 종로구 자하문로6길 18-7
　　　　　전화 (02)734-1978 팩스 (02)720-7900
　　　　　한글문패　　지식산업사
　　　　　영문문패　　www.jisik.co.kr
　　　　　전자우편　　jsp@jisik.co.kr
　　　　　등록번호　　1-363
　　　　　등록날짜　　1969. 5. 8.

책값은 뒤표지에 있습니다.

ISBN 978-89-423-9136-3   93910

이 책을 읽고 저자에게 문의하고자 하는 이는
지식산업사 전자우편으로 연락 바랍니다.

역사의

고구려 고국원왕과 백제 근초고왕

맛수②

노 중 국 지음

지식산업사

　저자는 2020년에 《역사의 맞수①-백제 성왕과 신라 진흥왕》(지식산업사)을 펴냈다. 《역사의 맞수②-고구려 고국원왕과 백제 근초고왕》은 그 후속 작업이다. 저자가 이 책을 펴내기로 한 데는 지식산업사 김경희 사장님의 "노 선생, '제2의 역사의 맞수'를 쓰면 좋겠소."라는 한마디 말씀이 컸다. 이 말을 듣고 다시금 생각해 보았다. 한국고대사에서 역사의 맞수는 성왕과 진흥왕뿐이겠는가. 물론 아니다. 제2, 제3의 역사의 맞수가 얼마든지 있었다. 그래서 제2의 역사의 맞수를 쓰기로 마음먹었다.

　어느 왕과 어느 왕을 맞수로 할 것인가를 두고 고민하다가 두 가지 기준을 정하였다. 하나는 《역사의 맞수①》의 경우 맞수는 백제왕과 신라왕이었으므로 이번에는 백제왕과 고구려왕이었으면 좋겠다. 다른 하나는 두 왕이 직접 전쟁터에서 맞붙은 왕이면 좋겠다. 이 두 조건을 충족시키는 맞수가 바로 고구려 고국원왕과 백제 근초고왕이었다. 고국원왕은 331년에 즉위하여 371년에 돌아갔다. 재위 기간은 41년이었다. 근초고왕은 346년에 즉위하여 375년에 돌아갔다. 재위 기간은 30년이었다. 두 왕은 26년이라는 짧지 않은 기간을 함께 하였다. 그리고 평양성 전투 때 직접 군대를 이끌고 와서 맞붙었다.

　《삼국사기》에는 고국원왕에 대한 평가는 없지만 광개토대왕 대의 인물 모두루牟頭婁의 묘지인 〈모두루묘지묵서牟頭婁墓誌墨書〉에 따르면 고국원왕은 '성태왕聖太王'으로 추앙되고 있었다. 근초고왕에 대해 《삼국사기》 편찬자는 "체모는 기위하고 원식이 있었다"고 평하였다. '기위奇偉'는 '뛰어나게 좋고 훌륭하다'는 뜻이고, '원식遠識'은 '앞날을 내다볼 수 있는 높은 식견'이란 뜻이다. 근초고왕은 체격도 장대하고, 풍채도 좋고, 원대한 식견을 가진 인물이었다.

고구려사에서 후계 왕들로부터 칭송받고 존칭을 받은 왕은 시조 추모왕을 빼고는 고국원왕이 최초이다. 백제사에서 후계 왕들로부터 칭송받고 기념되는 왕은 현재의 자료에는 근초고왕이 최초이다. 두 왕은 영웅으로 일컬어도 손색이 없다. 따라서 두 왕이 평양성에서 한판의 승부를 펼친 것은 맞수의 대결로 보아도 좋을 것이다.

고구려사에서 전성기의 출발점은 고국원왕 대였고, 그 토대를 놓은 왕이 부왕인 미천왕美川王(300-331)이었다. 백제의 경우 전성기는 근초고왕 대였고, 그 토대를 놓은 왕이 부왕인 비류왕比流王(304-344)이었다. 미천왕과 비류왕은 거의 같은 시기에 즉위하여 30년 가까이 재위 기간을 같이 하였다. 두 왕은 모두 정변을 통해 왕위에 올랐다. 왕위에 오르기 전에 오랫동안 고달픈 삶을 살았고 어려운 고비를 넘겼다. 그러나 두 왕은 즉위한 뒤에 고구려와 백제에서 새로운 시대를 여는 시작점을 만들었다.

선대 왕이 이루어 놓은 토대 위에서 고국원왕과 근초고왕은 각각 부체제部體制를 극복하고 중앙집권체제를 이룩하였다. 축적된 군사력으로 정복적 팽창에 나섰다. 이 과정에서 고구려는 남진을, 백제는 북진을 추진하였다. 이제 충돌은 피할 수 없게 되었다. 그 결과 두 영웅은 각각 군사를 거느리고 전쟁터에서 맞붙었다. 대결의 장소는 평양성이었다. 평양성 전투는 한국고대사에서 일어난 최초의 북진과 남진의 충돌이었다. 고구려왕과 백제왕이 직접 전장戰場에서 맞붙은 처음이자 마지막 전투였다. 그만큼 평양성 전투는 역사적 의미가 있는 맞수의 대결이라 할 수 있다.

맞수의 대결은 고국원왕이 백제군의 화살에 맞아 전사함으로써 근초고왕의 승리로 끝났다. 그 결과 고구려의 남진에 제동이 걸리면서 백제는 고구려와 힘의 균형을 이루었다. 이후 두 나라는 한반도에서 진행되는 역학 관계의 중심축이 되었다. 그러나 고국원왕의 전사는 고구려로서는 치욕적인 일이어서 백제를 원수로 생각하는 인식이 생겨났다. 그래서 〈광개토대왕비〉에서는 백제를 굳이 '백잔百殘'으로, 백제왕을 '잔주殘主' 또는 '잔왕殘王'으로 폄하하여 불렀고, 장수왕은 백제 개로왕에 대해 '과거에 원수짐이 있었다'고 하였다. 이와는 달리 백제는 옛 낙랑군 지역의 일부를 차지하여 전성기를 구가하였다. 중국 동진으로부터 진동장군鎭東將軍 영낙랑태수領樂浪太守의 작호를 받아 국제무대에서 두각을 나타내었다. 왜왕을 제후왕으로 관념하는 천하관을 표방하였다.

맞수의 대결과 그 결과는 당시뿐만 아니라 그 이후의 역사 전개 과정에 큰 영향을 미쳤다. 고국원왕의 전사는 고구려로서는 위기였지만 소수림왕은 이 위기를 극복하고 체제를 정비하였다. 중흥中興의 군주가 된 것이다. 백제 근구수왕은 부왕이 이루어 놓은 업적을 잘 지켜나갔다. 수성守成의 군주가 된 것이다. 따라서 맞수의 대결이 언제 어떻게 일어났고, 어떻게 전개되었고, 그 결과가 어떠하였으며, 그것이 그 시대와 그 이후의 시대에 어떤 영향을 미쳤는지를 살펴보는 것이 필요하다. 이 책은 이러한 필요성에서 쓰인 것이다.

집필을 마치고 나니 《역사의 맞수①》을 내면서 《역사의 맞수②》를 내겠다고 한 약속을 지킬 수 있어서 홀가분하다. 한편으로는 우리나라 역사상 최초로 남진과 북진의 충돌로 빚어진 맞수의 대결과 그 충돌이 가지는 역사적 의미를 얼마만큼 잘 파악하고 정리하였느냐는 점을 생각하니 두려움이 앞서기도 한다. 이 책이 4세기 전·후반의 고구려사와 백제사를 이해하는데 조그마한 디딤돌의 역할을 할 수 있다면 다행일 것이다.

이 책을 집필하면서 가장 아쉬웠던 점은 맞수가 대결을 펼친 장소인 평양성을 직접 가보지 못하였다는 점이다. 역사는 시간의 흐름 속에서 일정한 공간에서 이루어진 인간 활동에 대한 기록인데, 사건이 일어난 공간을 직접 보지 못한 것이다. 이는 역사적 감흥이나 역사적 상상력에 한계를 가져왔다. 앞으로 남북 사이에 드리운 경색 관계가 풀리어 역사의 현장을 직접 볼 수 있는 시간이 빨리 오기를 기대해 본다.

이 책의 출간은 지식산업사에서 맡아주었다. 저자로 하여금 이 책을 쓰도록 격려해 주고 또 어려운 출판 환경에도 불구하고 인문학을 진흥시켜야 한다는 뜻에서 선뜻 출판을 허락해 준 김경희 사장께 먼저 감사의 말씀을 드린다. 내용을 꼼꼼하게 살피고 모양 좋은 책으로 만들어 준 편집부의 권민서 선생에게 감사의 마음을 전한다.

2025년 1월

팔공산 아래 단산 저수지를 바라보며

미관未盥 노중국 삼가 쓰다.

차 례

제1부 맞수의 앞 시대

Ⅰ. 고구려 미천왕

1. 즉위 과정

1) 목숨을 구해 도피한 을불

미천왕美川王은 고구려의 제15대왕이다. 재위 기간은 300~332년이다. 이름은 을불乙弗 또는 우불憂弗, 淚弗이다.《위서》등 중국 사서에는 을불리乙弗利로 나온다. 이 이름들은 모두 고구려의 토착적인 성격의 이름으로 표기상의 차이에 불과하다. 왕호는 미천왕 또는 호양왕好壤王이다. 이 왕호는 돌아가신 뒤 올려진 시호이다. '미美'와 '호好'는 뜻이 상통하고 '천川'의 훈 '내'는 '양讓(壤)'의 훈 '내'와 상통한다. 미천과 호양은 동명이사同名異寫이다.

아버지는 돌고咄固(?~293)인데 제13대 서천왕西川王(270~292)의 아들이고, 제14대왕 봉상왕(292~300)의 동생이었다. 지위는 고추가古鄒加였다.[1] 고추가는 왕족인 계루부의 대가大加나 전 왕족인 소노부의 적통대인嫡統大人 그리고 왕비족인 절노부 출신자만이 맡을 수 있는 최고의 직이었다.[2] 고추가가 됨으로써 돌고는 왕족으로서 최고위의 직에 올랐다. 그러나 그가 언제 고추가에 임명되었는지는 알 수 없다.

　미천왕은 봉상왕이 즉위한 이후부터 어려운 삶을 살아야 하였다. 봉상왕이 자신의 안위에 걸림돌이 되는 왕족들을 제거하기 시작하였기 때문이다. 제거의 첫 대상은 삼촌인 달고達賈였다. 달고는 서천왕 11년(280) 겨울 10월 숙신肅愼이 쳐들어와 변경의 백성들을 살육하였을 때 묘책을 내어 숙신군을 엄습해서 단로성檀盧城을 빼앗아 추장을 죽이고, 부락 예닐곱 곳의 항복을 받는 공을 세웠다. 서천왕은 크게 기뻐하여 달고를 안국군安國君으로 삼아 서울과 지방의 군사 관계의 일을 맡아보게 하고, 아울러 양맥梁貊과 숙신의 여러 부락部落들을 통솔하게 하였다.[3]

　봉상왕은 삼촌 달고가 큰 공을 세우고 또 백성들이 우러러보는 것을 의심하였다. 자신의 자리를 넘볼 수 있다고 생각하였기 때문이다. 그래서 봉상왕은 즉위년(292)에 달고가 "음모를 꾸몄다"는 누명을 뒤집어씌워 죽여 버렸다. 그의 죽음에 대해 나라 사람들은 "안국군이 아니었다면 백성들이 양맥, 숙신의 난을 면하지 못하였을 것이다. 지금 그가 죽으니 장차 누구에게 의탁할 것인가" 하면서 눈물을 뿌리고 서로 문상하지 않는 자가 없었다고 한다.[4] 다음으로 제거의 대상이 된 사람이 동생 돌고였다. 봉상왕은 2년(293)에 돌고가 배반할 마음을 가지고 있다고 하여 자살하게 하였다. 나라 사람들은 돌고가 죄없이 죽었다고 하면서 그의 죽음을 애통해했다고 한다.[5]

　봉상왕이 가까운 왕족들을 죽인 것에 대해《삼국사기》편찬자는 "왕이 어려서부터 교만하고 방탕하며 의심과 시기심이 많았기 때문이다"라고[6] 하였다. 그 원인을 왕의 나쁜 품성으로 돌린 것이다. 그러나 그 배경에는 왕위 계승 문제가 도사리고 있었다. 고구려에서 왕위 계승은 원칙적으로는 부자계승이었지만 봉상왕 이전까지는 부자상속보다는 형제상속이 더 많았다. 그래서 '형이 죽으면 동생이 뒤를 잇는 것이 예이다[兄死第及禮也]'[7]라고 하였다. 봉상왕은 이러한 전통을 극복하여 부자상속을 확립하려고 하였고, 그래서 왕권에 걸림돌이 되는 차기의 유력한 왕위계승 후보자를 사전에 제거하려 하였다.[8] 이 과정에서 달고와 돌고가 죽임을 당했던 것이다.

돌고를 죽인 봉상왕은 조카 을불에 대한 의심도 거두지 않았다. 장차 화근이 될지도 모른다는 생각에서였다. 그래서 7년(298) 11월에 사람을 시켜 을불을 찾아 죽이도록 하였다. 을불은 간신히 목숨을 구하여 도망하였다. 이후 을불은 봉상왕의 독수를 피해 온갖 고초를 겪는 생활을 해야 하였다. 그의 고생스러운 삶의 모습은《삼국사기》 미천왕 즉위년조에 자세히 나온다. 이를 정리하면 다음과 같다.

도망을 친 을불은 처음에는 수실촌水室村 사람 음모陰牟의 집에서 고용살이하였다. 이를 용작傭作이라 한다. 수실촌의 위치는 알 수 없다. 음모는 을불이 어떤 사람인지 알지 못하고 일을 매우 고되게 시켰다. 그 집 곁의 늪에서 개구리가 울면, 을불을 시켜 밤에 기와 조각과 돌을 던져 울음소리를 못 내게 하고, 낮에는 나무하기를 독촉하여 잠시도 쉬지 못하게 하였다. 주인이 끝도 없이 부려먹는 바람에 을불은 괴로움을 이기지 못해 1년 만에 그 집을 떠났다.[9]

음모의 집에서 나온 을불은 동촌東村 사람 재모再牟와 함께 소금 장사를 하였다. 동촌의 위치는 알 수 없다. 그는 배를 타고 압록鴨淥에 이르러 소금을 내려놓고 강 동쪽 사수촌思收村 사람의 집에서 기숙하였다. 그 집의 늙은 할멈[老嫗]이 소금을 청하므로 한 말쯤 주었는데 할멈이 다시 청하자 주지 않았다. 그랬더니 그 할멈은 원망하고

노하여 소금 속에 몰래 신을 넣어 두었다. 을불은 알지 못하고 짐을 지고 길을 떠났다. 할멈이 쫓아와 신을 찾아내어서 을불이 신을 숨겼다고 꾸며 압록재鴨淥宰에게 고소하였다. 압록재는 신값으로 소금을 빼앗아 할멈에게 주고 을불에게는 볼기를 때리고 놓아주었다. 이처럼 용작으로 시달리고 소금을 팔다가 도리어 매질을 당하는 생활로 말미암아 '을불의 얼굴은 야위고 옷은 남루하여 사람들은 그를 보고도 왕손인 줄 알지 못할 정도였다'[10]고 한다.

2) 봉상왕의 폐위와 미천왕의 옹립

도피 생활을 하던 을불이 후일 왕위에 오를 수 있었던 것은 국상 창조리倉助利의 역할이 절대적이었다. 그의 출신 부는 남부였다. 벼슬길에 나선 창조리는 대사자의 관등에까지 올랐다. 봉상왕 3년(294)에 국상 상루尙婁가 죽자 그 뒤를 이어 국상國相에 임명되고, 대주부大主簿로 승진하였다. 국상은 귀족회의체인 '제가회의諸加會議'의 의장이었으며, 상가相加로도 표기되었다. 국상=상가에 대해서는 뒤에 다시 말할 것이다. 봉상왕이 전연의 침입을 막을 인재를 추천하도록 하자 창조리는 북부 대형 고노자高奴子를 추천하였다. 봉상왕은 고노자를 '신성태수新城太守'로 삼았다.[11] 그만큼 창조리는 봉상왕의 총애를 받은 인물이었다.

그러나 봉상왕은 7년(298)부터 국정을 파행으로 이끌기 시작하였다. 서리와 우박이 내려 기근이 들었음에도 궁실을 증축하여 화려하게 꾸몄다. 군신들이 간언을 드렸지만 받아들이지 않았다. 8년(299) 12월에는 우레가 치고 지진이 일어났다. 9년(300) 봄 정월에도 지진이 일어났다. 2월부터 가을 7월까지 비가 내리지 않아 흉년이 들어 백성들은 서로 잡아먹는 상황에까지 이르렀다. 그럼에도 봉상왕은 8월에 나라 안의 남녀 15살 이상인 자[丁男]들을 징발하여 궁실을 수리하도록 하였다. 고된 노동에 시달린 백성들은 일에 지쳐서 도망쳐 흩어졌다.12 보다 못한 국상 창조리가 간하였다. 국왕과 창조리 사이에 오간 대화를 옮기면 다음과 같다.

창조리가 말했다.

> 재난이 거듭 닥쳐 곡식이 자라지 않아서 백성들은 살 곳을 잃어버려, 장정들이 사방으로 흩어지고 노인과 어린아이가 구덩이에서 뒹구니, 지금은 진실로 하늘을 두려워하고 백성을 염려하며, 삼가 두려워하고 수양하며 반성해야 할 때입니다. 대왕께서 일찍이 이것을 생각하지 않고 굶주린 백성들을 몰아 토목 일로 고달프게 하는 것은 백성들의 부모된 뜻에 매우 어긋나는 것입니다. 하물며 이웃에 강하고 굳센 적이 있는데, 만약 그들이 우리가 피폐한 틈을 타서 쳐들어온다면 사직과 백성을 어떻게 하겠습니까? 원컨대 대왕께서는 깊이 헤아리십시오.

봉상왕은 화를 내며 말하였다.

> 임금이란 백성들이 우러러보는 분이다. 궁실이 웅장하고 화려하지 않으면 위엄을 보일 수 없다. 지금 국상은 아마 과인을 비방하여 백성들의 칭찬을 가로채려고 하는구나.

창조리가 말하였다.

임금이 백성을 사랑하지 않으면 어질지 못한 것이고, 신하가 임금에게 간하지 않으면 충성된 것이 아닙니다. 저는 국상의 자리를 잠시 채우고 있으니 감히 말하지 않을 수 없습니다. 어찌 감히 백성들의 칭찬을 가로채겠습니까?

봉상왕은 웃으며 말하였다.

국상은 백성을 위하여 죽겠느냐? 다시는 말하지 않기를 바란다.

창조리는 왕과 대화하면서 왕이 잘못을 고치지 않을 뿐만 아니라 언제 자기를 죽일지도 모른다고 생각하였다. 이에 왕을 폐하기로 마음을 먹은 창조리는 먼저 은밀히 믿을 수 있는 지지 세력의 규합에 나섰다. 이때 북부 소속의 조불祖弗과 동부 소속의 소우蕭友가 동참하기로 하였다. 5부 가운데 3부 세력이 봉상왕 폐위에 뜻을 같이하기로 한 셈이다.

세력을 규합한 창조리는 을불을 옹립하기로 하였다. 을불이 국인國人의 신임을 받고 있던 돌고의 아들이면서 봉상왕이 끝까지 죽이려고 한 인물이어서 거사 뒤에 국인의 마음을 모으는데 적합한 인물이라는 판단에서였다. 창조리는 조불과 소우로 하여금 비밀리에 을불을 찾도록 하였다. 산과 들로 을불을 찾아 나선 이들은 마침내 비류수 가에서 한 장부가 배 위에 있는 것을 발견하였다. 용모는 비록 초췌하였으나 몸가짐은 보통 사람과 달랐다.

소우 등은 이 사람이 을불이라 짐작하고 나아가 절하며 말하였다.

지금 국왕이 무도하므로 국상이 여러 신하와 함께 왕을 폐할 것을 몰래 꾀하고 있습니다. 왕손께서는 행실이 검소하고 인자하여 사람들을 사랑하셨으므로 선왕의 업을 이을 수 있다고 하여, 저희들을 보내 맞이하게 하였습니다.

을불은 선뜻 자신의 정체를 밝히지 않고 이들을 의심하여 말했다.

나는 야인이지 왕손이 아닙니다. 다시 찾아보십시오.

그러나 을불에게는 다른 사람에게는 볼 수 없는 위엄이 있었다. 소우 등은 이 사람이 을불임을 확신하고 다시 설득하였다.

지금의 임금은 인심을 잃은 지 오래여서 나라의 주인이 될 수 없습니다. 여러 신하가 왕손을 매우 간절히 바라고 있으니 청컨대 의심하지 마십시오.

이 말을 들은 을불은 마침내 자신의 정체를 밝혔다. 소우 등은 을불을 받들어 모시고 돌아왔다. 창조리는 기뻐하며 조맥鳥陌 남쪽 집에 모셔두고 사람들이 알지 못하게 하였다.

이제 거사할 일만 남았다. 틈을 엿보고 있던 창조리에게 그 기회가 왔다. 봉상왕이 8년(300) 가을 9월에 후산候山 북쪽으로 전렵田獵을 나간 것이다. 후산의 위치는 알 수 없지만 왕도 밖에 있었음은 물론이다. 봉상왕이 일단 왕도 밖으로 나온 것은 창조리로서는 좋은 기회였다. 지키는 군사는 왕의 경호대뿐이어서 경호대의 지휘관만 포섭하면 일을 쉽게 도모할 수 있었기 때문이었다.

국상 창조리는 왕을 수행한 여러 신하를 불러 모았다. 일종의 비상 제가회의를 연 셈이다. 이 자리에서 창조리는 왕을 폐할 수밖에 없는 연유를 자초지종 말하고 거사 계획을 밝혔다. 그리고 "나와 마음을 같이 하는 자는 내가 하는 대로 하라"고 하면서 갈대잎을 관에 꽂았다. 여러 사람이 모두 창조리를 따라 갈대잎을 관에 꽂았다. 만장일치였다. 이에 창조리는 왕을 폐하여 별실에 가두고 군사로 하여금 주위를 지키게 하였다. 그리고 비록 기록에는 없지만 왕의 경호대로 하여금 왕도를 접수하게 하였을 것이다. 이는 고려 의종 대에 무신란을 일으킨 정중부鄭仲夫 등이 보현원普賢院에서 거사에 성공하자 급히 군대를 보내 왕도 개경을 접수한 것에13 의해 방증이 되리라 본다.

봉상왕을 폐위하는 데 성공한 창조리는 왕도에 들어와 미리 모셔다 둔 을불을 맞이하여 옥새를 바치고 왕위에 오르게 하였다. 새로운 임금이 탄생한 것이다. 이가 미천왕이다. 폐위된 봉상왕은 목숨을 구할 길이 없음을 알고 스스로 목을 매 죽었고, 두 왕자도 따라서 죽었다.14 미천왕은 봉상왕을 봉산원烽山原에 장례를 지냈다. 미천왕이 즉위함으로써 이제 새로운 시대가 열리게 되었다.

2. 왕권 중심의 정치 운영

1) 옹립세력의 등용과 민생의 안정

즉위 이후 미천왕에게 주어진 과제는 크게 둘로 생각해 볼 수 있다. 하나는 봉상왕 대의 파행적인 정치를 바로잡아 민생을 돌보는 것이었고, 다른 하나는 전연의 압박에 효율적으로 대처하는 것이었다. 그러나《삼국사기》미천왕본기에는 내정과 관련한 기사는 하나도 없고 모두 외교 및 전쟁 관련 기사만 나온다. 외교 및 전쟁도 내정과 떼어놓을 수 없다. 이런 점들을 고려하여 미천왕의 내정 관련 사항은 다음과 같이 정리해 볼 수 있다.

첫째, 공신들의 등용이다. 이름을 알 수 있는 옹립 공신은 창조리, 조불, 소우에 지나지 않는다. 이 가운데 일등 공신이 창조리였다. 그는 국상의 지위를 유지하면서 가장 큰 영향력을 행사하였을 것이다. 미천왕을 찾아 나선 조불과 소우도 옹립 공신으로 높은 관직을 맡았을 것이지만 어떤 직책을 맡았는지는 자료가 없어 알 수 없다. 고노자도 이전에 창조리가 추천한 적이 있었기 때문에 역시 중용되었을 것이다. 미천왕은 즉위 초에는 이런 옹립 공신들과 호흡을 맞추어 국정을 안정적으로 운영해 가지 않았을까 한다.

둘째, 군사권의 장악이다. 미천왕은 즉위 3년(302)에 3만의 군대를 직접 거느리고 현도군을 공격하여 8천 명을 포로로 잡아 평양平壤으로 옮겼다.[15] 이에 대해서는 뒤에 다시 말할 것이다. 3만의 군대를 동원한 것은 이제까지 행해진 군대 동원 가운데 가장 큰 규모의 군대 동원이었다. 이 친정親征에서 승리함으로써 미천왕은 군사권을 확실하게 장악하였을 것이다. 이는 왕권을 강화하는 토대가 되었다.

셋째, 민생의 안정이다. 미천왕은 즉위하기 이전 목숨을 구하기 위해 품팔이도 하고 소금 장사를 하면서 민생의 어려움을 직접 보고 겪었다. 이에 미천왕은 봉상왕의 파행적인 정치 운영을 반면교사로 삼아 기근이 들었을 때 구휼을 하고, 불필요한 토목공사는 중단시키는 등 민생의 어려움을 해결하기 위한 정책을 폈을 것이다.

넷째, 부유한 자들의 횡포를 억제하고 지방관들에 대한 기강을 바로잡는 것이었다. 미천왕은 도피 생활을 하는 과정에서 부유한 사람들이 용작인傭作人에게 부리는 횡포, 기숙가寄宿家를 운영하는 늙은 할미의 엉큼함, 사실관계를 정확하게 따져보지도 않은 채 판결하는 지방관의 모습 등등을 겪고 보았다. 이에 미천왕은 지방 토호들의 횡포를 근절하고, 지방관들로 하여금 민생을 세심히 살피라는 명령을 내렸을 것이다.

2) 부체제의 해체

국가발전단계에서 보았을 때 봉상왕 대까지는 부체제部體制 단계였다. 부部는 중앙의 지배자공동체를 말한다.[16] 부의 장長인 제가諸加들은 수천 가家 또는 수백 가를 별도로 주관하고 있었다. 국왕은 자신의 직할지는 직접 지배하였지만 부의 장들이 주관하는 곳은 부의 장들을 통해 지배하였다. 이를 간접지배라고 한다. 간접지배가 행해진 곳은 반공지半公地이고, 그곳에 사는 민들은 반공민半公民의 성격을 가졌다. 이렇게 부를 구성한 중앙의 지배자 집단이 정치 운영의 중심축을 이룬 지배체제를 부체제라 한다.[17] 부체제 단계는 연맹체단계에서 중앙집권국가 단계로 넘어가는 과도기적 성격을 지녔다.

고구려는 기본적으로 5부체제였다. 5부는 소노부消奴部, 절노부絕奴部: 椽那部, 순노부順奴部, 관노부灌奴部, 계루부桂婁部를 말한다. 이 가운데 계루부는 왕실이 속한 부였고, 소노부는 전 왕족의 부였고, 절노부는 왕비를 배출한 부였다. 고구려에서 부체제가 성립한 시기는 태조왕(53~146) 대였다. 이 부체제가 해체되는 과정은 세 단계로 나누어 볼 수 있다.

첫 번째 단계는 순노부와 관노부가 점차 정치 일선에서 밀려난 것이다. 두 부 출신 인물들의 활동 모습이 다른 부보다 앞서 거의 보이지 않는 것이 이를 보여준다.

두 번째 단계는 전 왕족인 소노부 세력의 약화이다. 그 계기가 된 것이 고국천왕이 후사가 없이 죽자 동생 발기發岐와 산상왕山上王(延優, 伊夷模) 사이에 일어난 왕위계승전이었다. 이때 소노가消奴加는 발기를 도왔다가 결국 패배하여 왕도를 떠나 비류수로 돌아왔다.[18] 왕도를 떠난 것은 세력 약화를 의미한다. 이리하여 전 왕족으로서 종묘와 사직도 세울 수 있었던 소노부의 세력은 점차 정치 일선에서 밀려나게 되었다.

세 번째 단계는 절노부 세력의 약화이다. 절노부는 연나부라고도 하였는데 그 내부에 연나씨椽那氏와 명림씨明臨氏가 있었다. 절노부(연나부)는 대대로 왕실과 결혼하였다.[19] 고국천왕과 동생 산상왕 그리고 중천왕의 왕비가 연나씨라는 것이 이를 잘 보여준다. 그래서 연나부를 왕비족으로 부르기도 한다.[20] 그러나 미천왕은 즉위 후 연나부 출신이 아닌 주씨周氏를 왕비로 맞이하였다.[21] 이로써 연나부 출신의 여자를 왕비로 맞이하는 종래의 관행은 깨어졌다. 이렇게 부체제 유지의 마지막 보루였던 연나부(절노부) 세력마저 약화됨으로써 부체제는 종언을 고하였다. 이는 중앙집권 국가체제를 만드는 토대가 되었다. 그 시기가 바로 미천왕 대였다.

3. 정복 활동: 서안평 점령과 낙랑군·대방군 병합

미천왕은 즉위 후 곧장 대외정복 활동에 나섰다. 첫 공격 대상은 현도군이었다. 현도군은 서기전 108년 한漢 무제가 위만조선을 멸망시킨 후 설치한 한4군의 하나였다. 군치郡治는 부조현夫租縣(옥저성)이었다. 서기전 82년 한은 임둔군과 진번군을 폐지하면서 임둔군의 일부를 현도군에 소속시켰다. 서기전 75년 이맥夷貊의 침범 때문에 한은 현도군의 군치郡治를 요동의 혼하渾河 상류인 홍경興京·노성老城 부근으로 옮겼다. 이것이 제2현도군이다. 이후 현도군의 군치는 무순無順 지방으로 옮겨졌다. 이것이 제3현도군이다.

현도군에 대한 공격은 태조왕대부터 본격화되었다. 태조왕은 69년(121) 봄에 유주자사 풍환馮煥, 현도태수 요광姚光, 요동태수 채풍蔡風의 공격을 막아낸 후 12월에 마한과 예맥과 함께 1만기를 거느리고 현도군을 공격하였다. 그러나 부여가 현도군을 돕는 바람에 고구려는 대패하였다.[22] 태조왕의 정책을 이어받아 미천왕은 3년(302) 9월에 친히 군사 3만 명을 거느리고 현도군을 침략하였다. 이 공격에서 미천왕은 승리하여 8천 명을 포로로 잡았다. 16년(315) 2월에 또 장수를 보내 현도성을 공격하여 죽이고 사로잡은 자가 매우 많았다. 성공적인 공격이었다.

다음으로 미천왕은 서안평西安平 공격에 나섰다. 서안평은 현재의 중국 요령성 단동시丹東市 북쪽이다. 서안평은 북쪽의 소수小水가 남으로 흘러 바다로 들어가서[23] 요동 지역과 평양 방면을 연결하는 교통로 상의 요지였다. 서안평에 대한 공격은 태조왕 대부터 시작되었다. 태조왕은 94년(146)에 서안평을 공격하였는데 마침 이곳을 지나던 대방령帶方令을 죽이고 낙랑태수의 처자를 사로잡았다.[24] 이후 동천왕도 16년(242)에 군대를 보내 서안평을 공파하였다.[25] 선대의 정책을 이어받아 미천왕은 12년(311) 가을 8월에 장수를 보내 요동

서안평을 공격하여 마침내 차지하였다.[26] 이로써 고구려는 요동 진출을 위한 교두보를 마련하였다.

　다음으로 미천왕은 낙랑군과 대방군으로 눈길을 돌렸다. 이 시기 중국 대륙의 진晉나라는 황실 내부의 권력 투쟁으로 일어난 '팔왕八王의 난'에 휩싸였다. 이러한 모습을 목격한 유목민족들(흉노족, 선비족, 저족, 갈족, 강족)은 화북지역에서 각각 독자적으로 나라를 세웠다. 이것이 이른바 5호16국이다. 316년 서진은 흉노족 유총劉聰이 세운 한漢에 의해 멸망하였다. 진의 황족 사마예司馬睿는 317년에 강남의 건업建業을 수도로 하여 진을 부활시켰다. 이것이 동진東晉이다.

　진나라가 이렇게 혼란을 겪게 됨에 따라 중앙정부의 지원을 제대로 받지 못한 낙랑군과 대방군의 세력도 약화되었다. 이러한 상황을 이용하여 미천왕은 12년(311)에 요충지인 요동의 서안평을 차지하여 낙랑군과 대방군을 고립시켰다. 요동 사람 장통張統은 낙랑군과 대방군을 근거로 미천왕과 공방을 거듭하였다. 그러나 고구려가 공격을 풀지 않자 장통은 왕준王遵의 건의를 받아들여 313년 4월에 전연의 모용외慕容廆에게 귀부하였다. 모용외는 장통이 거느리고 온 주민 1천여 가를 중심으로 낙랑군을 설치한 뒤 장통을 태수로, 왕준을 참군사로 삼았다.[27] 이 낙랑군은 교군僑郡이며 그 위치는 지금의 금주이며, 북연 때의 조양이었다.[28] 이 틈을 타서 미천왕은 14년(313) 10월에 낙랑군을 습격하여 남녀 2천여 구를 포로로 잡아 돌아왔다. 이로써 낙랑군은 멸망하였다. 그 여세를 몰아 미천왕은 이듬해 15년(314) 9월 대방군을 공격하여 멸망시켰다.[29] 이리하여 한반도 내에서 중국 군현은 완전히 소멸되었다.

　400여 년간 존속하여 정치적, 경제적, 문화적으로 한반도에 많은 영향을 미쳤던 낙랑군의 소멸은 동아시아의 정치 지형과 경제 지형 그리고 문화 지형에 큰 변화를 가져왔다. 고구려와 백제는 낙랑군이 관장하였던 교역 거점으로서의 역할을 하기 위해 경쟁하였다. 국경을 접하게 됨으로써 양국 사이의 군사적 긴장도 높아졌다. 따라서 낙랑군과 대방군의 멸망은 고대동아시아의 국제질서에 변화를 가져온 큰 사건의 하나라고 할 수 있겠다.

4. 대외관계

1) 전연 모용외와의 충돌

서진西晉 말부터 세워진 5호16국 가운데 선비족鮮卑族의 모용부慕容部가 세운 나라가 전연前燕(337~370)이다. 선비족은 동호東胡로 불렸는데 원 거주지는 대흥안령大興安嶺 동북쪽이었다. 진한秦漢 대에 와서 흉노에게 패한 뒤 선비산鮮卑山을 근거지로 하여 살았기 때문에 선비족으로 불렸다.[30] 서진 초에 모용부, 우문부宇文部, 단부段部, 탁발부拓跋部, 독발부禿髮部, 걸복부乞伏部, 유연부柔然部, 철불부鐵弗部, 토욕혼부吐谷渾部 등 9개의 부족으로 분화되었다.

모용부는 요서의 중심지인 대릉하·소릉하 유역에 거주하였다. 그 출발지가 알선동憂仙洞 지역이었다. 내몽고 자치구 후룬베이얼시呼倫貝爾市 오로촌자치기鄂倫春自治旗 아리허진阿裏河鎮 동북쪽 10km 지점에 있는 알선동 동굴 입구 왼쪽 벽면 15m 지점에 새겨진 각석문이 이를 보여준다. 중국학계에서는 이 각석문을 〈선비석실축문鮮卑石室祝文〉이라 부른다.[31]

모용부가 본격적으로 활동하기 시작한 것은 모용외의 증조부 막호발莫護跋 대부터이다. 막호발은 조위曹魏 초기에 제부諸部를 이끌고 요서에 들어와 살았다. 238년 그는 조위의 사마의司馬懿가 요동의 공손연公孫淵을 공격할 때 종군하여 세운 공으로 솔의왕率義王에 봉해졌다. 그는 극성　북쪽에 왕부王府를 마련하였다. 극성의 위치에 대해서는 금주錦州 북방설, 의현義縣 설 등이 있으나 북표北票 삼관영자三官營子 설이 유력하다. 모용외의 할아버지 목연木延은 좌현왕左賢王에 임명되었다. 아버지 모용섭귀慕容涉歸는 유성柳城을 온전하게 지킨 공으로 선비선우鮮卑單于에 임명되었다. 그리고 중심지를 요동 북쪽으로 옮기고 점차 한족의 문화를 받아들였다.[32]

모용섭귀가 죽자 아들 모용외慕容廆(269~333)가 삼촌 모용내慕容耐의 반란을 물리치고 왕위에 올랐다.[33] 이때가 태강 6년(285)이었다. 모용외는 이 해에 부여夫餘를 공격하여 도성을 함락시키고 1만여 명을 노획하였다. 289년 왕부를 도하徒河의 청산靑山으로 옮겼다가 294년 다시 극성으로 옮겼다. 북표 금령사金嶺寺 건축 유적이 모용외의 왕부와 관련되는 것이다.[34] 그리고 농상을 장려하고 법제를 진과 동일하게 하였다. 영가(307~312) 초에 모용외는 스스로 대선우大單于를 일컬었다..[35]

이 시기 난하灤河 유역에는 선비족 단씨段氏가, 시라무렌하西拉木倫河를 중심으로 한 지역에는 우문씨宇文氏가 세력을 잡고 있었다. 단씨와 우문씨는 전연에 대해서는 적대적인 입장을 취하였다. 한편 동진에서는 왕준王浚이 309년에 동이교위와 요동태수의 불화로 요동이 혼란에 빠진 틈을 타서 유주幽州(하북성 북부)에서 자립하였고, 311년에는 승제承制를 일컬었다. 왕준은 장인 최비崔毖를 동이교위로 임명하여 요동에 파견하였다.36 이후 최비는 317년에 평주자사로 부임하였다. 한편 모용외는 321년 동진 원제로부터 감평주제군사 평주자사監平州諸軍事平州刺史로 임명되고, 이어서 도독유주동이제군사 평주목都督幽州東夷諸軍事平州牧으로 승진하면서 요동군공遼東郡公으로 책봉되었다.37 이로써 모용외는 평주 소속 군현의 태수와 현령을 임명하는 인사권을 장악하여 요동과 요서 일대의 실질적인 지배자로 공인받았다.

317년(건무 원년) 2월 모용외는 최비와 고구려를 공격하였다.38 이것이 고구려와 전연과의 충돌의 시작이었다. 최비는 고구려와 단씨段氏, 우문씨宇文氏를 은밀히 달래어 함께 모용외를 치기로 하였다. 319년 세 나라는 극성棘城을 공격하였다. 모용외는 문을 닫고 지키면서 오직 우문씨에게만 소와 술[牛酒]을 보내 위로하였다. 고구려와 단씨는 우문씨가 몰래 모용외와 통한다고 의심하고 각각 군사를 이끌고 돌아갔다. 그러나 우문씨의 대인大人(부족의 우두머리, 추장) 실독관悉獨官만은 혼자라도 모용씨를 치겠다고 남았다. 모용외는 모용황慕容皝과 장사 배외裵嶷로 하여금 정예군을 거느리고 선봉에 서게 하고 자신도 대군을 거느리고 뒤를 따라 실독관을 격파하였다. 이후 모용외의 공격을 견디지 못한 최비는 319년에 수십 기마병과 함께 고구려로 망명하였고 남은 무리들은 모두 모용외에게 항복하였다.39 이렇게 고구려, 우문씨, 단씨를 결합하여 모용외를 공격하려 한 최비의 시도는 실패로 끝나고 말았다. 모용외는 아들 모용인慕容仁을 정로장군으로 삼아 요동을 진수하게 하여 민생을 안정시키도록 하였다.

319년(미천왕 20) 고구려와 전연은 하성河城에서 다시 충돌하였다.40 하성을 지키고 있던 고구려 장수에 대해 《삼국사기》에는 여노

如孥로, 《자치통감》 중종본기에는 '如奴子'로 나온다. '孥'는 '奴子'의 합성어이고, '子'는 '고노자高奴子'처럼 인명의 끝자로 사용되므로 '如奴子'가 본래의 표기가 아닐까 한다. 이 책에서는 '如奴子'로 쓰기로 한다.

하성 전투에 대해 《자치통감》에서는 모용외의 장군 장통張統이 먼저 하성을 공격해서 일어난 것으로,[41] 《십육국춘추》에는 여노자가 먼저 요동을 공격하자 모용외가 장통을 보내 하성을 친 것으로 나온다.[42] 결과는 같지만 시작이 다르다. 어느 것이 타당한지 단정하기 어렵지만 이 시기 미천왕이 요동을 자주 공격한 사실을[43] 주목하면 여노자가 먼저 공격함으로 말미암아 이 전투가 벌어진 것이 아닐까 한다.[44] 모용외는 장군 장통張統을 보내 하성을 습격하게 했다. 장통은 여노자를 공격하여 사로잡고 또 무리 천여 가를 사로잡아서 극성으로 돌아갔다.[45] 하성 함락은 모용외가 고구려 공격에서 거둔 최초의 승리였다.

하성 전투에서 패배하였지만 미천왕은 전연과의 대결을 거두지 않고 자주 군사를 보내 요동을 침략하였다. 이에 대한 보복으로, 모용외는 아들 모용한慕容翰과 모용인慕容仁을 보내 고구려를 치게 하였다. 이들이 공격해 오자 미천왕은 맹약을 맺기로 하였다. 삼국시대에 '맹'은 이번이 최초이다.

'맹'은 춘추시대 이래 제후국끼리 맺은 회맹會盟에서 시작되었으며 이후 특정 집단 또는 세력이나 개인 등 다양한 층위에서 여러 형태로 행해졌다. 이러한 '맹'은 4~5세기에 와서도 한 세력이 다른 세력과의 관계를 정립할 때도 사용되었다.[46] '맹'을 할 때는 천지신명 앞에서 희생의 피를 마시는 의식이 동반되기도 하였다.[47] 그러나 맹은 각국의 내부 상황이나 국제 정세의 변화에 따라 손쉽게 파기되거나 재차 채결되는 등 상대적으로 구속력이 약한 질서였다.

미천왕이 전연에게 한 맹약의 구체적인 내용은 알 수 없지만 '앞으로 전연을 공격하지 않겠다'는 것이 주 내용이었을 것이다. 모용인과 모용한은 그 맹약을 믿고 철군하였다.[48] 그렇지만 320년(미천왕 21) 12월 미천왕은 군사를 보내 또 요동을 침략하였다. 전연과 맹약을 한 이듬해이다. 이는 이 시기의 맹약이 그다지 구속력이 없었음을 보여주는 것이다. 모용외는 모용인을 보내 막도록 하여 고구려군을 대패시켰다. 그리고 모용인으로 하여금 평곽平郭으로 가서 지키도록 하였다. 그러자 고구려는 감히 전연의 땅을 침범하지 못하였다고 한다.[49] 이리하여 고구려와 전연의 대립은 당분간 소강상태를 유지하였다.

2) 후조와의 우호 관계

고구려가 전연과 대립을 하고 있을 때 화북지방에서는 후조後趙(319~351)가 두각을 나타내고 있었다. 후조는 갈족羯族인 석륵石勒이 세운 나라로 도읍은 양국襄國(현재의 중국 하북성 형대)이었다. 319년 11월 석륵은 조왕趙王으로 즉위하였다. 330년 2월 천왕天王에 즉위한 석륵은 그해 9월에 황제로 즉위하였다. 그리고 도읍을 업성鄴城(현재의 중국 임장)으로 옮겼다. 국호는 조趙이다. 그러나 같은 시대에 조나라라는 국명이 여럿 있었다. 그래서 유연劉淵이 건국한 조나라를 전조前趙, 석륵의 조나라를 후조後趙로 불러 구별한다. 석씨의 왕조여서 석조石趙라고 부르기도 한다.

후조는 건국 이후 전연과 공방전을 되풀이하였다. 이에 미천왕은 31년(330)에 후조에 방물로 호시楛矢를 보냈다. 이는 고구려가 후조와 교섭하였음을 보여준다. 이때 숙신도 함께 사신을 보내 호시를 바쳤다.[50] 사신을 파견한 시기는 330년이지만 월은 알 수 없다. 그 달이 2월이라면 석륵이 천왕에 오른 것을 축하하기 위함으로, 9월이라면 황제에 즉위한 것을 축하하기 위함으로 볼 수 있다.

호시는 호楛로 만든 화살이다. 호시의 길이는 1척 8촌이다. 예로부터 호시는 숙신肅愼(읍루)의 특산품으로 알려져 왔다. 숙신은 청석으로 활촉을 만들고 독을 발라 쏘았기 때문에 사람이 맞으면 모두 죽었다고 한다.[51] 호시가 갖는 외교적 의미는 공자孔子의 말에서 찾아볼 수 있다. 공자가 진陳나라에 있을 때 새매가 진후陳侯의 뜨락에 날아와서 죽었다. 살펴보니 돌촉의 싸리나무 화살에 관통된 것이 길이가 한 자가 넘었다. 진후가 사람을 시켜 새매를 가지고 공자에게 가서 물었다. 공자가 '이 새매가 멀리서 왔다. 이 화살은 숙신씨肅愼氏의 화살이다. 옛날에 무왕이 상나라를 이긴 후 구이九夷와 만맥蠻貊에 길을 뚫고 각각 그 지방의 물건을 공납하게 하여 직업을 잃지 않게 하였는데 이에 숙신이 호시를 바쳤다'[52]고 말하였다. 이후 호시는 숙신의 특산품이면서 동이의 대표적인 조공품으로 상징되었다. 호시를 바치는 것은 중국에 귀순하여 조공하는 것을 뜻하였다. 《삼국지》 동이전의 첫 머리[書稱]에 "우虞나라에서 주周나라에 이르기까지 서융에서는 백환을 바침이 있었고 동이에는 숙신의 공납이 있었다. 오랜 세월이 걸려 이르렀는데 멀고 먼 것이 이와 같았다"는[53] 기사가 이를 보여준다.

그런데 고구려는 이전에 후조와 교섭한 적이 없었다. 그럼에도 330년에 후조에 사신을 보낼 수 있었던 데는 우문부의 역할이 주목된다. 이 시기 후조는 우문부와 긴밀한 관계에 있었다. 후조가 우문걸득귀宇文乞得龜에게 관작을 더해 주고 그로 하여금 전연의 모용외를 공격하게 한 것이 이를 보여준다. 한편 우문부는 지리적으로 고구려와 가까웠을 뿐만 아니라 319년에 고구려 함께 전연의 모용외를 공격한 것에서 보듯이 긴밀한 관계를 맺고 있었다. 330년에 고구려가 사신을 보내오자 석륵은 고구려 사신과 우문옥고宇文屋孤의 사신에게 잔치를 베풀었다.[54] 우문옥고를 고구려 사신의 이름을 보는 견해도 있고[55] 우문부宇文部 출신 인물로서 당시 우문부의 수장인 우문걸득귀가 보낸 사신이거나 우문별부의 수장일 것으로 보는 견해도 있다.[56] 문장 구조로 보면 후자의 견해가 타당하다고 생각된다. 이로미루어 미천왕은 우문부를 매개로 하여 330년에 후조에 사신을 보내지 않았을까 한다. 이는 신라 법흥왕이 521년에 백제 사신을 따라 양나라에 사신을 파견한 것과 비슷한 모습이다.[57] 전연 모용외와 대립적인 관계에 있던 석륵은 우문부를 통해 고구려와 전연의 관계가 좋지 않다는 것을 파악하고 고구려 사신과 우문부 사신에게 향연을 베푼 것으로 보인다.

이때 미천왕이 호시를 보냈던 것이다. 고구려가 중국 왕조와 교섭하면서 호시를 보낸 것은 이것이 처음이자 마지막이다. 호시가 갖는 외교적 의미를 생각할 때 호시를 보낸 것은 후조와의 관계를 돈독히 하려는 의도가 아니었을까 한다. 이는 미천왕이 마지막까지 요동 진출을 포기하지 않겠다는 의지를 보여주는 것이다. 그런데 미천왕이 후조에 호시를 보낸 것을 《삼국사기》와 《진서》에서는 모두 '치致'라고 표현하였다. '치致'는 '공헌貢獻', '조공朝貢', '공貢'보다는 예속도가 낮은 외교 용어이다. 이는 고구려가 후조와 맺은 외교 관계는 조공-책봉 관계가 아니었음을 보여주는 것이다.

Ⅱ. 백제 비류왕

1. 출계와 나이 문제

비류왕은 백제 제11대 왕이다. 제6대 구수왕(214-234)의 둘째 아들이고, 7대 사반왕(234~234)의 동생이다. 재위 기간은 41년(304~344)이다. 《삼국사기》는 비류왕의 인물 됨됨이에 대해 "성격은 관대하고 자애로워 사람을 사랑했으며, 힘이 세고 활을 잘 쏘았다"고 평하였다.[58]

비류왕과 관련하여 먼저 정리해 두어야 할 것은 나이 문제이다. 이때 8대 고이왕(234~286)의 나이 문제도 함께 고려해야 한다. 비류왕이 출생한 해를 최대한으로 늦추어 아버지 구수왕(214~234)이 돌아간 해인 234년이라고 하더라도 즉위할 때의 나이는 최소 70세였고, 돌아가실 때의 나이는 110세 이상이었다. 이는 비정상적이다. 초고왕(166~214)의 동모제인 고이왕은 초고왕계와 고이왕계가 나누어지는 기점이 되는 왕이다. 고이왕은 234년에 즉위하여 286년에 돌아갔다. 고이왕이 출생한 해를 최대한 늦추어 초고왕이 즉위한 해인 166년이라고 하더라도 즉위할 당시 나이는 68세 이상, 돌아가실 때의 나이는 120세 이상이 된다. 이 또한 비정상적이다.

두 왕의 비정상적인 나이와 재위 기간 문제는 초기백제 왕계보의 정리 과정과 연동해 살펴보아야 한다. 초기백제 왕계보 정리 작업은 두 형태로 진행된 것 같다. 하나는 시조 온조왕에서 5대 초고왕에 이르기까지의 왕계보 정리이다. 이 시기는 연맹체 단계여서 연맹장은 교립交立되었다. 연맹장을 배출한 집단은 부여씨 왕실의 온조계와 미추홀의 해씨의 비류계이다. 《삼국사기》가 보여주는 현재의 왕계보는 연맹장을 연결시킨 계보이다. 기본 방향은 부여씨 왕실의 시조인 온조왕을 백제국의 시조왕으로 하고 그 다음에 비류계에서 배출한 연맹장들을 연결시켰다. 비류계에서 배출한 연맹장은 2대 다루왕-3대 기루왕-4대 개루왕이었다. 이 왕들은 '루婁'를 왕명의 끝자[末字]로 한 것이 특징이다. 그리고 부여씨로서 최초로 연맹장이 된 5대 초고왕을 개루왕 다음에 연결했다. 이 때문에 초기 백제 왕들의 재위 기간은 시조 온조왕의 경우 46년, 다루왕의 경우 50년, 기루왕의 경우 52년, 개루왕의 경우 39년, 초고왕의 경우 49년인 것에서 보듯이 매우 길게 되었다. 이는 연맹장을 연결시켜 왕계보를 정리하면서 생겨나는 시간 차이를 각 왕의 재위기간을 늘려 정리한 결과인 것이다.

다른 하나는 5대 초고왕에서 12대 비류왕에 이르기까지 왕실 계보의 정리이다. 이 시기는 왕위가 직계에서 방계로, 방계에서 직계로 이어진 시기이다. 직계와 방계의 시작점은 초고왕이다. 이후 왕위는 초고왕-구수왕-사반왕에 이르기까지는 직계인 초고왕계로 이어졌다. 그러나 초고왕의 동생인 고이왕이 사반왕을 밀어내고 왕위에 오른 이후에는 방계 고이왕계가 왕위를 이어갔다. 고이왕-책계왕-분서왕이 그것이다. 이때의 왕계보는 왕위에 오른 왕들만을 연결시키는 형태로 만들어졌다. 그래서 방계로서 최초로 왕위에 오른 고이왕은 직계와 방계의 분기점이 되는 초고왕의 동모제로 연결시켰다. 이로 말미암아 고이왕의 나이는 120세가 넘게 되었다. 한편 직계인 비류왕은 방계인 분서왕의 어린 아들들을 밀어내고 왕위에 올랐기 때문에 왕위계승의 정통성을 확보하는 것이 필요하였다. 그 방법으로 비류왕을 구수왕의 제2자로 설정하여 사반왕의 폐위로 단절된 직계의

왕위 계승권을 회복시켰다. 그 결과 비류왕의 나이는 100세가 넘는 형태로 정리되었던 것이다.[59]

이러한 왕계보 정리 작업은 역사서 편찬과 연관된다. 백제에서 최초의 역사서는 근초고왕이 박사 고흥으로 하여금 편찬하게 한 《서기》이다. 여기에는 아버지 비류왕의 왕계보가 정리되었을 것이지만 현재의 왕계보처럼 110세가 넘은 나이의 형태로 정리되지는 않았을 것이다. 비정상적이기 때문이다. 저자는 현재와 같은 초기백제의 왕계보는 사비시대 후기에 이른바 백제 삼서, 즉 《백제기》, 《백제신찬》, 《백제본기》가 편찬될 당시에 정리되었거나 아니면 백제 멸망 이후 통일신라시기에 정리되지 않았을까 추론해 둔다. 이러한 문제들의 해명은 앞으로의 과제로 남긴다.

2. 즉위 과정

비류왕은 왕족이었다. 정상적이라면 그는 왕족으로서 왕도에서 살았을 터이다. 그런데도 즉위 이전 비류왕은 오랫동안 민간에서 살아야 했다.[60] 그 배경은 형 사반왕이 폐위되고 왕위가 고이왕에게로 넘어간 상황과 연동된다. 고이왕은 《삼국사기》에는 '초고왕모제肖古王母弟'로 나온다. 이를 '초고왕의 어머니의 동생'으로 해석하여 고이왕은 주몽-온조왕계가 아니라 우태-비류계로서 성씨는 우씨優氏인 것으로 보는 견해도 있다.[61] 그러나 《삼국사기》에 나오는 모제母弟의 용례는 모두 동모제를 말하므로 고이왕은 '고초왕의 동생'으로서 주몽-온조왕계의 부여씨로 보는 것이 타당하다.[62]

초고왕 사후 아들 구수왕이 왕위를 계승하였고, 구수왕이 죽자 사반왕이 즉위하였다. 이렇게 3대에 걸쳐 직계가 왕위를 계승함에 따라 초고왕의 동생 고이왕은 방계화되어 갔다. 이에 반발한 고이왕은 사반왕이 어리다는 이유로 폐위시키고 왕위에 올랐다.[63] 이는 백제사에서 정변으로 왕위가 교체된 최초의 사례이다. 이후 왕위는 고이왕의 아들 책계왕으로, 다시 책계왕의 아들 분서왕으로 이어졌다. 고이왕계가 왕위를 계승해 간 것이다.

즉위 뒤 고이왕은 왕권에 위협을 줄 수 있는 초고왕의 직계 세력에 대해 의심을 눈초리를 거두지 않았을 것이다. 이때 일차로 경계의 대상이 된 인물은 바로 구수왕의 둘째 아들이면서 사반왕의 동생인 비류왕이었다. 그래서 비류왕은 목숨을 부지하기 위해 오랫동안 민간에 은신하며 살아야 하였다. 이는 고구려 을불乙弗(미천왕)이 큰 아버지 봉상왕의 독수를 피해 품팔이 생활[傭作]을 하거나 압록강을 오르내리면서 소금을 파는 어려운 생활을 한 것과 유사하다. 미천왕의 도피 생활에 대해서는 앞에서 이미 말하였다.

즉위 뒤 왕권을 안정시킨 고이왕은 중국 군현에 대해 공세적 입장을 취하였다. 245년(고이왕 12) 유주자사 관구검毌丘儉이 낙랑태수 유무劉茂, 대방태수 궁준弓遵과 더불어 고구려를 공격하는 틈을 타서 낙랑군의 변방 주민들을 습격해 붙잡아 왔다. 그러나 낙랑군이 강력하게 항의하자 붙잡아 온 주민들을 돌려주어 군현과의 갈등 관계를 수습하였다.[64] 이후 고이왕은 아들 책계를 대방왕녀 보과寶菓와 결혼시켰다.[65] 이때의 대방왕은 대방태수를 말한다. 대방군이 고구려의 압박에 대응하기 위해 백제로부터 군사적 지원을 받으려는 목적에서 딸을 시집보낸 것이다.[66] 이는 고구려가 대방군에 가한 압박이 그만큼 컸음을 보여준다.

혼인 관계를 맺은 이후 대방군은 고구려의 공격을 받자 백제에 구원을 요청하였다. 책계왕은 대방군을 장인의 나라[舅甥之國]라고 하면서 원군을 보내 주었다. 이는 고구려와의 관계에 갈등을 일으켰다. 백제는 혹시나 있을지도 모를 고구려의 공격에 대비하여 아차성과 사성蛇城을 수리하였다.[67] 아차성은 서울 한강 이북의 아차산에 위치한 성이고, 사성은 서울 삼성동토성에 비정되고 있다.[68]

그러나 백제와 중국 군현과의 화호관계는 오래가지 않았다. 중국 군현으로서는 북의 고구려만 위협이 될 뿐만 아니라 남쪽에서 성장해 오고 있는 백제 또한 새로운 위협 세력이 될 수 있었기 때문이었다. 이러한 위험을 미리 예방하기 위해 297년(책계왕 12) 중국 군현은 맥인貊人까지 동원하여 백제를 공격하였다. 책계왕은 친히 군대를 이끌고 나가서 싸웠지만 적군에 피살되고 말았다.[69] 책계왕의 뒤를 이어 즉위한 분서왕은 304년(분서왕 7) 2월 몰래 군사를 동원하여 낙랑 서쪽의 현을 습격해 차지하였다. 부왕이 전사한 것에 대한 보복 공격이었다. 낙랑도 강력히 대응하여 그해 10월 자객을 보내 분서왕을 죽여 버렸다.[70]

두 왕이 연속적으로 피살된 것은 예상하지 못한 사건이었다. 여기에 더하여 분서왕의 아들들은 어렸다. 이는 후계 구도에 큰 변화를 가져왔다. 이런 상황을 이용하여 비류왕은 왕위에 올랐다.[71] 비류왕이 왕이 될 수 있었던 배경은 두 가지로 생각해 볼 수 있다. 첫째, 그의 사람됨과 능력이다. 비류왕은 성품이 관대하고 자애로웠으며 사람을 사랑하였다. 또 비류왕은 '힘이 강하고 활을 잘 쏘았다'는 인물평에서 보듯이 군사에 밝았다. 관대한 인품과 탁월한 군사 능력은 점차 입에서 입으로 전해져서 "그 명성이 널리 퍼졌다[令譽流聞]"란 평을 듣게 되었다. 둘째, '신민추대(臣民推戴)'에서 보듯이 비류왕을 추대하여 왕위에 오르게 한 신민, 즉 지지세력이 있었다. 이 가운데 핵심적인 역할을 한 세력이 해씨解氏였다. 비류왕이 9년(312)에 해구解仇를 병권을 관장하는 병관좌평에 임명한 것이[72] 이를 보여준다.

중국 군현에 의한 책계왕의 전사와 분서왕의 피살, 그에 따른 고이왕계의 동요라고 하는 상황에서 비류왕은 해씨를 중심으로 하는 '신민'으로 표현된 지지세력들의 추대로 왕위에 올랐다.[73] 이는 초고왕계의 재등장이라고 할 수가 있다. 비류왕 대까지 초고왕계와 고이왕계의 왕위계승 관계를 정리하면 다음 표와 같다.

```
                         ┌─ 사반왕(폐위)
                         │   (7)
            ┌─ 초고왕 ─ 구수왕 ─┤
            │   (5)     (6)   │
            │                 └─ 비류왕 ── 근초고왕 ── 근구수왕
개루왕 ─────┤                     (11)      (13)       (14)
 (4)        │
            └─ 고이왕 ── 책계왕 ── 분서왕 ── 계왕
                (8)       (9)      (10)     (12)
```

3. 정치적 기반의 확대와 부체제의 해체

방계 고이왕계를 제치고 왕위에 오른 비류왕은 중앙집권체제 확립에 박차를 가하였다. 그러기 위해서는 지지기반의 확대가 필요하였다. 지지기반의 확대는 왕실을 적극적으로 지지하는 귀족 세력들의 확보를 통해 이루어진다. 즉위 초에 비류왕은 즉위를 도와 준 해씨 세력을 중용하였다. 그래서 9년(312)에 해구를 병관좌평에 임명

하였다. 18년(321)에 서제 우복優福을 내신좌평으로 삼아 왕정을 보필하게 하였던 것이다. 이는 비류왕이 왕족과 해씨세력 중심으로 정치를 운영하려 한 것을 보여준다.

이후 비류왕의 정치 운영 방식에 변화가 생겼다. 그 계기가 된 것이 30년(333)에 별똥별이 떨어져서 왕궁에 불이 나서 민호까지 번지는 재이災異의 발생이었다.[74] 동양고대사회에서 재이는 정치가 제대로 작동되지 못할 때 자연이 내리는 경고의 성격을 가졌다. 왕궁에 불이 난 재이는 비류왕에게는 큰 부담이 아닐 수 없었다. 비류왕은 동요하는 민심을 진정시키고자 대폭적인 정치쇄신을 하여야 하였다. 이때 비류왕이 주목한 세력이 진씨세력이었다.

진씨 세력은 고이왕 대에는 좌평과 좌장을 배출한 유력한 귀족이었지만 비류왕 즉위 이후 한동안 정치 일선에서 밀려나 있었다. 비류왕은 이 진씨세력을 주목하고 30년(333)에 진의眞義를 내신좌평에 임명하였다.[75] 그리고 진씨 출신의 여성을 아들 근초고의 부인으로 삼았다. 근초고왕 2년(347) 정월에 조정좌평에 임명된 진정眞淨이 왕후의 친척이었다는 사실이[76] 이를 말해준다. 그런데 백제에서 내신좌평은 대개 왕족이나 왕의 장인이 임명되었다. 근구수왕 대에 왕의 장인[王舅] 진고도가, 개로왕 대에 왕의 동생 문주가 내신좌평에 임명된 것이 그 예가 된다. 이로 미루어 진의는 진씨 왕비의 아버지일 가능성이 크다. 진씨세력이 왕실을 뒷받침하는 지지기반이 됨으로써 비류왕은 불안한 정치 정세를 극복해 나갈 수 있게 되었다.[77]

비류왕이 즉위할 때까지 백제는 부체제 단계였다. 부체제는 연맹체 단계에서 중앙집권체제 단계로 넘어가는 과도기적 성격을 지니고 있었다. 백제에서 부의 존재를 보여 주는 것이 《삼국사기》 온조왕

31년(서기 13)조의 '국내의 민호를 나누어 남부와 북부로 하였다'는 기사와 33년(서기 15)조의 '동부와 서부를 더하여 두었다'는 기사이다.[78] 여기에는 동·서·남·북부의 4부가 나온다. "국내의 민호를 나누었다"고 하는 이 기사의 '국내'는 백제의 영역을, '민호'는 백제의 영역 안에 살고 있는 민을 말한다.

국내의 민호를 4부로 나눈 의미는 부여의 사출도四出道와의 비교를 통해 파악해 볼 수 있다. 부체제 단계의 부여에서는 대가大加와 소가小加, 즉 제가諸加들이 별도로 사출도를 주관하였는데[別主], 대가는 수천 가家, 소가는 수백 가를 주관하였다.[79] 백제의 4부를 사출도에 대응시켜 보면 부의 장은 사출도를 주관한 대가나 소가에 대응된다. 민호를 나눈 것은 부의 장들이 지배할 수 있는 민호의 수를 보여 주는 것으로서 부여의 대가나 소가들이 주관한 수천 가, 수백 가에 대응된다. 한편 부여에는 사출도에 속하지 않는 왕의 직할지가 별도로 있었다. 백제에도 왕의 직할지가 있었다. 온조왕 14년(기원전 5)에 "한강 서북쪽에 성을 쌓고 한성漢城의 백성을 나누어 살게 하였다"고 한 '한성의 백성'이 바로 왕의 직할지에 속한 민이다.[80] 이 직할지가 바로 중부인 것이다. 이렇게 보면 백제의 부는 5부가 된다.

백제가 부체제를 성립시킨 시기를 추론하는데 주목되는 사건이 246년에 일어난 마한과 중국 군현과의 전쟁이다. 이 전쟁은 부종사 오림吳林이 진한 12국 가운데 8국을 분리하여 그 관할을 대방군에서 낙랑군으로 이속移屬시키는 조치를 취한 것이[81] 계기가 되어 일어났다. 이때 이 전쟁을 주도해 나간 세력에 대해 백제국으로 보는 견해,[82] 신분고국臣濆沽國으로 보는 견해[83] 등이 있다. 그러나 연맹체를 구성한 국으로부터 군사를 동원하는 일은 맹주국만이 할 수 있었다. 이 시기 마한의 맹주국은 목지국目支國이었다. 따라서 이 전쟁은 목지국이 주도한 것으로 보는 것이[84] 타당할 것이다.

목지국 중심의 마한연맹체의 군대는 245년(고이왕 13) 대방군의 기리영崎離營(황해도 기린군)을 공격하여 대방태수 궁준弓遵을 전사시키는 승리를 거두기도 하였지만 결국 패배하고 말았다. 그 결과 나해국那奚國 등 수십 국은 각각 종락種落을 이끌고 연맹체를 이탈하여 군현에 항복하였다.[85] 이로 말미암아 이 전쟁을 주도하였던 목지국의 위상이 약화되었다. 이 틈을 타서 고이왕은 목지국을 멸망시키고 새로이 마한연맹체의 맹주국이 되었다. 이는 백제의 성장에서 한 획기라고 할 수 있다.

맹주국이 된 고이왕은 주변의 여러 국을 통합하여 영역을 확대하였다. 이를 보여주는 것이《삼국사기》백제본기에 온조왕이 마한과 '북으로는 패하, 동으로는 주양, 서로는 대해, 남으로는 웅천'으로 영역을 획정하였다[86]고 한 기사이다. 이 기사의 패하浿河는 예성강에, 주양走壤은 춘천에, 대해大海는 서해에, 웅천熊川은 경기도 안성천에 비정된다. 그만큼 영역이 확대된 것이다. 이리하여 이 공간 안에 있던 각국의 수장들은 독립성을 상실하고 중앙귀족으로 전화轉化되어 갔다. 고이왕은 이렇게 중앙귀족으로 전화된 세력들을 부로 편제하였다. 이 부가 바로 동부, 서부, 남부, 북부 그리고 중부였다. 5부가 만들어진 시기는 백제가 제대로 된 관등官等을 갖춘 시기가 고이왕 27년(260)과 28년(261)인 것에서 미루어 고이왕 후반기인 3세기 후반으로 볼 수 있겠다.[87]

이후 5부의 활동을 보면 왕실이 속한 중부를 제외하면 4부 가운데 가장 많은 활동을 보여 주는 것이 북부이고, 그 다음이 동부와 서부이다. 이와 달리 남부의 경우 그 출신자들의 활동상이 거의 보이지 않는다. 이로 미루어 남부 세력이 먼저 정치 운영의 중심에서 밀려나고, 그다음으로 동부와 서부 세력이 밀려난 것으로 볼 수 있다. 그 결과 북부가 왕실과 함께 정치 운영의 중심축을 형성하였다. 이때 북부를 대표하는 세력이 해씨와 진씨였다.

진씨세력과 해씨세력은 자신들의 혈연적 기반보다는 왕권과의 관계 속에서 정치적·사회적 지위를 유지하면서 상호 길항적拮抗的 관계에 들어갔다. 왕실은 때로는 해씨를, 때로는 진씨를 활용하여 왕권을 강화하고 세력 기반을 확대하였다. 고이왕은 7년(240)에 진충眞忠을 좌장으로 삼은 것, 14년(247)에 진충을 우보로 올린 후 진물眞勿을 좌장으로 삼은 것, 28년(261)에 진가眞可를 내두좌평으로 삼은 것에서 보듯이 진씨 세력을 중용하였다. 그러나 비류왕이 9년(308)에 해구解仇를 병관좌평에 임명함으로써 유력 귀족은 진씨에서 해씨로 바뀌었다.

이러한 해씨 중심의 정치 운영 상황에 변화를 가져온 큰 사건이 일어났다. 비류왕 18년(321) 내신좌평에 임명된 서제 우복優福이 24년(327)에 북한산성을 근거로 반란을 일으킨 것이다. 이 반란은 백제에서 왕족이 일으킨 최초의 반란이었다. 반란의 과정은 구체적으로 알 수 없지만, 비류왕은 군대를 출동시켜 진압하였다.[88] 믿었던 동생의 반란은 비류왕에게 큰 충격이었다. 이에 반란을 평정한 비류왕은 반란에 가담한 세력들은 물론 왕권에 걸림돌이 되는 세력마저도 제거하였다. 부의 장들이 독자적으로 두었던 지배조직을 해체하고, 그들의 경제적 기반이 되었던 반공지半公地와 반공민半公民들은 모두 국왕의 직접 지배를 받는 공지公地와 공민公民으로 전환시켰다. 이리하여 왕실의 위엄과 권위는 부部의 장들을 압도하게 되었다. 그 결과 지배자 집단으로서의 부가 독자적인 운동력을 상실함으로써 부체제는 해체되었다.[89] 이를 이루어 낸 왕이 바로 비류왕이었다.

4. 군사권 장악과 영역 확대

부체제 단계에서 부의 장들은 일정한 군사력을 지니고 있었다. 그래서 외적이 공격해 오면 스스로 나가서 싸웠다.[90] 상황에 따라 독자적인 군사 활동을 한 것이다. 초고왕 대에 북부 진과眞果가 부병 1천 명을 거느리고 말갈과 싸운 것이[91] 그 예가 된다. 때문에 중앙집권체제를 확립하기 위해서는 부의 장들이 지닌 군사력을 해체하여 독자적인 군사 운용을 억제하여야 하였다.

백제사에서 부의 군사력 해체와 관련하여 주목되는 인물이 비류왕이다. 비류왕은 구원 북쪽에서 전렵을 할 때 직접 사슴을 쏘아 맞춘 것에서 보듯이 힘이 강하고 활을 잘 쏘는 인물이었다. 그래서 비류왕은 17년(320)에 궁궐 서쪽에 사대射臺를 만들어 매달 삭망 때 활쏘기 연습을 하였다.[92] 오행사상에 따르면 서쪽은 무武에 해당되며, 군사 훈련은 무적 성격을 갖는다. 이는 비류왕이 오행사상에 입각하여 군사훈련을 하였음을 보여준다. 비류왕의 이러한 군사훈련은 전통이 되어 후대로 이어졌다. 아신왕이 왕도 사람[都人]을 모아 서대西臺에서 활쏘기 연습을 한 것이[93] 이를 보여준다.

그런데 비류왕 24년(327) 7월에 이변이 일어났다. 붉은 까마귀와 같은 모양의 구름이 해를 끼고 있는 것이었다.[94] 해[日]는 왕을 가리킨다. 비류왕 대 왕실을 상징하는 색깔은 왕도의 우물에 흑룡이 보였다는 사실에서[95] 보듯이 검은색이었다. 그렇다면 붉은색 까마귀는 내신좌평 우복을 상징하는 것으로, 붉은색 까마귀가 해를 끼고 있는 것은 우복의 세력이 막강한 것을 상징한 것으로 볼 수 있다. 이 우복이 327년(비류왕 24) 9월 북한산성에서 반란을 일으켰다. 그 토대는 그 자신과 그에게 협조한 부의 유력자들이 지닌 군사력이었다. 이 반란을 진압한 비류왕은 이를 계기로 부의 유력자들의 군사적 기반을 해체하고 부병部兵을 왕권 아래의 공병公兵으로 전환시켰다. 이리하여 비류왕은 군사권을 확실히 장악하게 되었다.

군사권을 장악한 비류왕은 영역 확대에 나섰다. 영역 확대는 마한 연맹체를 구성한 국들을 병합하는 것이다. 이를 보여주는 것이 산성의 축조 기사이다. 축성은 방어 행위이므로 축성된 지역은 그 나라의 영역이 되기 때문이다. 백제국이 목지국을 병합 이후 제일 먼저 축조한 산성이 대두산성이고 그 다음이 탕정성이었다.[96] 대두산성은 아산시 영인산성에 비정되고, 탕정성은 아산시 읍내동산성에 비정된다.[97] 두 성은 목지국이 위치하였던 직산·천안 지역과 가깝다. 따라서 두 성은 고이왕이 목지국을 병합한 27년(260) 직후 백제에 편입된 곳에 축조된 것으로 볼 수 있다.

이후 백제는 고사부리성(전북 정읍시 고부)을 축조하였다.[98] 고사부리성의 축조 시기를 보여주는 자료는 없다. 그런데 백제는 4세기 전반 무렵인 330년에 김제 벽골지碧骨池를 축조하였다. 이는 김제 지역이 늦어도 330년 이전에 백제의 영역이 되었음을 보여준다. 이로 미루어 그 남쪽의 고부 지역도 벽골지가 축조되는 시기에 백제의 영역이 되었을 것이다. 그렇다면 고사부리성도 비류왕 대에 축조되지 않았을까 한다. 그 결과 백제의 영역은 노령산맥 이북 지역에까지 이르게 되었다.

5. 벽골지 축조와 경제 기반의 확대

부체제를 해체하고 집권력을 강화하는 데는 경제적 기반의 확대도 필요하였다. 경제적 기반의 확대는 두 가지 형태로 이루어졌다. 하나는 영역의 확대이고, 다른 하나는 생산력의 증대이다. 생산력의 증대에는 수리시설의 설치와 관리가 필수적이다. 이와 관련하여 주목되는 것이 김제 벽골지의 축조이다. 《삼국사기》에는 벽골지가 신라 흘해왕 21년(330)에 축조된 것으로 나온다.[99] 그러나 김제는 백제 멸망 때까지 백제 땅이었다. 따라서 이 벽골지는 백제가 쌓은 것으로 보아야 한다.

벽골지의 기능에 대해 저수지가 아니라 방조제라는 견해도 있다.[100] 그러나 벽골지 제내지堤內地에서 청동기시대의 수혈과 함정 및 옛 물길[舊河道]이 조사되었고, 벽골지와 가까운 거리에 있는 동진강 충적지 발굴에서 해발 4m 안팎에서 초기 철기시대의 수혈이 다수 확인되었다.[101] 방조제라면 제방 내부의 염분을 제거하고서야 농경지로 활용할 수 있는데 그러려면 많은 시간이 필요하다. 이러한 사실들을 종합해 볼 때 벽골지는 처음부터 저수지로 축조된 것으로 보는 것이 타당하다.

벽골지는 제방 길이[岸長]가 1,800보나 되는 대규모의 저수지였

김제 벽골지 중심거 도수로 전경(전라문화유산연구원)

다. 《일본서기》에서는 이 벽골지를 거언巨堰이라[102] 하였다. 1975년의 발굴조사에 따르면 벽골지의 제방 높이는 약 4.3m이고, 윗변의 너비가 7.5m, 밑변 너비는 17.5m, 길이는 약 3km의 규모로 측정되었다. 초축 시기에 대해《벽골지발굴보고서》에서는 탄소연대측정과 문헌 사료를 토대로 4세기 전반으로 보았다.[103] 이와는 달리 6세기 이후로 보는 견해, 본래의 제방은 현재의 제방보다 북쪽에 있었다고 보는 견해 등도 있다.[104]

그러나 백제는 3세기 후반에 둘레 약 3.5km, 높이 약 11m, 하변 폭 40m 이상이 되는 평지성인 풍납토성을 축조하였다. 판축기법이나 부엽공법 등 선진 기법을 사용하였다. 이는 백제가 거대한 저수지를 만들 수 있는 능력이 있음을 보여준다. 진천 석장리에서 발굴된 제철 유적에서[105] 보듯이 백제는 선진적인 제철 기술을 가지고 있었다. 이런 철을 이용하여 질 좋은 토목 공구를 만들었다. 따라서 벽골지는 4세기 전반경인 비류왕 27년(330)에 만들어진 것으로 보는 것이[106] 타당하다.

벽골지를 축조하였다는 것은 거꾸로 대규모의 노동력을 동원할 수 있는 체제를 갖추었음을 보여준다. 이는 집권력의 강화를 의미한다. 수압을 견뎌낼 수 있는 제방의 축조는 백제의 토목, 건축 기술의 발달을 보여준다. 저수지를 이용함으로 몽리蒙利 면적은 크게 늘어났고, 농사도 더 안정적으로 지을 수 있게 되었다. 이로써 생산력은 높아졌다. 생산력의 증대는 왕정의 물적 기반을 확대하였다. 노동력 동원의 체계화는 국민개병제적國民皆兵制的 군사동원을 실시할 수 있는 바탕이 되었다. 이 일들이 비류왕 대에 이루어진 것이다.

6. 백제국이라는 이름으로 중국과 교섭

고이왕이 3세기 중엽에 목지국을 병합하고 5부체제를 확립한 것은 백제의 성장에서 분수령이었다. 이후 고이왕은 집권력을 강화시켜 중부 한국의 유력 세력들을 대변하는 맹주로서의 위치를 다져나갔다. 그런데 《진서》 마한전에는 함령 3년(277)부터 태희 원년(290)에 이르기까지 서진과 교섭한 주체는 마한주馬韓主로 나온다.[107] 이 마한주가 바로 고이왕이다. 고이왕은 백제국왕으로서가 아니라 마한주의 지위로 중국과 교섭을 하였다. 이는 고이왕이 아직까지 마한연맹체의 운영 원리를 극복하지 못하였음을 보여준다.

백제가 마한연맹체의 운영 원리의 틀에서 벗어나 '백제'라는 이름과 '백제국왕'이라는 지위로 중국 왕조와 교섭과 교류를 한 시기를 추론하는데 단서가 되는 자료가 342년에 전연의 봉유封裕가 올린 상표문이다. 봉유는 한족의 문벌 가문 출신으로서 진晉나라 동이교위 봉석封釋의 손자이고 전연에서 동이교위에 있던 봉추封抽의 아들이었다. 봉추는 서하西河 출신으로 모용외에게 귀부하여 그의 고굉股肱이 되었다. 봉유는 봉혁封奕과 함께 기요機要를 맡았다.[108] 그리고 모용황의 기실참군記室參軍이 되었다. 그만큼 봉유는 모용황의 신임을 받은 인물이었다.[109]

그의 상표문에는 "고구려, 백제 및 우문과 단부의 사람들은 모두 군대의 힘으로 옮긴 바"[110]라는 기사가 나온다. 모용황은 이전에 고구려와 우문부 및 단부와는 여러 차례 공격을 주고 받으면서 붙잡은 포로들을 데리고 갔다. '군대의 힘으로 옮겼다'는 것은 이를 두고 한 말이다. 다만 그의 상표문에 '고구려를 멸망시켰다'거나 '겸병하였다'는 기사는[111] 사실이 아니다.

봉유의 상표문에서 제일 큰 문제는 백제이다. 모용황이 백제를 공격하여 그 백성을 포로로 잡아갔다는 사실이 어느 자료에도 나오지 않기 때문이다. 또 전연이 한반도에 자리한 백제의 백성을 끌고 올 상황도 아니었다. 이 때문에 본 상표문의 백제는 만주 길림 지역에 위치한 부여扶餘의 오기로 보아야 한다는 견해가 나왔다.[112] 그러나 상표문은 1차 사료이므로 봉유의 상표문의 신빙성을 부정할 수 없다.[113] 상표문에 보이는 백제민이 언제, 어떻게, 어떠한 과정을 거쳐 전연의 군대에게 끌려온 것인지는 분명히 하기 어렵지만 이 기사는 백제라는 국명이 342년 이전에 이미 전연에 알려져 있었음을, 즉 백제가 전연과 교섭을 하였음을 보여준다. 그 시기가 비류왕 (304~344) 대이다.[114]

비류왕이 백제 국왕이라는 이름으로 중국과 교섭을 한 것은 대외 교섭권이 백제 국왕에게로 귀속되었음을 보여줌과 동시에 백제가 왕조국가로서의 면모를 갖추어 가고 있었음을 보여준다. 이에 국호에도 '백가가 바다를 건넜다[百家濟海]'[115]는 새로운 의미가 부여되었다. '백가제해'는 백제의 해양적 성격을 잘 보여준다. 비류왕이 처음으로 실천해 낸 백가제해는 이후 근초고왕 대의 백제가 해상왕국으로 성장해 가는 디딤돌이 되었다고 할 수 있다.

제2부 맛수의 등장

I. 고구려 고국원왕

1. 국가 운영의 기본 방향

1) 즉위: 미천왕계의 왕위 계승 확립

이 책의 주인공 가운데 한 사람인 고국원왕故國原王은 고구려의 제16대 왕이다. 재위 기간은 331~371년이다. 출생 연도는 알 수 없다. 《삼국유사》 왕력에는 '고故'자가 빠진 국원왕國原王으로 나온다. 원래는 '국원왕'이었는데 장수왕이 수도를 평양으로 옮긴 이후 국내성의 '국원'이 '옛 국원故國原'이 되었기 때문에 왕호도 고국원왕으로 표기하지 않았을까 한다. 그렇다면 《삼국유사》 왕력에 고국양왕故國壤王이 '국양왕國壤王'으로, 고국천왕故國川王의 이름이 세주에 '국천왕國川王' 또는 '국양왕國壤王'으로 나오는 것도 같은 이유라고 하겠다. 《삼국사기》 고국원왕 즉위년조의 세주에는 '국강상왕國罡上王'으로 표기하였다. 국강상으로 표기된 왕은 고국원왕이 처음이다. 이름은 사유斯由 또는 쇠釗이다.[1] '쇠는 '사유'를 합음合音한 외자 이름이다. 《양서》와 《한원》에 나오는 유劉는 '쇠釗'를 잘못 표기한 것이다.

여기서 먼저 정리해 두어야 할 것은 《수서》 고려전의 "소열제昭烈

帝는 위궁位宮의 현손의 아들이며, 모용씨에게 격파되어 궁실이 불탔으며, 후에 백제에 의해 죽임을 당했다"고[2] 한 기사에 나오는 '소열제'의 실체이다. 위궁은 동천왕이다. 동천왕의 현손이 미천왕이므로 현손의 아들은 고국원왕이다. 고구려가 모용황의 공격을 받아 왕도가 함락되어 궁실이 불탄 시기도 고국원왕 대이고, 백제에 의해 죽임을 당한 왕도 고국원왕이다. 그러면 소열제는 고국원왕이다. 이를 그대로 받아들이면 고국원왕은 황제를 일컬었거나 후대에 황제로 추증된 것이 된다.

그러나 《수서》보다 앞서 편찬된 《위서》 고구려전에는 고국원왕을 '소열제'라 하지 않고 '쇠'라고 하였고, '열제烈帝 때'에 '고구려와 전연 사이에 전쟁이 있었다'[3]고 하였다. 열제는 북위의 전신인 대代나라 왕이었는데 북위의 도무제道武帝가 황제를 칭한 뒤 올린 추존호追尊號였다. 그는 331년에 양황제煬皇帝로부터 제위를 물려받았지만 재위 7년에 양황제에게 자리를 물려주었다. 그리고 2년 뒤에 다시 제위에 올랐다가 1년 만에 돌아갔다. 이해가 338년이다. 열제의 재위 기간은 고국원왕의 재위 기간(331~371)의 초반과 겹친다. 열제는 고구려와 전연 사이에 일어난 전쟁의 시기를 나타내는 기준이었다. 이는 이 기사 뒤에 '세조 때世祖時'가 나오고 있는 것에서 입증된다. 세조는 북위의 제3대 황제 태무제 도燾의 묘호이다. 이를 종합하면 《수서》의 '소열제'는 고국원왕의 이름인 '쇠釗'와 대나라(북위)의 '열제烈帝'를 연결시킴으로써 생겨난 오기인 것이다.[4] 그렇다면 고국원왕=소열제는 성립할 수 없다.

고국원왕의 아버지는 미천왕이고 어머니는 주씨周氏이다. 주씨는 고구려 5부 가운데 어느 부에 속하였는지 알 수 없다. 미천왕은 봉상왕 2년(293)부터 목숨을 구하기 위해 도망을 다녀야 하였다. 도망 다니기 전에 결혼하였다면 아내와 자식은 죽음을 피하지 못하였을 것이고, 아들 고국원왕도 살아남지 못하였을 것이다. 도망을 다닌 293년 이후부터 왕위에 오르는 300년(봉상왕 9)까지 약 7년 동안 미천왕은 숨어 살아야 하였으므로 역시 결혼할 수 있는 형편이 아니었다. 따라서 미천왕과 주씨와의 결혼은 즉위 후로 보는 것이 타당하다. 미천왕이 주씨를 왕비로 맞이함으로써 부체제를 유지하던 마지막 보루, 즉 왕비는 절노부(연나부) 출신 여성을 맞이한다는 전통이 깨어졌다. 이에 대해서는 제1부에서 이미 말하였다.

미천왕과 왕비 주씨와의 사이에 아들 사유가 태어났다. 미천왕은 재위 15년(314) 정월에 아들 사유를 태자로 삼았다.5 사유가 미천왕이 즉위한 해나 그 이듬해에 태어났다면 태자로 책봉될 당시의 나이는 15세 미만이었을 것이다. 미천왕이 재위 32년(331)에 죽자 사유가 왕위를 이었다. 이가 고국원왕이다. 이때 왕위 계승 분쟁은 없었다. 자연스럽게 부자상속이 이루어진 것이다. 고국원왕이 즉위함으로써 왕위는 미천왕계에 의해 안정적으로 이어지게 되었다.

2) 시조묘 참배와 왕권의 신성화

즉위 후 고국원왕은 2년(332) 2월에 먼저 졸본으로 가서 시조묘始祖廟에 참배하였다. 졸본의 시조묘는 고구려 시조 주몽을 모신 사당이다. 시조 주몽은 '등고신登高神'으로도6 불렸다. 이규보의 서사시 〈동명왕편병서東明王篇幷序〉에는 "동명왕이 40세 되던 해에 승천昇天하여 내려오지 않았다"고 하였고, 〈광개토대왕비〉에는 "동명왕이 용의 머리를 밟고 승천하였다"고 하였다. 등고신이란 이름은 이런 사실 등을 토대로 하여 생겨난 것으로 보인다.

여기서 먼저 정리해 두어야 할 것은 시조묘와 동명왕묘東明王廟와의 관계이다. 동명왕은 시조 주몽의 다른 이름으로도 나온다. 명칭만 보면 시조묘=동명왕묘가 된다. 그러나 시조묘는 첫 수도인 홀본성忽本城(졸본성)에 세워졌고, 세운 왕은 제2대 유리왕이었다. 동명왕묘는 제3대 대무신왕이 3년(서기 20)에 새 수도 국내성에 세웠다.[7] 국내성은 유리왕이 22년(서기 3)에 옮긴 수도이다.[8] 이에 따라 홀본성은 별도別都가 되었다.[9] 이처럼 시조묘와 동명왕묘는 세운 시기와 세운 장소가 다르다. 따라서 졸본의 시조묘는 말 그대로 시조를 모신 사당이었다. 사당이 세워진 곳은 시조의 무덤이 위치한 곳일 것이다.[10] 그러면 국내성의 동명왕묘는 종묘의 구실을 한 것으로 파악할 수 있겠다.

국내성으로 천도한 이후 역대 왕들은 즉위 의례로서 졸본의 시조묘에 참배하였다. 그 시작은 신대왕新大王부터였다.[11] 이후 고국천왕과 동천왕도 즉위 2년에 졸본에 가서 시조묘에 참배하였다.[12] 이리하여 즉위 2년 시조묘 참배는 관례화되었다. 그래서 고국원왕도 즉위 2년에 졸본으로 가서 시조묘에 참배하였던 것이다. 다만 중천왕이 즉위 13년 가을 9월에 졸본으로 가서 시조묘에 참배한 것은 예외라 하겠다.

시조묘 참배는 다음과 같은 목적이 있었던 것 같다. 첫째, 신왕의 즉위를 시조에게 고해 즉위의 정통성과 정당성을 내외에 선포하여 왕의 권위를 높이는 것이다. 차대왕을 제거하고 왕위에 오른 신대왕이 왕위 계승의 정당성을 확보하기 위해 졸본에 있는 시조묘에 즉위를 고하러 간 것이 그 시작이었다. 둘째, 즉위 초에 나라의 발상지를 잊지 않고 찾음으로써 건국의 초심을 되살리기를 다짐하기 위함이다. 셋째, 졸본으로 가는 길에 백성들의 삶의 형편을 살펴 국정에 반영하는 것이다. 세 번째의 목적은 고국원왕의 시조묘 행차를 특별히 '순문巡問'이라 한 것에서 살펴볼 수 있다. 순문은 순행巡幸(巡狩)하면서 백성들의 질고疾苦를 묻는 것을 말한다. 고국원왕의 순행은 시조묘 참배와 겸해서 행해졌다. 왕도를 출발한 것은 2월이었고 귀경한 것이 3월이었으므로 한 달이나 걸렸다. 시조묘 참배 뒤 돌아오는 길에 고국원왕은 백성들을 위문하면서 늙은이와 병약자들에게 진휼을 하였다.[13] 순문하면서 지방에 살고 있는 늙고 병든 자들에게 곡식을 하사한 것은 고국원왕이 처음이다. 이 과정에서 고국원왕은 지방관의 행정에 대한 모습도 살피고, 민심도 수람收攬하였을 것이다. 그리고 귀경한 뒤 순행 과정에서 보고 들은 것을 토대로 앞으로 펼칠 정치, 즉 새로운 국정 운영 방향을 선포하지 않았을까 한다. 그 핵심은 왕권의 강화를 통한 왕실의 신성화와 민생의 안정화였을 것이다.

3) 서진의 추구

시조묘 참배를 통한 왕실의 신성화 작업과 더불어 고국원왕의 국가 운영의 기본 방향은 부왕 미천왕의 국정 운영 방향에서 추정해볼 수 있다. 미천왕은 사유를 태자로 책봉하기 2년 전인 12년(311) 가을 8월에 장수를 보내 요동군 서안평을 공격하였다. 1년 전인 14년(313) 겨울 10월에 낙랑군을 공격하여 멸망시키고 남여 2천여 명을 포로로 잡아왔다. 15년(314) 정월에 사유를 태자로 책봉한 뒤 9월에 대방군을 침입하여 멸망시켰다. 그 이듬해인 16년(315) 2월에 현도군을 공파한 뒤 많은 사람을 죽이거나 포로로 사로잡았다.

이처럼 미천왕은 태자 책봉을 전후하여 여러 차례에 걸쳐 중국 군현을 공격하였다. 이는 고구려가 중국 왕조에 굴하지 않는 강대한 나라임을 보여줌과 동시에 고구려의 진출 방향이 서진이었음을 보여준다. 미천왕의 이러한 입장은 태자 사유에게 큰 영향을 미쳤을 것이다. 그렇다면 즉위 후 고국원왕도 서진을 통해 고구려의 위상을 떨치고자 한 부왕의 원대한 꿈을 이루는 것을 국가 운영의 기본 방향으로 삼지 않았을까 한다.

2. 체제 정비

1) 관등제의 정비

한국고대사회에서 통치조직의 핵심은 관등제이다. 관등제는 귀족 관료들의 상하 서열을 규정한 제도이다. 왕권 아래에 편제된 중앙귀족들은 관료로서 정치적·사회적 특권을 유지하였다. 이때 귀족관료들의 지위의 상하를 보여주는 척도가 관등이었다. 귀족관료들은 먼저 관등을 받고 나서 관직을 맡았다. 고구려의 경우도 이에서 벗어난 것은 아니었다.

고구려 관등제를 이해하는 데 출발점이 되는 것이《삼국지》고구려조의 관등 관련 기사이다. 여기에는 상가相加, 대로對盧, 패자沛者, 고추가古鄒加, 우태于台, 승丞, 사자使者, 조의皁衣, 선인先人이 나온다.[14] 상가는《삼국사기》의 국상國相과 같은 것으로서 귀족회의 의장의 구실을 하였다. 국상=상가에 대해서는 뒤에 다시 말할 것이다.

고추가는 왕족 가운데 대가大加와 소노부의 적통대인適統大人과 왕실과 대대로 결혼한 절노부 출신자가 맡았는데[15] 작호적 성격이 강하였다. 대로와 패자는 '어느 하나를 두면 다른 하나는 두지 않는다'고 하였으므로 등치된다. 그러면 왕 휘하에 두어진 관등은 대로(패자)-주부-우태-승-사자-조의-선인으로 정리할 수 있다. 한편 이 시기에 부의 유력자들, 즉 제가諸加는 비록 규모는 적지만 그 휘하에 사자-조의-선인을 두어 반공지와 반공민을 주관하였다. 그러나 제가들의 사자-조의-선인은 왕 아래에 두어진 사자-조의-선인보다 지위가 낮았다. 그래서 공회석상에서는 서열을 같이 할 수 없었다.[16] 《삼국지》 동이전에 보이는 이러한 관명을 《삼국사기》 고구려본기에서 찾아보면 3세기 중반경까지 패자, 주부, 우태, 사자, 조의, 선인이 확인된다. 이는 《삼국지》에 보이는 관제가 3세기 중~후반까지 그대로 운용되었음을 보여준다.

이후 고구려 관등제에는 두 가지 변화가 일어났다. 하나는 일부 관명의 소멸이다. 패자가 서천왕 2년(271) 이후, 우태는 중천왕 7년(254) 이후, 조의는 동천왕(227~248) 대를 마지막으로 더 이상 보이지 않는 것이 이를 말해준다. 다른 하나는 특정 관명의 분화이다. 우태와 계보가 연결되는 형兄은[17] 소형-대형으로, 주부는 주부-대주부로, 사자는 사자-대사자로 분화된 것이 그것이다. 형계의 분화는 소형小兄 고노자가 봉상왕 2년(293)에 대형大兄으로 승진한 사실에서, 주부계의 분화는 차대왕 2년(147)에 대주부가 나오는 것에서, 사자계의 분화는 고국천왕 13년(191)조에 안류晏留가 대사자로 된 것과[18] 동천왕 20년(246)에 조위군을 물리친 공로를 세우고 죽은 유유紐由의 아들 다우多優가 대사자가 된 것에서[19] 확인된다.

이러한 변화를 거친 고구려의 관등제는 4세기에 들어와 새롭게 정비되었다. 정비의 기본 방향은 주부계, 형계, 사자계 관등을 분화·격상시키는 것이었다. 이 가운데 주부계 관등은 대주부와 주부의 형태가 그대로 유지되었다. 형계 관등의 경우 대형에서 분화·격상된 태대형이 설치되었다. 408년에 만들어진 〈덕흥리고분묘지묵서〉에 나오는 유주자사 진鎭이 지닌 관등인 소대형小大兄은 대형大兄을 가리키므로 그 위에 태대형太大兄이 있었음을 알 수 있다. 사자계 관등은 대사자에서 분화·격상된 태대사자가 설치되었다. 6세기경에 새겨진 것으로 추정되는 〈태천 농오리산성마애석각〉에 나오는 '소대사자小大使者'는 대사자大使者이므로 그 위에 태대사자가 두어졌음을 보여준다. 이러한 관등의 분화·격상이 이루어진 시기는 4세기 후반까지 올려볼 수 있다.[20]

분화된 관등의 서열은 관등 승진의 사례와 대-소의 구분 등을 통해 대략 다음과 같이 정리해 볼 수 있다. 차대왕은 2년(147)에 환나 우태인 어지류菸支留를 좌보로 삼으면서 관등을 올려 대주부로 하였다. 대주부는 우태보다 상위의 관등이었다. 봉상왕은 3년(294)에 남부 대사자 창조리를 국상으로 삼으면서 관등을 올려 대주부로 하였다. 대주부는 대사자보다 상위의 관등이었다. 〈충주고구려비〉의 "전부대사자다혜환노 주부△△△[前部大使者多兮桓奴 主簿△△△]" 기사에는 대사자가 주부보다 앞에 나오므로 대사자는 주부보다 위계가 높았다. 그리고 '대'와 '소'의 경우 '대'가 높고, '태대'와 '소대'의 경우 '태대'가 높았다. 이를 종합하면 4~5세기 고구려 관등은 대로-대주부-태대사자-태대형-대사자(소대사자)-대형(소대형)-주부-소사자-소형-선인으로 정리할 수 있겠다.[21]

이렇게 정비된 고구려 관등제를 보면, 형계 관등과 사자계 관등이 번갈아 배치되고 있다. 형계 관등은 족장적 성격을 지니는 것이고, 사자계 관등은 국왕의 업무를 수행하는 데서부터 시작되었다.[22] 두 계열의 관등은 출발부터 성격이 달랐다. 그래서 고구려는 부체제 단계의 분립적인 성격을 해소하기 위해 형계 관등과 사자계 관등을 엇갈리게 배치하였던 것이다. 이는 고구려 관등제의 특징이라 할 수 있다.

이러한 관등제가 만들어진 시기에 대해 소수림왕의 율령 반포 때로 보는 것이 일반적이다. 고국원왕 대에 전연의 침입으로 수도가 함락되고, 왕부의 무덤이 파헤쳐지고, 왕모가 포로로 잡혀가는 어려움을 당한 것과, 371년에 평양성 전투에서 고국원왕의 전사라는 큰 난리를 겪은 뒤 소수림왕이 국가체제를 정비하는 과정에서 관등제의 정비도 이루어졌다는 것이다. 그러나 저자는 대소로 분화된 이 관등제의 성립 시기를 고국원왕 대로 보고자 한다. 고국원왕 대는 부왕 미천왕이 극복한 부체제의 잔재를 청산하고 국가체제를 새로이 정비해야 할 시기였다. 이 과정에서 고국원왕은 종래 점진적으로 분화되어 온 관등을 체계적으로 정리하면서 주부를 대-소로, 사자를 대-소로, 형을 대-소로 나누어 관등제를 정비하였을 것이다. 이후 전연의 침입이라는 국난을 극복하는 데 공을 세운 귀족들에게 합당한 대우를 하는 과정에서 대형=소대형 위에 태대형이, 대사자=소대사자 위에 태대사자를 두지 않았을까 한다. 그렇다면 고국원왕 대에 중앙집권체제를 뒷받침하는 일원적인 관등제가 일단 정비되었다고 하겠다.

2) 지방통치조직의 정비: 도-성-곡제

한국고대국가의 발전 단계에서 보았을 때 부체제 단계에서 영역 지배에는 국왕이 직접 지배하는 직접지배와 부의 장을 통해 지배하는 간접지배가 동시에 작동하고 있었다. 간접지배가 행해진 곳은 반공지半公地이고, 이곳에 사는 민들은 반공민半公民이었다. 간접지배는 국왕의 통치력이 강고하지 못한 상황에서 나온 것이다.

고구려는 미천왕 대에 와서 부 체제가 해체되었다. 이에 대해서는 앞에서 이미 말하였다. 그에 따라 부의 장들이 별도로 주관하였던 반공지와 반공민은 국왕의 직접 지배를 받는 공지公地와 공민公民이 되었다. 이에 고국원왕은 왕의 직할지는 물론 새로이 공지와 공민이 된 곳을 지방통치조직으로 편제하고 지방관을 파견하였다. 이리하여 고구려는 왕이 영역 전체를 직접 통치하는 중앙집권국가를 이루었다.

이 시기 지방통치조직의 모습을 보여주는 것이 〈모두루묘지묵서〉이다. 여기에는 모두루의 먼 조상인 염모冉牟가 '~도道의 성민城民과 곡민谷民을 거느렸다'는[23] 기사가 나온다. 염모冉牟는 북부여 지역을 침공해 온 모용선비를 물리쳐서 모두루 가문을 중흥시켰다. 모용선비가 공격해 온 시기는 고국원왕 대였고, 염모는 고국원왕 대에 활동한 인물이었다. 따라서 도-성-곡은 고국원왕 대의 지방통치조직을 보여준다.[24] 도와 성-곡은 격이 달랐다. 이는 지방통치조직에도 상하가 구분되었음을 보여준다.

도道는 모용황이 고구려를 공격할 때 남도와 북도를 언급한 것에서 보듯이 기본적으로 교통로 또는 그 교통로 상에 위치하는 지역을 중심으로 설치되었다. 교통로는 사람과 물자가 이동하고, 군사들이 이동하는 길이었다. 그래서 주요 교통로에는 산성들이 설치되었고, 이 교통로를 중심으로 지방 지배가 이루어졌다.[25] 따라서 도는 성과 곡을 휘하에 둔 상위의 지방통치조직으로 보는 것이 타당할 것이다.[26] 도를 구성한 여러 성 가운데 핵심이 되는 성이 치소성治所城이다. 치소성의 존재를 추론하는데 단서가 되는 것이 〈모두루묘지묵서〉에 나오는 북부여수사北扶餘守事와 〈광개토대왕비〉에 나오는 고모루성수사古牟婁城守事이다. 북부여수사의 '북부여'가 고모루성처럼 '북부여성'이라고 하면 수사가 파견된 북부여성이나 고모루성은 '~~도의 치소성治所城'일 것이다. 이 치소성이 관할하는 일정한 공간이 도이고, 이 도에 파견된 지방관이 수사守事인 것이다. 북부여수사는 대사자의 관등을 가진 모두루가 맡았다. 이는 수사를 맡을 수 있는 관등의 하나가 대사자였음을 보여준다.

성城은 곡과 더불어 고구려 지방통치조직의 기본 단위였다. 이 성과 곡은 여러 촌으로 구성되었다. 서압록곡西鴨綠谷에 좌물촌左勿村이 있다는 것이[27] 이를 입증해 준다. 촌의 수는 성이나 곡의 규모에 따라 달랐다. 성 가운데 거점성을 대진大鎭이라 하였다. 신성新城을 동북의 대진이라 한 것이[28] 그 예가 된다. 이외의 대진으로는 환인 주변의 오녀산성, 소자하와 태자하 주변의 용담산성, 고이산성, 남소성 그리고 훈춘지역의 책성 등을 들 수 있다.[29] 성에 파견된 지방관의 명칭은 신성재新城宰와 신성태수에서 보듯이[30] '재'나 '태수'였다. 곡谷은 태조왕 55년(107)의 동해곡수東海谷守와 서천왕 19년(288)조의 해곡태수海谷太守[31] 그리고 국내성 일대에서 출토된 권운문 와당에 새겨진 '십곡민조十谷民造' 명문의 '십곡十谷' 등에서 확인된다. 곡谷에 파견된 지방관의 명칭은 '태수太守'나 수守였다.

'태수太守'는 '재宰'나 '수守'보다 격이 높았다. 고노자가 293년(봉상왕 2)에 소형의 관등으로 신성재에 임명되었다가 296년(봉상왕 5)

에 대형으로 승진하여 신성태수가 된 것이 이를 보여준다. 그렇다면 고구려는 정치적 군사적으로 중요하다고 판단되는 성 즉 대진에는 태수를, 그보다 중요도가 낮은 성이나 곡에는 재나 수를 파견한 것으로 볼 수 있겠다. 그리고 태수는 대형 관등 소지자가, 재나 수는 소형 관등 소지자가 맡았던 것 같다.

도에 파견된 수사는 물론 성이나 곡에 파견된 '태수'나 '재' 그리고 '수'는 조세 수취와 노동력 동원의 임무를 맡았고, 필요할 경우 군사 동원의 임무를 맡았다. 또 을불과 사수촌 노파 사이에서 벌어진 고소 사건을 압록재鴨淥宰가 판결한 것에서 보듯이 일정한 재판권도 행사하였다. 반면에 부체제 단계에서 지방의 유력자들이었던 호민이나 좌식자들 가운데 중앙귀족으로 전환되지 못한 자들은 재지세력으로 편제되어 지방관을 도와 수취와 역역 동원의 업무를 보좌하게 되었다. 이리하여 지방에 대한 통제는 보다 체계적으로 이루어지게 되었다.

3) 군사 동원의 체계화와 중장기병대

미천왕은 즉위 후 대외적으로 여러 차례 전투를 치뤘다. 그 전투는 주로 전연의 모용외와의 사이에서 벌어졌다. 고국원왕 대에도 전연과의 전투가 이어졌다. 강국 전연과 대결하려면 군사력의 뒷받침이 있어야 한다. 이 시기 고구려의 군사력 정도는 전쟁에 동원된 군대의 수를 통해 짐작해 볼 수 있다.

《삼국사기》 고구려본기에 의하면 태조왕은 69년(121)에 동생 수성遂成에게 군사 2천여 명을 거느리고 가서 유주자사 풍환馮煥과 현도태수 요광姚光, 요동태수 채풍蔡風의 공격을 막도록 하였다. 12월에는 왕이 직접 마한과 양맥의 1만여 기를 거느리고 현도군을 포위하였다. 동천왕은 위나라 유주자사 관구검의 공격에 맞서 보기步騎 2만을 거느리고 맞이해 싸웠고, 중천왕은 위나라와 싸울 때 정기精騎 5천을 거느렸다. 이는 3세기에 동원되는 병력의 수가 많으면 2만 명 정도였음을 보여준다. 그러나 미천왕은 재위 3년(302)에 3만의 군대를 친히 거느리고 현도군을 공격하였고, 고국원왕은 12년(342) 에 모용황의 침입에 맞서 5만의 군대를 동원하였다. 이는 4세기에 들어와 동원된 군사의 규모가 매우 커졌음을 보여준다.

이런 대규모의 군대를 동원하기 위해서는 군사 동원체계가 정비되어야 했다. 부체제 단계의 군사력은 각 읍락의 유력자들인 좌식자坐食者나 호민豪民으로 이루어졌다. 이를 명망군名望軍이라 한다.[32] 이들은 각각 집에 병장기를 갖추고 있으면서 전쟁을 수행하였고 전리품을 챙겼다. 이와 달리 이들에게 예속된 하호는 군량을 보급하는 의무를 졌다.[33] 그러나 좌식자나 호민만으로는 3만 내지 5만의 군대를 충원할 수 없다. 좌식자나 호민의 수가 많지 않았기 때문이다. 이런 문제의 해결은 하호들을 군사 자원으로 동원해야만 가능하였다.

고구려는 미천왕 대를 거치면서 제가들이 별주하던 반공지와 반공민을 왕의 지배를 받는 공지와 공민으로 편입시켰다. 국왕은 공민을 군대로 징발하였다. 이제 하호들은 군량만을 운반하던 존재에서 벗어나 공민으로서 군역의 대상이 되었다. 이리하여 명망군 중심의 군사 운용은 해체되고 전 공민에게 군역의 의무를 부과하는 국민개병제적 운영이 이루어졌다. 각 지방에서의 군사동원도 도-성-곡이라고 하는 지방통치조직에 파견된 지방관들에 의해 체계적으로 이루어졌다. 이리하여 미천왕과 고국원왕은 3만~5만이라는 대규모의 군대를 전장에 보낼 수 있었던 것이다.

군사력은 무기체계와 비례한다. 3세기 무렵 고구려의 병장기는 활과 화살, 칼, 창[弓矢刀矛]과 갑옷 등이었다.[34] 이는 대략 3세기로 편년이 되는 고구려 초기 적석총에서 출토된 주된 무기가 단도短刀, 화살촉, 환두대도, 창 등이라는 사실과[35] 일치한다. 무기의 종류에서 미루어 볼 때 고구려의 병종兵種에는 보병, 기병, 궁수대가 중심을 이루었다. 기병은 일반기병과 정예기병으로 나눌 수 있다. 정예기병은 용기勇騎, 정기精騎, 철기鐵騎 등으로도 표기되었다. 이 가운데 철기는 말에도 갑옷을 입힌 기병을 가리킨다. 궁수대의 존재는 고구려의 맥궁貊弓이[36] 중국에까지 알려졌다는 사실과 미천왕이 후조에 호시楛矢를 보낸 것에 의해 확인된다.

이러한 병종에서 특히 주목되는 병종이 중장기병대(철기)이다. 중장기병은 5호16국시대에 유목민족들에 의해 만들어졌다. 모용선비의 경우 4세기 무덤에서 중장기병과 관련된 갑주와 마구가 출토되고 있다. 조양 십이대향전창十二台鄉磚廠 88M1호묘와 삼합성묘三合成墓 그리고 북표 북구 M8호묘에서 장병등자가 출토되었다. 이는 전연 시기에 이미 중장기병이 존재했음을 보여준다.[37] 고구려에도 중장기병대가 있었다. 이를 보여주는 것이 안악3호분(동수묘)의 벽화에서 주인공을 호위해 가고 있는 노부鹵簿 그림이다. 여기에는 창을 들고 방패를 든 창수대와 도끼를 든 부월수斧鉞手와 더불어 전신 갑옷을 입고 말을 타고 창을 든 개갑기마대도 보인다. 개갑기마대가 중장기병대이다. 안악3호분의 축조 시기는 357년(고국원왕 27)이고, 주인공인 동수는 고국원왕 6년(336)에 전연에서 망명해 와서 27년(357)까지 활동하였으므로 이 노부도는 고구려의 병종 자료로 활용할 수 있다.

고구려가 중장기병대를 갖추었음을 보여주는 고고학적 자료가 집안 우산하 992호분에서 출토된 마주馬胄이다. 마주는 중장기병대와 깊은 관련을 갖는다. 이 고분의 축조 시기는 권운문 와당에 '戊戌'명 간지가 보이므로 338년(고국원왕 8)으로 추정되고 있다.38 이로 미루어 중장기병대는 빠르면 미천왕 대에 늦어도 고국원왕 초기에는 설치된 것으로 볼 수 있겠다.39 그렇다면 342년 전연 모용황의 군대와 싸울 때 고무高武가 거느린 5만의 고구려 정예병 가운데는 중장기병대도 배속되어 있지 않았을까 한다.

3. '태왕'호와 '연수' 연호의 사용과 독자적 천하관

1) 칭호의 격상과 태왕호

《삼국사기》에 따르면, 고구려 최고지배자의 칭호는 처음부터 '왕'으로 나온다. 그러나 신라의 경우 거서간, 이사금, 마립간 등 토착적인 칭호가 있었다. 백제의 경우에도 지배층에서는 왕을 어라하於羅瑕로, 왕비는 어륙於陸이라 불렀고, 민들은 왕을 건길지鞬吉支로 불렀다.40 모두 토착적인 칭호였다. 그렇다면 고구려에도 토착적인 칭호가 있었을 것이다. 그 칭호로서 주목되는 것이 '선우單于'이다.

《삼국지》오서에 의하면 '고구려왕 궁宮이 가화嘉禾 2년(233)에 조의皂衣 25인을 오나라에 보내어 표를 받들고 신하를 일컬은 뒤 초피貂皮 1,000매 등을 바치자 오주 손권孫權은 사굉謝宏, 진순陳恂을 보내 궁宮을 선우單于로 배수하고 의물과 진보를 더하여 주었다'고41 하였다. 본 기사의 궁은 본래 태조왕의 이름이다. 그러나 동천왕이 증조부 궁[태조왕]의 이름을 본받아 위궁位宮이라 함으로 말미암아 '궁宮'으로 표기되기도 하였다. 또 가화 2년(233)은 동천왕 7년이다. 이런 사실 등을 종합해 보면, 이때의 '궁'은 '위궁' 즉 동천왕으로 보는 것이 타당하다.

선우는 북방 유목민들이 사용하는 최고지배자의 칭호이다. 흉노에서는 최고지배자를 탱리고도선우撑犁孤塗單于라고 하였는데 '탱리撑犁'는 '천天'을, '고도孤塗'는 자子를, '선우'는 '광대한 모양'을 나타내는 말이었다.[42] 한족 왕조인 오나라의 작호에는 선우 칭호는 없다. 그럼에도 손권이 동천왕[位宮]에게 선우 칭호를 내린 것은 고구려가 북방 유목민족처럼 최고지배자를 '선우'로 불렀기 때문이었을 것이다. 그렇다면 선우는 고구려 건국 초기 최고지배자의 칭호였다고 하겠다.

이 선우 칭호가 왕호로 바뀌었다. 바뀐 시기를 보여주는 것이 신新나라 왕망王莽이 '고구려왕高句麗王'을 '하구려후下句麗侯'로 깎아내린 사건이다.[43] 신나라는 기원후 8~23년까지 존속하였다. 이 기사에 따르면 후侯로 강등되기 전 고구려 최고지배자의 칭호는 왕이었다. 그러면 선우에서 왕으로 칭호가 바뀐 시기는 왕망 이전인 기원 전후로 볼 수 있겠다. 그리고 후한 광무제가 건무 8년(서기 32)에 '후'에서 '왕'으로 복구시킴으로써 이제 왕은 고구려 최고지배자의 공식 칭호가 되었다. 414년에 세워진 〈광개토대왕비〉에 나오는 시조 추모왕, 2대 유류왕, 3대 대주류왕이 이를 보여준다. 그렇지만 선우 칭호가 사라진 것은 아니라 관행으로 사용되고 있었다. 그래서 오주 손권은 동천왕을 선우로 책봉하였던 것이다.

이 왕호를 높인 칭호가 '태왕太王'·'대왕大王'호나 '성왕聖王'호 또는 이를 합친 '성태왕聖太王' 호이다. 고구려에서 태왕, 성왕호의 사용 시기와 관련하여 주목되는 자료가 〈모두루묘지묵서〉이다. 이 묵서의 제3행~4행에는 '추모성왕鄒牟聖王'이, 제8행에는 '성왕聖王'이, 제10 행~11에는 '△국?강상성태왕△國?罡上聖太王'이' 그리고 제44행~45 행에는 '국강상대개토지호태성왕國岡上大開土地好太聖王'이 나온다. 이 가운데 제3~4행 및 8행의 '성왕'은 시조 추모왕을 높여 부른 칭호이고, 제44행~45행의 호태성왕은 광개토대왕을 가리킨다. 그러면 제10행~11행의 성태왕은 고국원왕을 가리키는 것이 분명하다.[44] 대형 염모冉牟가 막아낸 '모용선비'의 공격이 바로 342년(고국원왕 12) 전연 모용황의 고구려 공격이기 때문이다.

고국원왕을 높여 부른 태왕(성태왕) 칭호의 성격은 세 가지로 생각해 볼 수 있다. 첫째, 자칭호이다. 이 경우 태왕호는 고국원왕이 살아 계실 때 일컬은 것이 된다. 둘째, 시호이다. 이 경우 태왕호는 고국원왕의 뒤를 이은 소수림왕이 부왕에게 올린 시호가 된다. 셋째, 추존호이다. 이 경우 추존 시기는 둘로 생각해 볼 수 있다. 하나는 391년(고국양왕 8)에 국사國社를 세우고 종묘를 수건修建하는 등[45] 국가제의 체계를 정비한 고국양왕이 추존하였을 가능성이고,[46] 다른 하나는 소수림왕이 《유기》를 편찬하면서 추존하였을 가능성이다. 《유기》는 국초에 편찬된 역사서로 나오는데[47] 편찬 시기를 소수림왕 대로 보는 것이 통설이다.

시호로 볼 경우 고구려에서 시호제가 언제 실시되었으며, 미천왕에게도 시호를 올렸는지 올렸다면 그 시호는 무엇인지를 밝혀야 하는 문제가 남는다. 추존호의 경우 4세기 말 태왕가太王家 인식에 입각하여 고국원왕부터 태왕으로 추존한 것으로 보는 견해도 있지만[48]

안악 3호분 행렬도의 성상번(한성백제박물관)

태왕가의 중시조격인 미천왕을 태왕으로 추존하지 않은 것이 설명되지 않는다. 따라서 태왕호는 고국원왕이 살아계실 때 스스로 일컬은 것으로 보는 것이[49] 타당할 것이다.

이를 뒷받침해 주는 것이 안악3호분 회랑에 그려진 벽화의 깃발에 쓰여진 '성상번聖上幡'이다. '성상聖上'은 왕에 대한 존칭으로 '살아 있는 자기 나라의 임금을 높여 이르는 말'이며, '성왕聖王'과 같은 의미의 칭호이다. 안악3호분은 357년(고국원왕 27)에 만들어졌다. 묵서에 나오는 동수는 336년(고국원왕 6)에 전연으로부터 고구려로 망명해 와서 357년(고국원왕 27)에 69세의 나이로 죽었다. 그가 고구려에서 활동한 시기는 바로 고국원왕 대였다. 따라서 성상은 바로 고국원왕인 것이다. 이는 〈모두루묘지묵서〉에 모두루가 고국원왕을 태왕=성태왕으로 부른 것과 맥을 같이 한다. 고국원왕은 중앙집권력의 강화로 높아진 위상에 맞게 칭호를 높여 '태왕太王(大王)'이나 '성왕聖王'을 일컬었던 것이다.

고구려가 대왕(태왕: 성왕) 칭호를 사용하게 된 배경을 이해하는 데

참고가 되는 것이 5호16국시대의 '천왕天王'호이다. 16국의 최고지배자들은 종래의 선우單于 칭호 대신 천왕 칭호를 사용하였다. 흉노의 근준靳準이 318년에 한천왕漢天王을, 전진의 부건苻健이 351년에 천왕대선우天王大單于를 그리고 부견苻堅이 357년에 대진천왕大秦天王을 일컬은 것이[50] 그 예가 된다. 그런데 후진後秦의 시조인 강족 출신[羌人] 요익중姚弋仲은 "자로고 융적이 천자가 된 적이 없다"[51]고 말하였다. 이 말에 따르면 16국의 지배자들은 천자는 한족 왕조에서만 일컬을 수 있는 것으로 보고 감히 천자를 일컬지 않았다는 것이다. 그렇지만 16국은 중국 천자의 지배를 받는 제후국이 아니라 독립적인 나라였다. 16국의 지배자들은 그 위상이 천자보다는 아래지만 제후왕보다는 상위라고 인식하고 있었다. 그래서 '천왕'을 일컬어 '제후왕'과의 다름을 표시하였다.[52] 이를 원용하면 고국원왕도 중국 천자보다는 격이 낮지만 제후왕보다는 격이 높다는 의미에서 태왕을 일컬지 않았을까 한다.

고국원왕이 일컬은 태왕호는 이후 후계왕들에 의해 계승되었다. 이를 보여주는 것이 〈집안고구려비〉와 〈광개토대왕비〉이다. 〈집안고구려비〉는 397년(광개토대왕 7)이나 407년(광개토대왕 17)에 세워진 것으로 추정되는데[53] 이 비에 나오는 '국강상태왕國岡上太王'은 '무자정률戊子定律'의 무자년이 고국양왕 5년388에 해당됨으로 고국양왕을 가리킨다. 이는 고국양왕이 태왕호를 일컬었음을 보여준다. 〈광개토대비〉에 따르면 광개토대왕은 '호태왕好太王'이나 '호태성왕好太聖王'으로 표기되고 있다. 그렇다면 고국원왕 다음에 왕위에 오른 소수림왕도 태왕호를 일컬었을 가능성이 크다. 이를 입증해 주는 금석문이나 목간자료가 빨리 나오기를 기대해 본다.

태왕을 일컬은 고구려는 이를 바탕으로 중국의 화이론華夷論을 변용해서 고구려 중심의 차등적 조공관계와 자존적 천하관을 만들었다. 즉 태왕호를 매개로 자신들의 천하가 당시 동아시아 세계를 구성하던 여러 천하와 병존한 것으로 보았다.[54] 그래서 〈충주고구려비〉에서 보듯이 고구려왕은 태왕을 일컬으면서 신라를 조공국으로 보고 그 왕과 신하들에게 의복을 하사하였다.[55] 그 사상적 배경은 전통적 '천天' 개념에 유교적 '천天' 개념을 수용한 고구려적 '천天' 관념이었다.[56] 이를 바탕으로 고구려는 태왕의 절대성을 나타냈다. 그 시작이 바로 고국원왕대였다.

2) 연수 연호의 사용

고구려에서 태왕호의 사용과 관련하여 또 하나 고려해야 할 것이 연호年號의 사용 문제이다. 연호는 원호元號라고도 하는데 고대동아시아에서 제왕의 치세에 붙이는 칭호를 말한다. 연호는 황제만이 반포할 수 있었고, 제후왕은 독자적 연호를 사용하지 못하였다. 최초의 연호는 중국 한 무제武帝 때의 건원建元이다. 무제는 6년 혹은 4년마다 연호를 고쳤다. 이후 이 기간은 무시되어 한 군주가 여러 연호를 사용하기도 하였다.

이 연호제가 주변국으로 확산되었다. 광개토대왕의 '영락永樂' 연호와 신라 법흥왕의 '건원建元' 연호가 대표적인 사례이다. 광개토대왕의 영락 연호는 고구려에서 연호 사용의 하한선이다. 그러면 고구려에서는 어느 왕이 연호를 처음으로 사용하였을까. 이를 추론하는데 단서가 되는 것이 경주 서봉총에서 출토된 은합銀盒에 새겨진 명문이다. 여기에 연수延壽 연호가 나온다. 명문은 다음과 같다.

경주 서봉총 출토 '연수'명 은합(좌)과 명문(국립중앙박물관)

延壽元年太歲在卯三月中 太王敎造合杅用三斤六兩(뚜껑 안쪽)
延壽元年太歲在辛三月△太王敎造合杅 三斤(합의 바닥쪽)

뚜껑 안쪽의 '卯'와 합의 바닥 쪽의 '辛'을 합하면 연수 원년은 '신묘년'이 된다. 이 명문의 내용은 "연수 원년인 신묘년 3월에 태왕이 명을 내려 합우를 만들었다. 뚜껑에는 3근 6량이, 합에는 3근이 들었다"는 것이다.

연수는 중국에는 보이지 않는 연호이다. 따라서 연수 연호를 어느 나라 어느 왕이 언제 사용하였느냐를 밝혀야 한다. 그러기 위해서는 은합의 제작 연대와 더불어 은합의 제작지 그리고 연수 연호와 함께 나오는 태왕 칭호의 사용 시기 등을 종합적으로 고려해야 한다.

이 은합이 만들어진 시기를 보여주는 것이 신묘년의 연대이다. 은합이 출토된 서봉총은 적석목곽분이다. 서봉총의 축조 시기는 황남대총 남분·북분 보다는 늦고 천마총天馬塚이나 금령총보다는 이르다고 한다. 황남대총 남분의 축조 연대는 4세기 중엽 경으로, 북분은 4세기 말~5세기 초경으로 추정되고, 천마총의 연대는 목관편木棺片의 방사성탄소연대측정에 따르면 서기 340년 ±70년이므로 서기

270년~410년 사이가 된다.[57] 이를 종합하면 신묘년은 331년, 391년, 451년, 511년 가운데 하나가 될 것이다.

이 은합의 제작지에 대해 은합의 십자형 꼭지 손잡이가 고구려식이라는 것에 근거하여 고구려로 보는 것이 일반적이다. 이와는 달리 은합의 제작기법, 합에 뚜껑을 덮는 방식, 재질, 십자형 꼭지 손잡이 부착 방법, 뚜껑과 합의 높이·크기와 구경 비율, 돌대 수 등 속성이 고구려의 합과 다르므로 신라 장인이 제작하였다는 주장도 만만치 않다. 이에 따라 연수를 고구려 연호로 보는 견해와 신라 연호로 보는 견해로 나뉜다.

이 은합을 신라가 만든 것이라는 입장에서 신묘년을 451년(눌지왕 35)으로 보고 연수를 눌지왕의 연호로 보는 견해도 있고[58] 511년(지증왕 12)으로 보고 지증왕의 연호로 보는 견해도[59] 있다. 그러나 신라에서 연호 사용은 법흥왕 23년(520)의 건원建元 연호가[60] 최초였다. 이는 진덕왕 2년(648)에 당나라로 간 사신 한질허邯帙許가 당 태종이 신라가 따로 연호를 칭한 것에 대해 질문하자 '선조 법흥왕 이래로 사사로이 연호를 가지고 있었다'고 대답한 사실에서[61] 확인된다. 한편 524년에 세워진 〈울진봉평리신라비〉에 나오는 '모즉지매금왕牟卽智寐錦王'의 모즉지牟卽智는 법흥왕法興王이다. 법흥왕은 524년(법흥왕 11)에도 매금왕寐錦王으로 불렸다. 법흥왕이 대왕으로 불린 것은 〈울산천전리서석 을묘명〉에 나오는 '성법흥대왕聖法興大王'에서 보듯이 535년(법흥왕 22)이었다. 이를 종합하면 연수 연호와 태왕호는 눌지왕 대나 지증왕 대에 사용한 것으로 볼 수 없다.

연수 연호를 고구려 연호로 보는 경우 신묘년을 451년(장수왕 39)으로 보고 장수왕 연호로 보는 견해와[62] 391년(고국양왕 8)으로 보고 고국양왕의 연호로 보는 견해로 나뉜다. 장수왕 설은 이 시기 신라와 고구려의 우호 관계를 주목하여 나온 것이다. 고국양왕 설은 391년이 고국양왕의 죽은 해이면서 광개토대왕의 즉위 해인데 광개토대왕의 연호가 영락이므로 연수는 고국양왕의 연호가 되어야 한다는 것이다. 이 가운데 장수왕 39년(451)으로 보는 견해가 대세를 이루고 있다.[63]

근래에 신묘년을 331년(고국원왕 즉위년)으로 보고 연수를 고국원왕의 연호로 보는 견해가 나왔다. 이 견해의 주요 요지는 다음과 같다. 서봉총 은합의 십자형 꼭지 손잡이는 고구려 칠성산 96호분의 십자형 손잡이의 유개합과 비교할 때 세부적인 차이가 있지만 '고구려적 요소'가 분명함으로[64] 고구려에서 제작된 것이다. 십자형 꼭지 손잡이를 가진 금속제 합의 중심 시기는 4세기대이므로 이 은합의 제작 시기는 늦어도 4세기 중·후반을 넘지 않는다. 이 은합의 제작 연대는 서봉총의 축조 시기보다 빠르므로 은합의 제작 시기를 서봉총의 연대에 맞출 필요가 없다. 〈모두루묘지묵서〉에서 보듯이 염모冉牟가 활약했던 시기의 '국강상성태왕國崗上聖太王'은 고국원왕이다. 이 은합이 만들어진 신묘년(331) 3월은 고국원왕이 즉위한 331년 3월과 연월이 일치한다. 그래서 고국원왕은 즉위하면서 왕실의 격을 높이고, 고구려의 독자성을 강조하기 위해 태왕호를 칭하고 연수 연호를 제정하였을 가능성이 높다는 것이다.[65]

저자는 이 견해가 타당성이 있다고 보고 따르는 바이다. 그렇다면 이 은합은 고국원왕이 즉위하면서 만들어졌고, 이후 신라에 전해져서 여러 해를 거쳐 전세傳世되다가 서봉총에 부장된 것으로 볼 수 있겠다. 이는 을묘년(415: 장수왕 3)에 고구려에서 만들어진 호우壺杅가 어느 시기에 신라에 전해지고 다시 100여 년간 전세되다가 6세기 중반에 만들어진 호우총에 부장된 사실에서[66] 방증이 되리라 본다.

'연수延壽'에는 '수명이 오래 가기'를 바라는 기원이 들어있다. 이때의 수명은 왕 개인의 수명일 수도 있고, 나라 자체의 수명일 수도 있다. 저자는 후자 쪽에 무게를 두고 싶다. 고국원왕은 고구려가 길이길이 번영하기를 바라는 염원에서 연호를 '연수'라 한 것 같다. 이처럼 고국원왕은 331년에 즉위하면서 태왕호를 칭하고, 연수 연호를 제정하여 내외에 선포하였다. 이것이 전범典範이 되어 광개토대왕도 즉위하자 태왕호를 일컬으면서 영락이란 연호를 제정하였다. 이렇게 보면 고국원왕 대는 고구려가 독자적 천하관을 확립한 획기라고 하겠다.

4. 의관제의 정비

의관제는 신분제 사회에서 왕과 대소 신료들이 공회公會 석상에 모였을 때 그 지위와 신분을 눈으로 볼 수 있게 의관을 제도화한 것이다. 그 바탕은 사회적 계층화를 규정하는 예제禮制이다. 의관의 핵심은 위신품威身品이다. 대표적인 위신품이 옷, 관冠, 띠, 신발 그리고 고분에서 많이 출토되는 장식대도이다. 귀족 관료들은 예제적 질서에 따라 위신품을 착용하여 자신의 지위를 공식적으로 나타냈다.[67]

《삼국지》동이전 고구려조에 따르면 고구려에서는 공회 석상에서 중앙귀족인 대가와 주부들은 '책幘'을, 소가는 고깔과 같은 '절풍折風'을 썼다.[68] 이 시기는 부체제 단계이다. 공회는 공식 모임을 말한다. 공회 때 대가와 주부가 쓰는 관과 소가가 쓰는 관이 달랐다는 것은 고구려에서 의관제가 만들어졌고 이를 통해 중앙귀족들의 상하 지위를 구별하였음을 보여준다. 이는 3세기까지의 상황이다.

4세기에 들어와 미천왕이 부체제를 해체하였고 이 토대 위에서 고국원왕은 중앙집권체제를 갖추었다. 이 시기 의관제의 모습을 보여주는 문헌자료가 없으므로 고고학 자료를 통해 추정해 볼 수밖에 없다. 이와 관련하여 주목되는 것이 금속제 관모이다. 금속제 관모의 사용은 비 중국적 문화로서 고대동북아시아 각국 문화의 공통적 특징의 하나이다. 현재까지 출토된 고구려의 금속제 관 자료로는 집안 태왕릉 출토 관과 집안 우산하3560호묘(JKM3560), 우산하3105호묘 (JKM3105), 요녕성박물관 소장의 전 집안 출토 관식 그리고 국립중앙박물관 소장의 덕德(5193) 관식이 있다.[69]

태왕릉 출토 금동관은 관대冠帶, 관모冠帽, 관식冠飾으로 이루어졌다. 관모는 고깔 모양이고, 관식은 새 날개 모양이다.[70] 나머지는 모두 관식만 출토되었다. 금동제 관식은 조우형鳥羽形 혹은 우모형羽毛形이며, 세 개의 입식立飾으로 이루어졌다. 이 관식은 절풍모折風帽에 덧붙여 꽂았던 것 같다. 이는 3세기 이후 어느 시기에 관의 장식이 새 깃에서 금속제 새 깃으로 바뀐 것을 보여준다. 신분이 높은 사람들은 이 금속제 관식을 관모 좌우에 꽂아 지위의 고귀함을 드러내었다.[71]

우산하3105묘 출토 관식은 가장 고식으로 추정된다. 우산하992호묘 출토 관식에는 금으로 만든 보요가 달려 있다. 이런 장식이 출토된 무덤은 모두 4세기대이다.[72] 태왕릉 출토 금동관의 제작 시기는 태왕릉에서 출토된 청동방울에서 추정해 볼 수 있다. 이 방울에 새겨진 '신묘년'은 391년이나 그 이전이다. 4세기대는 바로 미천왕~고국원왕 대에 해당된다. 이로 미루어 이 시기 고구려 의관제는

집안 태왕릉 출토 관모(좌)와 우산하3560호묘 출토 관식(신대곤 논문)

부체제 단계의 책과 절풍 위주의 관에서 금속제 관식으로 관을 꾸미는 형태로 정비된 것으로 보인다.

의관제는 관등제와 연동되어 운영된다. 백제의 경우 왕은 금화관식을, 1품 좌평~6품 나솔까지의 관등을 가진 자는 은화관식을 착용하였다.[73] 신라의 경우 이찬과 잡찬은 비단관[錦冠]을, 파진찬과 대아찬은 다홍관[緋冠]을 썼고, 상당 대나마와 적위 대사는 갓끈을 매었다.[74] 그렇다면 고국원왕 대의 의관제도 관등제와 연동되어 신분의 귀천과 지위의 고하를 나타냈을 것이다. 고구려 관등제는 미천왕대에서 고국원왕 대에 걸쳐 주부, 형, 사자를 분화, 격상시켜 대로-대주부-태대사자-태대형-소대사자-대형(소대형)-주부-소사자-소형-선인으로 일단 정비되었다. 이에 대해서는 앞에서 이미 말하였다. 이 관등제는 태대사자-태대형 등의 최상층, 소대사자-소대형 등의 중간층, 사자-소형 이하의 하위층 등 3등급 충서를 보여준다. 그러나 문헌자료도 부족하고 출토된 금속제 관의 수도 많지 않아 의관과 관등과의 구체적인 대응 관계는 분명히 하기는 어렵다.

5. 인재등용: 동수 등 중국계 인물의 등용

국가 운영에는 인재 등용이 중요하다. 고구려의 경우 인재 등용 방법으로는 천거제薦擧制, 징소제徵召制 등이 있었다.[75] 천거제는 어떤 인재를 어떤 자리에 추천하는 제도이다. 고국천왕이 4연나椽那의 반란을 진압한 뒤 인재를 추천하도록 하자 4부가 좌지촌의 을파소乙巴素를 추천한 것과 봉상왕이 전연의 침입을 막을 인재를 천거하라고 하였을 때 국상 창조리倉助利가 고노자高奴子를 추천한 것이 예가 된다. 징소제는 명망가나 유덕자를 국왕이 불러 벼슬을 주는 제도이다.

이러한 인재 등용에는 가문의 지위[門地]가 크게 작용하였다. 중천왕 3년(250) 국상에 임명된 음우陰友가 죽자 그의 아들 상루尙婁가 국상에 임명된 것이 이를 보여준다. 한편 이 시기는 전쟁이 빈번하였기 때문에 무예를 중시하였다. 미혼의 자제들은 후일의 경당扃堂과 같은 곳에서 주야로 독서하면서 활쏘기를 배워 기예를 겨루었다.[76] 귀족 가문은 활이나 검을 잘 쓰는 것을 자랑으로 여겼다.[77] 이로 미루어 고구려는 무예에 능한 인재도 선발하였던 것으로 보인다.

고국원왕 대에 인재를 등용하는 구체적인 자료는 없지만 이와 관련하여 주목되는 것이 외국인의 등용, 특히 중국 출신 인재의 등용이다. 외국인의 등용은 그들이 가진 선진적인 정치 경험과 학식을 활용하기 위해서였다. 한인 관료들의 학문과 지식은 당시 고구려 사회에 새로운 자극이 되었다.[78] 이에 고구려의 국가 운영은 더 체계화되었을 것이다.

　문헌자료에서 확인되는 중국계 관료로는 사마司馬 동수冬壽, 곽충郭忠, 거취령巨就令 유홍游泓, 동이교위東夷校尉 봉추封抽 등을 들 수 있다. 이들은 모두 모용황에게 쫓겨 고구려로 망명하였다. 그러나 동수를 제외한 나머지 사람들의 망명 이후의 활동은 자료가 없어 알 수 없다. 한편 동진의 전 동이교위 송황宋晃은 고국원왕 8년(338년)에 고구려로 망명해 왔지만 19년(349)에 전연 모용황의 송환 요구에 따라 돌려보내졌다.[79] 그러나 그가 11년 동안 고구려에서 활동한 모습은 알 수 없다.

　고고학 자료를 통해 확인되는 중국계 관료로는 〈영화9년명전〉의 영동리領佟利, 장무이묘張撫夷墓에서 출토된 〈장무이전〉에 나오는 장무이張撫夷 그리고 〈안악3호분묘지묵서〉에 나오는 동수冬壽(佟壽) 등이다.

　〈영화9년명전〉의 명문은 "요동한현도태수영동리遼東韓玄菟太守領佟利"이다. 이 명문의 '영동리'에 대해 '영領'은 '관장한다' 또는 '관할한다'는 의미를 가지고 있으므로 '동리佟利'만을 이름으로 보고 336년(고국원왕 6)에 고구려로 망명해온 동수와 같은 친족집단으로 보는 견해도 있다.[80] 그러나 평양 석암리 205호분에서 출토된 '오관연왕우인五關椽王盱印'에 보이는 왕우王盱, 평양 정백리 127호분 출토 '낙랑태수연왕광지인樂浪太守椽王光之印'에 보이는 왕광王光 등에서 보듯이 관직명 다음에 바로 인명이 나오는 것이 상례이다. 따라서 태수 다음에 나오는 '영동리領佟利'는 이름으로 보는 것이 타당하다. 영화 9년(353)은 고국원왕 23년이므로 영동리는 고국원왕 대에 활동한 인물이 분명하다.

〈장무이전〉에서 '태세재무어양장무이전太歲在戊漁陽張撫夷塼'과 '태세재신어양장무이전太歲在申漁陽字撫夷塼'의 '戊'와 '申'을 합치면 태세는 무신戊申이다. 무신년(348)은 고국원왕 18년이다. 따라서 장무이도 고국원왕 대에 활동한 인물임이 분명하다.

동수冬壽는 〈안악3호분묘지묵서〉[81]에는 영화 13년(357: 고국원왕 27)에 69세로 죽은 것으로 나온다. 출신지는 유주 요동군 평곽현 도향 경상리였다. 그는 336년(고국원왕 6)에 모용황의 공격을 받아 곽충郭充과 함께 고구려로 망명한 동수佟壽와[82] 동일 인물이었다. 그는 전연에서 사마司馬의 벼슬을 하였다. 그의 출자에 대해 동씨佟氏, 冬氏는 본래 낙랑지역에 거주하였던 토착호족이 중국계 성씨를 차용하면서 생겨난 것이며, 동수는 313년 낙랑군이 멸망하면서 요서로 이주한 낙랑군민의 한 사람이었는데 모용씨 정권 아래에서 요동동씨遼東佟氏로 적관籍貫을 부여받은 것으로 보는 견해도 있다.[83] 망명 이후 그는 고구려에 20년간 살았다.[84] 따라서 동수도 고국원왕 대에 활동한 인물이 분명하다.

고고자료에서 확인되는 세 사람의 관직은 요동태수, 한태수, 현도태수, 대방태수, 창려태수 등 태수와 사지절도독, 호무이교위, 낙랑왕 등이다. 작호는 도향후이다. 이러한 관직과 작호에 대해 고구려에서는 태수나 교위 등의 관직을 설치하지 않았고, 또 전연 또는 후연이 이러한 관직을 이들에게 줄 수 없다는 전제하에 자칭호自稱號로 보는 견해도[85] 있다. 그러나 이 시기 고국원왕이 태왕을 일컬었다는 사실과 고구려의 정치발전 정도에서 미루어 보았을 때 망명객의 관직 자칭自稱이나 사칭私稱은 용납되지 않았을 것이다. 그렇다면 이들이 지닌 관명의 일부는 망명해 오기 전에 지닌 것도 있지만 고구려왕이 수여한 것도 있었을 것이다.[86] 백제의 경우《남제서》백제전에 보듯이 신하들에게 작호의 일종으로 태수호를 수여하기도 하였다.[87] 고구려의 경우 태수가 작호인지의 여부에 대해 저자 나름의 해답을 가지고 있지 못하므로 여기서는 더 이상 말하지 않기로 한다.

　외국인 등용과 관련하여 유념해야 할 것은 망명객들은 고국원왕의 필요에 따라 등용되었다는 사실이다. 즉 망명객들의 운명은 고구려왕의 손에 달렸다는 것이다. 그래서 정치적 상황에 따라 망명객들은 외교적 교섭의 제물이 되기도 하였다. 앞서 말한 동진의 전 동이교위 송황宋晃이 전연 모용황의 송환 요구에 따라 돌려보내진 것이 대표적인 사례이다.

6. 정치 운영과 귀족합좌제

　한국 고대사회에서 정치제도를 운영하는 방식의 하나가 귀족합좌제이다. 합좌合坐는 두 명 이상의 고위 귀족들이 모여 중요한 국사를 논의하여 결정하는 것을 말한다. 귀족합좌제는 제왕의 전제적 정치에 대응되는 개념으로, 그 바탕에는 "성인은 독치獨治하는 것이 아니라 모름지기 어진 이의 보필을 받아야 한다"는 정신이 깔려 있었다. 그래서 군주는 어진 신하와 함께 국정을 논하여야 했다.《주례》에 천관경天官卿과 지관경地官卿 등을 둔 것도 이 때문이라고 한다.[88]

　어진 신하와 '함께 국정을 논한다'는 것을 신라에서는 '공론共論',[89] 고구려에서는 '평의評議'[90]라 하였다. 신라 화백회의和白會議에서 "일은 반드시 여러 사람과 의논한다. 한 사람이라도 이의異議가 있으면 그만두었다"[91]고 한 '화백和白' 또한 같은 의미이다. 이것이 바로 합좌이고 이를 제도화한 것이 합좌제 즉 귀족회의체이다.

부체제 단계에서 고구려의 합좌제 모습은 '제가회의諸加會議'에서 찾아볼 수 있다. 제가회의에서는 죄가 있으면 제가들이 평의하여 곧 죽였고 처자는 몰입하여 노비로 삼았다. '제가'는 각 부의 유력자들을 말하는 것이고, '평의'는 모여서 논의하여 결정하는 것이다. '편살지便殺之'는 평의한 사항이 곧바로 집행되었음을 보여준다. '처자를 몰입하여 노비로 삼았다'는 것은 범죄자에 대해 당사자는 물론 가족에게도 죄를 물은 것, 이른바 연좌제連坐罪를 보여준다.

제가회의를 구성한 구원원들은 왕을 배출한 계루부와 나머지 부의 유력세력들이었다. 이들은 지위의 고하에 따라 대가大加 또는 소가小加로 불렸으며 총칭할 때는 제가諸加라 하였다. 제가회의는 이시기 고구려 정치 운영의 핵심기구였다.[92] 이 제가회의를 대표하는 직이 《삼국지》 동이전 고구려조에 나오는 상가相加였다.

상가는 '상相'+'가加'로 이루어진 합성어이다. '가加'는 고구려에서 부의 유력자를 가리키는 칭호이다. 상은 찬讚, 도導, 면勉 등과 같은 '영도領導'의 의미를 가진다.[93] 따라서 상가는 여러 가들을 '영도한다'는 의미를 갖는 칭호로서 바로 제가회의 의장이었다. 그 위상은 국왕 바로 다음이었다. 한편 《삼국사기》 고구려본기에는 국상國相이 나온다. 국상은 신대왕 2년166에 좌보와 우보를 합하여 설치한 것으로서 내외병마사를 관장하는 최고위직이었다.[94] 따라서 국상은 상가의 다른 표기로서 제가회의의 의장이라 하겠다.[95]

고구려에서 부체제는 미천왕 대에 해체되었다. 미천왕이 절노부(연나부) 출신의 여성 대신 주씨周氏를 왕비로 맞이한 것이 이를 상징적으로 보여준다. 이에 대해서는 앞에서 이미 말하였다. 부가 해체되고 국왕권이 점차 강화됨에 따라 제가회의도 변화하였다. 종래 제가회의의 구성원은 '제가諸加'라는 표현에서 보듯이 '가加'가 중심이었다. '가'는 독자적 기반 위에서 성립된 존재로서 일정한 자율성을 지니고 있었다. 그러나 왕권이 강화되어 부의 내부에까지 왕권이 미치게 됨으로써 '가'는 독자성을 상실하고 왕과의 관계에서만 귀족으로서의 지위를 유지할 수 있게 되었다. 그 결과 제가회의체는 '귀족회의체'로 전환되었고, 회의체의 운영도 국왕 중심으로 이루어지게 되었다. 이에 따라 종래 제가회의의 의장인 상가=국상도 폐지되었다. 봉상왕이 3년(294)에 창조리倉助利를 국상으로 임명한 이후 더 이상 국상이 보이지 않는 사실이 이를 말해준다.

이 귀족회의체의 구성원은 관등을 가진 관료적 존재였다. 고국원왕 대의 관등제는 앞에서 언급한 바와 같이 주부를 대주부-주부로, 대사자를 태태사자와 소대사자(대사자)로, 대형을 태대형-소대형(대형)으로 분화시킨 형태로 이루어졌다. 이 관등제의 중심은 '대'가 붙은 대주부, 태대사자, 태대형 그리고 대사자였다. 이로 미루어 이 시기 귀족회의체는 대주부, 태대사자, 태대형, 대사자, 대형의 관등을 지닌 고위 귀족관료들로 구성되지 않았을까 한다.

귀족회의체가 성립하면서 의장의 명칭도 바뀌었다. 이와 관련하여 주목되는 것이 대로對盧이다. 대로는 패자沛者와 교치交置되는 성격의 관명이었다. 패자는 서천왕(270~292) 대까지 보이다가 이후 보이지 않는다. 이와 달리 대로는 5세기 중반까지 존재하고 있었다. 475년(장수왕 63)에 백제 공격에 앞장선 제우齊于가 대로였다는 사실이[96] 이를 보여준다. 이처럼 대로는 미천왕 대에서 고국원왕 대에 이르기까지 최고위직이었다. 이 대로에서 격상된 것이 대대로大對盧이다. 대대로는 고구려 후기에 최고귀족회의체인 5관회의체五官會議體의 의장이었다. 이로 미루어 대로 역시 앞선 시기의 귀족회의체의 의장이라 할 수 있겠다.

대로는 국상(상가)과 성격의 차이가 있었다. 국상은 한번 임명되면 종신이었다. 을파소에서 창조리에 이르기까지 국상 임명 기사를 보면 전임자가 죽은 후에 후임자가 임명된 것이 이를 말해준다. 국상(상가)은 부체제 내에서 일정하게 자신의 독자적 정치 기반을 가지고 있었다. 이와 달리 대로는 패자와 교치交置되기도 한 것에서 보듯이 종신직이 아니었다.[97] 그 만큼 왕권에 대한 의존도가 높았다.

족적 기반을 가진 제가회의를 폐지하고 새로이 귀족회의를 설치한 것과 제가회의의 의장인 국상=상가를 폐지하고 새로이 대로를 설치하여 귀족회의 의장의 구실을 하도록 한 것은 국왕권이 귀족회의체에 더 강하게 영향을 미친 것을 의미한다. 이리하여 회의체의 성격도 바뀌었다. 그 시기가 바로 고국원왕 대였다.

II. 백제 근초고왕

1. 부여씨의 왕위 계승권 확립

1) 왕명 '근초고'의 의미

이 책의 주인공의 한 사람인 근초고왕近肖古王은 백제 제13대왕이다. 재위 기간은 346~375년이다. 출생연대는 알 수 없다. 비류왕의 둘째 아들이지만 어머니는 누구인지 알 수 없다. 성은 부여씨이다. 이름은《삼국사기》와《삼국유사》에는 근초고왕으로,《신찬성씨록》에는 근속고왕近速古王으로[98] 나온다. 근속고왕은 근초고왕의 다른 표기이다.《진서》간문제기의 여구餘句의[99] '여餘'는 부여씨扶餘氏를 줄인 성姓이고, '구句'는 초고를 줄인 외자 이름이다. 근초고왕은 백제왕 가운데 그 이름이 중국 사서에 등장하는 최초의 왕이다.

근초고왕의 이름과 관련하여 정리해 두어야 할 것은《일본서기》 신공기 46년(수정 연대 366)조에 나오는 초고왕肖古王, 흠명기 2년(541)조에 나오는 속고왕速古王,《고사기》에 나오는 조고왕照古王과의 관계이다. 초고왕, 속고왕, 조고왕은 표기의 차이이므로 동일 왕명이다. 이 왕명은《삼국사기》에 나오는 백제 제5대 초고왕(166~214)과 동일하다. 그러나 일본 사서에 나오는 초고왕(조고왕)은 다음의 두 가지 사실에 의해 근초고왕으로 보아야 한다.

하나는 일본 나라현 석상신궁石上神宮에 소장되어 있는 칠지도이다. 이 칼에 새겨진 명문에 따르면 이 칼은 백제가 동진 태화 4년(369)에 만들었다. 태화 4년은 근초고왕 24년이다. 그런데《일본서기》에 의하면 백제 초고왕은 칠지도를 만들어 신공기 52년(수정 연대 372)에 왜에 보냈다고[100] 나온다. 이는 근초고왕 대에 칼을 만들었다는 명문의 내용과 대응된다. 다른 하나는《일본서기》에 따르면 초고왕은 신공기 55년(255)에 죽은 것으로 나오는데[101] 이 연대를 120년 인하하여 375년으로 수정하면《삼국사기》의 근초고왕 사망 연대 375년과 일치한다. 이를 종합하면 일본사서에 나오는 초고왕(속고왕, 조고왕)은 근초고왕으로 보는 것이 타당하다. 그러나 일본사서가 '근'

자를 생략하고 '초고왕'으로만 표기한 이유가 무엇인지는 자료가 없어 알 수 없다.

근초고왕이란 왕명은 '초고왕'에 '근近' 자를 앞에 붙인 것이다. '근'은 '가깝다'는 의미와 '크다'는 의미를 가진다. 전자의 의미로 해석하면 '근초고왕'은 '초고왕에 가까운 왕'이라는 의미이다. 초고왕은 부여씨로서 최초로 연맹장이 되었다. 국호를 십제十濟에서 백제 伯濟(百濟)로 고치고, 정치의 중심지를 하북위례성에서 하남위례성으로 옮겼다. 풍납토성에서 확인된 삼중환호성이 바로 초기하남위례성이다. 초고왕부터 부여씨가 왕위를 계승하게 되었음으로 초고왕은 부여씨 왕실에서 중시조의 위상을 갖는다.102 그래서 근초고왕은 초고왕계임을 강조하여 '초고왕'에 '근' 자를 붙여 왕명으로 하였던 것이다. 이는 고구려 동천왕이 태어날 때의 모습이 증조인 태조왕과 비슷하여 태조왕의 이름인 '궁宮'을 본따 '위궁位宮'이라 한 것과 같은 맥락이다.103 고구려어의 '위位'는 '비슷하다相似'는 의미인데 백제어의 '근'과 뜻이 통한다.

근초고왕의 이러한 작명 방법은 후대에 영향을 주었다. 그래서 아들 근구수왕近仇首王은 제5대 왕인 구수왕仇首王에 '근'자를 붙여 근구수라 하였다. 21대 근개루왕(近蓋婁王, 개로왕)은 제4대 왕인 개루왕 蓋婁王에 '근'자를 붙여 '근개루왕'이라 하였다.

2) 즉위와 부여씨의 왕위 계승권 확립

근초고왕의 아버지 비류왕(304~344)은 초고왕의 손자였고, 구수왕의 둘째 아들이었고, 사반왕의 동생이었다. 오랫동안 민간에 살고 있던 비류왕은 분서왕이 낙랑군이 보낸 자객에게 피살되자 분서왕의 아들들을 제치고 왕위에 올랐다. 이에 대해서는 앞에서 이미 말하였다. 비류왕의 즉위로 한때 중단되었던 직계 초고왕계의 왕위계승이 이루어졌다.

비류왕은 재위 41년 되는 해인 344년에 죽었다. 비류왕에게는 여러 아들이 있었다. 근초고는 둘째 아들이었다. 그럼에도 비류왕이 죽자 전왕 분서왕의 아들 계왕稽王(344~346)이 즉위하였다. 이는 비류왕이 죽은 뒤 왕위 계승을 둘러싸고 초고왕계와 고이왕계 사이에 힘겨루기가 일어났음을 보여준다. 이 왕위 계승전에서 고이왕계가 승리하여 계왕이 즉위하였다.

계왕의 왕위 계승 과정에서 주목되는 것이 해씨세력의 동향이다. 해씨세력은 비류왕 9년(312)에 병관좌평을 배출하였지만 비류왕이 30년(333)에 진의眞義를 내신좌평에 임명함으로 말미암아 정치 일선에서 밀려나게 되었다. 이에 해씨세력은 고이왕계와 은밀히 연계하였고, 비류왕이 죽고 후계 구도를 둘러싸고 암투가 벌어지자 고이왕계인 계왕을 지지한 것으로 보인다. 이리하여 백제의 왕계는 다시 방계인 고이왕계로 바뀌게 되었다.

계왕은 자질이 강직, 용감하며 말 타고 활쏘기에 능하였다고 한다. 즉위한 뒤 계왕은 2년(345)에 동명묘東明廟를 배알하였다.104 이는 즉위 의례로서 왕위 계승의 정당성을 보여 주기 위함이었다. 이외에 계왕과 관련한 기사는 《삼국사기》 백제본기에는 하나도 없다. 그렇지만 고이왕계가 초고왕계에 반발하였다는 사실에서 미루어 볼 때 계왕은 비류왕이 부체제를 극복하기 위해 추진한 여러 정책을 폐기하려 하지 않았을까 한다. 그러나 계왕은 3년이라는 짧은 재위로 생을 마감하였기 때문에 그러한 시도는 성과를 거두지 못하였을 것이다.

계왕은 아버지 분서왕이 죽었을 때 어렸지만 비류왕이 41년 동안 재위하였기 때문에 즉위할 당시 적어도 50세는 넘었다. 따라서 계왕에게도 장성한 자식이 있었을 것이다. 그럼에도 계왕이 죽은 뒤 왕위는 다시 비류왕의 아들 근초고왕에게로 넘어갔다. 이 또한 정변의 결과일 가능성이 크다. 왕위를 둘러싼 이 갈등에서 주목되는 것이 진씨 세력의 동향이다.

비류왕 30년(333)에 진의眞義는 내신좌평에 임명되었다. 그의 딸일 가능성이 큰 진씨 출신의 여성은 비류왕의 아들 근초고의 부인이 되었다. 이는 진씨세력이 비류왕과 밀접하게 결합되었음을 보여준다. 이에 대해서는 앞에서 이미 말하였다. 계왕이 죽고 왕위를 둘러싼 분쟁 때 진씨세력은 근초고왕이 즉위하는 데 핵심적인 구실을 하였다. 근초고왕이 즉위 후 왕후의 친척인 진정眞淨을 조정좌평에 임명한 것이 이를 보여준다.

근초고왕의 즉위는 일종의 정변을 거친 왕위계승이었다. 비정상적인 왕위계승에서는 무엇보다도 반대 세력을 제압할 수 있는 힘과 능력이 있어야 한다. 근초고왕은 "체모는 기위하고 원대한 식견이 있었다"는 인물평에서[105] 보듯이 웅걸찬 외모에 원대한 식견을 지녔다. 그래서 근초고는 계왕 사후 벌어진 왕위계승 분쟁에서 능력을 발휘하여 마침내 왕위에 올랐던 것이다. 따라서 근초고왕이 비류왕의 둘째 아들로서 왕위에 올랐다는 사실에 특별한 의미를 부여할 필요가[106] 없을 것이다. 비정상적인 왕위계승에서는 장자 우선이냐 아니냐는 부차적인 것이기 때문이다. 근초고왕이 즉위함으로써 왕위는 완전히 초고왕계로 넘어왔다. 근초고왕이 왕명을 '초고왕'과 가깝다는 의미에서 '근초고왕'으로 한 것은 초고왕계의 왕위계승권 확립을 선언한 것이라 하겠다.

2. 중앙과 지방 통치조직의 정비

1) 관등제의 정비: 14관등제

중앙집권국가에서 지배조직의 정비는 두 방향에서 진행되었다. 하나는 중앙귀족화한 5부의 유력 귀족들을 일원적인 통치조직 속에 편제하는 것이고, 다른 하나는 부의 장을 통해 지방을 지배하는 이른바 간접 지배를 청산하고 국왕이 지방관을 파견하여 지방을 직접 지배하는 지방통치조직을 마련하는 것이다. 여기서는 먼저 백제의 중앙통치조직에 대해 정리해 두기로 한다.

중앙통치조직의 핵심은 관등제와 관부제 및 관직제이다. 《삼국사기》 백제본기에는 비류왕 이후 근초고왕 대에 이르기까지 관등 관련 기사는 종종 나오지만 관부나 관직과 관련한 자료는 박사나 장군을 제외하면 거의 없다. 때문에 이 시기의 중앙통치조직은 관등제를 중심으로 살펴볼 수밖에 없다.

백제에서 부체제 단계의 관등제는 좌평과 솔, 덕을 상위로 하고 좌군-진무-극우를 하위로 하여 이루어졌다. 그런데 부의 장들은 비록 규모는 적지만 그 휘하에 좌군-진무-극우를 두어 반공지와 반공민을 주관하였다. 이리하여 부체제 단계에서 지배조직은 이원적으로 운영되었다. 이 가운데 '솔'은 부체제가 성립되면서 중앙귀족으로 전환된 국의 수장들에게 주어졌고, '덕'은 국단계의 읍락 거수 가운데 중앙귀족으로 전환된 자들에게 수여되었다.[107]

백제의 부체제는 비류왕대에 와서 해체되었다. 이에 대해서는 제1부에서 이미 말하였다. 이를 토대로 근초고왕은 중앙집권국가체제를 만들어 나갔다. 기본 방향은 부체제 단계의 이원적인 국가운영을 일원화하는 것이었다. 그 핵심적인 조치의 하나가 관등제의 정비였다. 그 방법은 좌평을 최고의 관등으로 하고, '솔'과 '덕'을 분화·격상시키는 것이었다.

좌평은 16품 가운데 제1품의 관등이었다. 그 명칭은 《주례》에 나오는 "이좌왕 평방국以佐王 平邦國"에서 따온 것으로 추론되고 있다. 이는 백제가 주례주의周禮主義를 중시하였음을 보여준다.[108] '솔'은 달솔-은솔-덕솔-한솔-나솔까지 다섯 등급으로 분화시켰다. 이를 '솔계奉系' 관등이라 한다. 이 가운데 제2관등인 달솔은 '대솔大率'[109]로도 표기되었다. '달達'과 '대大'는 뜻과 음이 상통한다. '덕'은 장덕-시덕-고덕-계덕-대덕에 이르기까지의 다섯 등급으로 분화시켰다. 이를 '덕계德系' 관등이라 한다. 솔계 관등과 덕계 관등은 백제 관등제의 중추가 되었다. 솔계 관등과 덕계 관등을 5등급으로 분화시킨 배경에는 '五'를 신성한 숫자[聖數]로 생각하는 관념이 일정하게 작용하였다. 이 관념은 근초고왕이 열병을 할 때 모든 깃발을 황색으로 하도록 한 것에서 보듯이 오행사상에서 나왔다. 그리고 부체제 단계에서 왕 아래에 두었던 좌군-진무-극우 등 무계武系 관등은 분화시키지 않고 새로운 관등제의 하부조직으로 만들었다. 이와 달리 부의 장 아래에 두어졌던 좌군-진무-극우는 폐지되었다.

이리하여 좌평을 1품으로 하고 그 아래에 달솔-은솔-덕솔-한솔-나솔의 솔계 관등 5개, 장덕-시덕-고덕-계덕-대덕의 덕계 관등 5개, 좌군-진무-극우의 무계 관등 3개로 이루어진 일원적인 관등제가 만들어졌다. 이를 14관등제라 할 수 있다.[110] 관등제의 정비를 통해 귀족관료들의 상하 위계질서가 확립됨에 따라 근초고왕은 중앙 귀족들에 대한 통제를 체계적으로 할 수 있게 되었다.

2) 지방통치조직의 편제: 담로제

중앙집권국가가 만들어짐으로써 부체제 단계에서 국왕에 의한 직접 지배와 부의 장을 통한 간접 지배라는 이원적인 지배체계는 국왕 중심의 일원적인 지배로 전환되었다. 모든 영역은 국왕이 직접 지배하게 되었다. 이에 근초고왕은 영역을 효율적으로 통치하기 위해 지방통치조직을 만들고 지방관을 파견하였다. 이 시기의 지방 통치조직을 보여주는 것이 《일본서기》 인덕기 41년(353)조에 나오는 다음의 기사이다.

> 기각숙녜를 백제에 보내 처음으로 국군강장을 나누고 향토의 소출을 모두 기록하게 하였다.[111]

이 기사에서 먼저 정리해 두어야 할 것이 두 가지이다. 하나는 왜가 '기각숙녜紀角宿禰를 백제에 보내 국군강장國郡疆場을 나누었다'는 것은 '임나일본부설任那日本府說을 주장하기 위한 《일본서기》 편찬자의 왜곡과 윤색이라는 점이다. 국군강장의 나눈 주체는 당연히 백제인 것이다. 다른 하나는 '국군國郡'이란 용어가 대화개신大化改新 이후 일본의 율령제적 지방통치조직에 대한 표현이라는 점이다. 이를 강조하여 이 기사는 8세기 일본 율령律令시대의 사실이 소급·부회된 것이므로 인덕 시기에는 적용할 수 없다고 보는 견해도 있다.[112] 그러나 이 기사는 백제계 왜인의 선조가 본국 백제에 있을 때 한 일을 왜로 이주한 후에 마치 백제에 건너와서 한 것처럼 부회한 것일 가능성이 크다.[113] 따라서 임나일본부설과 관련된 기각숙녜의 활동 부분을 빼면 이 기사의 내용은 당시 백제의 지방 통치조직을 이해하는 자료로 활용할 수 있다.

이 기사에서 지방통치조직과 관련하여 일차적으로 주목되는 것이 '시분始分'이다. '시분'은 글자 그대로 '처음으로 나누었다'는 뜻이므로 지방 통치조직을 처음으로 만든 것을 말한다. 그 시기에 대해《일본서기》의 연대는 신공기 이후 웅략기까지는 2주갑(120년)을 인하하여야《삼국사기》의 기년과 맞는다는 입장에서 인덕기 41년(353)을 120년 인하하여 473년(개로왕 19)으로 보고[114] 개로왕 대에 지방통치조직을 처음으로 만든 것으로 파악하는 견해도 있다.[115] 그런데 백제는 4세기 대에 이미 유교와 불교를 받아들여 집권력을 강화하는 이념체계를 갖추었다. 3만의 정병을 동원하여 고구려를 공격하는 등 고구려와 대등한 군사력을 보유하였다. 그럼에도 백제가 5세기 후반에 와서야 비로소 지방 통치조직을 만들었다는 것은 백제의 정치발전 수준을 너무 낮추어 보는 것이다.

문제는 인덕기 41년을 몇 년으로 볼 것이냐이다.《일본서기》의 신공기에서 웅략기 이전까지의 기년을 120년 인하해 보는 것은 타당하다. 그렇지만 각 기사 모두를 120년 인하하면 4~5세기 백제의 실상을 보여 주는 기사들이 사상捨象되어 버리는 경우가 많게 된다. 응신기 25년(294)조에 구이신왕 대의 목만치가 왕모와 상음相婬하면서 무례한 일을 많이 하는 등 국정을 농단한 사건을[116] 180년 인하하여 개로왕 대의 인물인 목협만치木劦滿致가 한 일로 보면 구이신왕 대의 모습을 놓쳐버리는 것이 그 예가 된다. 이러한 관점에서 저자는 인덕기 41년(353)조의 기사는《일본서기》의 기년 그대로 353년(근초고왕 8)으로 파악하는 바이다. 그러면《삼국사기》근초고왕 본기의 재위 3년부터 20년에 이르기까지 18년 동안 기사가 없는 공백의 한 부분을 메울 수도 있다.

'국군國郡 강장'은 근초고왕 당시의 영역이다. '국군강장을 나누었다'는 것은 근초고왕이 영역을 후대의 국군에 대비되는 지방 통치구역으로 만든 것을, '처음으로 나누었다는 것'은 처음으로 지방 통치조직을 만든 것을, '향토의 소출을 모두 기록하게 하였다'는 것은 조세수취를 체계화한 것을 말한다. 이는 근초고왕이 8년(353)에 지방 통치조직을 만든 것을 보여주는 것이다.

이렇게 지방 통치조직을 만듦으로써 종래 부의 유력자의 관할 아래에 있던 반공지半公地와 반공민半公民은 이제 명실공히 국왕의 직접 지배를 받는 공지公地와 공민公民이 되었다. 근초고왕은 이곳에 지방관을 파견하여 조세를 거두고, 노동력을 동원하고, 군사를 징집하고, 사법권을 일정하게 행사하게 하였다. 소출을 정확히 파악하기 위해 토지를 파악하고 인구 파악도 하여 호적을 만들었다. 이리하여 근초고왕은 전국을 일원적으로 지배할 수 있게 되었다.

근초고왕 대에 처음으로 만들어진 지방 통치조직의 명칭에 대해 4세기 말에는 '성-촌제'였고, 5세기에는 '왕, 후, 태수제'였다고 보는 견해도 있다.[117] 그러나 성-촌은 지방 통치조직을 구성하는 통시대적인 단위이므로 특정 시기에 한정하여 지방 통치조직의 명칭으로 사용할 수 없다. 왕, 후, 태수는 중앙귀족에게 수여한 작호이지 지방관의 명칭이 아니므로 역시 지방 통치조직의 명칭으로 볼 수 없다.

이 시기 지방 통치조직의 명칭과 관련하여 주목되는 것이 《양서》 백제전의 담로 관련 기사이다.

> 치소성을 불러 고마라 한다. 읍을 일러 담로라고 하는데 중국의 군현을 말하는 것과 같다. 그 나라에는 22담로가 있었는데 모두 자제종족으로 분거하게 하였다.[118]

이 기사에 나오는 '담로檐魯'에 대해 언어학적으로 '다라'·'드르'의 음사로 보는 견해,[119] '우리'·'담'의 음사로 파악한 견해[120] 등이 있다. 이 견해들에서 담로의 성격을 '성'이나 '읍'으로 보는 것은 일치한다. 담로는 중국의 군현과 같았으므로 지방 통치조직을 말한다. 즉 담로는 바로 백제식 지방 통치조직의 명칭이었다.

백제가 지방 통치조직의 명칭을 담로라고 부른 시기에 대해 《양서》 백제전에 담로 관련 기사가 최초로 보인다는 점을 강조하여 웅진도읍기로 보는 견해도 있다.[121] 그러나 웅진 천도 초기에는 왕권이 매우 미약하여 새로운 지방 지배체제를 수립할 겨를도, 역량도 없었다. 따라서 웅진도읍기에는 한성도읍기의 제도가 그대로 습용襲用된 것으로 보아야 한다. 그렇다면 담로제는 한성도읍기에 이미 실시되었고, 천도 후에도 계속 시행된 것으로 보는 것이 타당하다. 이러한 관점에서 저자는 근초고왕 대의 지방 통치조직을 담로제로 부르는 바이다.

《양서》 백제전에는 담로에 파견된 지방관의 명칭이 나오지 않는다. 이에 대해 《송서》 백제전과 《남제서》 백제전에 나오는 왕·후·태수를 지방관 명칭으로 보는 견해도 있지만[122] 왕·후는 중앙의 유력

귀족들에게 수여한 작호이지 지방통치조직의 장長의 명칭, 즉 지방관의 명칭은 아니므로 이 견해는 성립할 수 없다. 저자는 담로에 파견된 지방관으로 '도사道使'에 주목하고자 한다. 도사는 부여 능산리사지의 초기 배로수에서 출토된 〈지약아식미기〉 목간 제3면과[123] 《한원》 백제조의 "군의 현에 도사를 두었다[郡縣置道使]"는 기사에 보인다.

〈지약아식미기〉 목간이 출토된 초기 배수로는 567년에 만들어진 능사보다 앞서 만들어져서 사용되다가 폐기된 것이다.[124] 이 목간은 동나성이 축조된 538년에서 능사가 만들어진 567년 이전에 제작된 것이다. 그렇다면 도사가 처음 설치된 시기는 사비천도 이전, 즉 웅진도읍기로 올려 볼 수 있다. 웅진도읍기의 지방 통치조직은 담로제였으므로 도사는 담로에 파견된 지방관이 된다. 그렇다면 한성도읍기에도 담로에 파견된 지방관은 도사라고 할 수 있겠다.[125]

근초고왕의 담로제 실시와 도사의 파견은 집권력의 강화를 뒷받침하였고 집권력 강화로 이제 종래의 지방에 대한 통제력을 강화하였다. 지방에 대한 통제력의 강화로 지방 수장층은 지방지배자로서의 지위를 잃고 재지세력이 되어 지방 통치체제 속에 편제되었다. 그 결과 지방세력은 지방관의 지방통치를 보좌하는 존재로 바뀌어 갔다.[126]

3) 군사 조직과 군관 조직의 정비

부체제 단계에서는 부의 장은 비록 제한적이었다고 하더라도 독자적으로 군사권을 행사하였다. 적이 쳐들어왔을 때 부의 장長인 제가諸加들은 스스로 나가 싸웠다. 부여에서 제가들이 자전自戰하였다는 것이 그 예이다. 이 시기 군대의 핵심은 사회적으로 부유층에 속하는 호민豪民(坐食者)들로 구성된 전사단戰士團이었다. 이 군대를 명망군名望軍이라 할 수 있다. 이에 대해서는 앞에서 이미 말하였다.

중앙집권체제를 뒷받침하고 왕권을 강화하기 위해서는 부의 장들이 지닌 이러한 군사권을 왕권 아래로 편제해 넣어야 하였다. 앞에서 말한 것처럼 백제에서 국왕이 군사권을 장악할 수 있게 된 시기는 비류왕 대이다. 비류왕은 동생 우복이 일으킨 반란을 진압한 것을 계기로 왕족과 부의 유력자들이 지닌 군사권을 박탈하고 군령권을 장악하였다. 이 토대 위에서 근초고왕은 각 부의 장들이 지녔던 군사권을 왕권 아래로 편제하여 일원화했던 것이다.

백제의 병종兵種은 보병과 궁수대 그리고 기병으로 나누어 볼 수 있다. 궁수대의 존재는 고이왕이 3년(236)에 서해 대도에서 전렵하면서 친히 사슴 10마리를 쏘았다는 사실과 비류왕이 궁궐 서쪽에 사대射臺를 만든 뒤 매월 삭망(초하루와 보름)에 활쏘기 연습을 한 사실에서 알 수 있다. 기병의 존재는 근초고왕 대에 사기斯紀라는 인물이 국마國馬(御馬)를 다치게 한 죄로 고구려로 도망을 간 사실 등에서 알 수 있다. 이렇게 보면 근초고왕이 26년(371)에 평양성을 공격할 때 거느리고 간 정병 3만은 보병과 기병 그리고 궁수대 등으로 이루어진 것으로 볼 수 있다.

군사권을 일원화하면서 전쟁의 규모도 커졌다. 그에 따라 더 많은 군대가 필요하였다. 그렇지만 기존의 명망군 체계로는 대규모의 군대 동원을 감당할 수 없었다. 명망군을 구성하는 호민들의 수가 그만큼 많지 않기 때문이다. 이 문제의 해결은 군량 조달의 일만 맡았던 일반민[下戶]들에게도 군역을 부가해야만 가능하였다. 그러기 위해서는 하호들을 부部의 장長들이나 호민들의 예속에서 벗어나게 하여 국왕의 지배를 받도록 해야 하였다. 즉 이들을 공민화公民化해야만 가능하였다.

근초고왕은 아버지 비류왕 대에 행해진 일련의 개혁 정책을 토대로 부의 장들이 별도로 주관하던[別主] 지역을 국왕이 직접 지배하는 공지公地로 하였고, 부의 장들의 예하에 있던 민들은 공민公民으로 편제하였다. 그리고 영역을 직접 지배하기 위해 지방통치조직으로서의 담로제를 실시하였다. 이 지방 통치조직을 통해 공민화된 민들을 군사로 충원하였다. 이를 '국민개병제'라 할 수 있다. 근초고왕이 평양성을 공격할 때 정병 3만을 동원할 수 있었던 것도 이러한 군사동원 제도의 정비가 있었기 때문에 가능하였던 것이다.

군사권이 왕권 아래 일원화함에 따라 이 시기의 군대는 관군官軍 또는 왕당王幢이 되었다. 이에 따라 출동하는 군대를 지휘하는 군령권 행사 방식에도 변화가 생겼다. 군령권 행사는 왕이 직접 하기도 하고, 장수에게 맡기는 형태로 이루어지기도 하였다. 〈광개토대왕비문〉에는 전자는 '궁솔躬率'로, 후자는 교견教遣으로 나온다. 이를 궁솔형(친솔형)과 교견형으로 부를 수도 있다.[127]

《삼국사기》 백제본기에 따르면 근초고왕 이전의 왕들 가운데 궁솔형으로 군사권을 행사한 왕은 시조 온조왕뿐이고, 나머지 왕들은 견장遣將, 견병遣兵, 견좌장遣左將 등 교견형으로만 나온다. 이는 부체제 단계에서 각부의 장들이 독자적으로 군사권을 행사한 것을 후대의 사서에서 왕이 파견한 것처럼 정리한 것이다. 그러나 근초고왕은 369년에 영산강 유역의 침미다례枕彌多禮를 정벌할 때와 371년에 고구려 평양성을 공격할 때 왕자 귀수(근구수)와 함께 친히 전장에 나갔다. 근구수왕도 즉위 후 친히 군대를 이끌고 고구려를 공격하였다. 왕이 직접 군대를 이끌고 나간 것, 즉 궁솔형의 군령권 행사는 왕이 군사권을 확실히 장악하고 있음을 보여준다. 이리하여 이 시기의 백제군은 왕의 군대, 즉 관군이 되었고, 군령권은 국왕과 국왕으로부터 위탁을 받은 지휘관만이 행사할 수 있게 되었다.

군사조직의 정비는 자연히 군 지휘관의 정비를 동반한다. 지휘관은 출동 명령을 받으면 군대를 이끌고 전장에 나갔다. 신라는 이 지휘관들을 제군관諸軍官이라 하였다.[128] 백제의 군 지휘관으로는 장군이 확인된다. 장군은 군을 지휘하고 통솔하는 최고 지휘관이다. 이 장군직은 늦어도 근초고왕 대에는 설치되었다. 369(근초고왕 21) 3월 목라근자가 남방 경략의 군대를 이끌고 출동할 때 '장將', 즉 '장군'이었다는 사실과[129] 369년 9월 태자 근구수가 고구려군을 추격하여 수곡성에 이르렀을 때《도덕경》의 구절을 인용하면서 태자로 하여금 더 이상 진격하지 말도록 간언한 막고해가 '장군'이었다[將軍莫古解]는 사실이 이를 입증한다.

장군의 수는《삼국사기》다루왕 49년(서기 76)조의 '5장군五將軍'에서 보듯이 복수였다. 그 수는 군부대의 설치가 늘어남에 따라 늘어났을 것이다. 장군의 수가 많아지고 또 동시에 여러 부대가 출동함에 따라 상위의 장군호가 만들어졌다. 신라의 경우 상위의 장군으로는 대장군-상장군-하장군이 있었다.[130] 근초고왕 대에 장군이 분화·격상되었는지는 자료가 없어 알 수 없지만 그 가능성은 열어둘 필요가 있겠다.

3. 유교 정치이념의 확산과 역사서 편찬

지배 이념은 한 나라를 운영하는 정신적인 기둥 구실을 한다. 초기 백제 시기에는 귀신에게 제사하고 또 천신에게 제사를 드리는 토착신앙이나 무교신앙이 중심이었다. 토착신앙이나 무교신앙은 중앙집권화가 이루어지기 이전에는 각 집단의 족적 전통과 분립을 강조하는 성향을 띠었다.[131] 때문에 왕권 중심의 지배체제를 이루기 위해서는 이러한 분립성을 극복하고 집권화를 뒷받침할 수 있는 새로운 이념체계가 필요하였다. 이때 주목된 것이 충효를 기본으로 하는 유교정치이념이었다.

유교정치이념의 실행은 유학의 수용에서부터 시작된다. 백제가 유학 사상을 받아들인 시기를 분명히 하기 어렵지만 비류왕 대가 주목된다. 그 계기가 된 것이 재위 24년(327)에 내신좌평이었던 서제 우복優福이 일으킨 반란이었다. 믿었던 동생의 반란은 비류왕에게는 큰 충격이었다. 이 반란을 평정한 비류왕은 국왕에 대한 충성심을 높이려 하였다. 이때의 충성이란 종래처럼 족장과 족원族員과의 유대관계에서 오는 충성이 아니라 이를 초월하여 국왕에게 바치는 충성이었다. 그러기 위해서는 새로운 이념이 필요하였다. 이러한 필요성에서 비류왕은 충과 효를 강조하는 유학을 수용하였다. 이로써 유교정치이념은 백제에서 새로운 지배이념으로 기능하게 되었다.[132]

이후 근초고왕은 유학사상을 강조하고 확산시키기 위해 박사제博士制를 실시하였다. 박사는 유학을 전공한 자로서 국왕의 자문에 응하고 유교경전을 가르치는 일을 하였다. 백제의 박사제 실시는 박사 고흥高興과 박사 왕인王仁에서 확인된다. 이들은 모두 근초고왕 대의 인물이었다. 고흥은 성이 고씨高氏라는 사실에서, 왕인은 낙랑군에 왕씨王氏들이 많이 활동한 사실에서 미루어 모두 낙랑군 출신일 가능성이 크다. 이에 대해서는 뒤에 다시 말할 것이다. 박사 고흥은 역사서인 《서기》를 편찬하였고, 박사 왕인은 아직기의 추천으로 왜에 가서 《논어》와 《천자문》을 전수해 주었다.[133] 이는 근초고왕이 중국계 지식인들을 등용하여 이념체계를 정비한 것을 보여준다. 이리하여 유학을 이해하고 한문장漢文章을 구사하는 많은 문사들이 배출되었다. 그래서 말을 키우는 기술자였던 아직기阿直岐는 유교 경전에도 밝아 왜에 가서 태자 토도치랑자菟道稚郞子의 스승이 되었고 후일 아직기사阿直岐史의 조상이 되었다.[134]

왕권을 강화하기 위해서는 제도의 정비와 더불어 왕실 중심으로 역사를 재정리하는 것도 필요하였다. 이러한 필요성에서 근초고왕은 《서기》를 편찬하였다.[135] 《서기》의 성격에 대해 단순한 문서 기록으로 보는 견해도 있지만 역사서로 보는 것이 통설이다. 《서기》는 백제 최초의 역사서이다. 근초고왕은 《서기》 편찬의 총책임을 박사 고흥에게 맡겼다. 《서기》 편찬의 목적은 몇 가지로 정리해 볼 수 있다.

첫째, 연맹체 단계에 복합적이었던 왕실 계보를 현재의 왕실을 중심으로 재정리하는 것이다. 이 과정에서 왕실 계보는 위례지역을 근거로 성립한 십제국十濟國의 시조였던 온조를 백제국의 시조로 올려 왕실의 위상을 격상시키는 형태로 정리되었다.

둘째, 이전의 연맹체 단계에서 연맹체를 구성한 국들에 의해 행해졌던 여러 가지 사건들을 부여씨 왕실을 중심으로 재편집하는 것이다.[136] 《삼국사기》 초기기록에 마한을 구성한 국과 진한을 구성한 국 사이에 이루어진 교섭과 전쟁을 백제와 신라 사이에 이루어진 것으로 정리한 것이 그 예이다. 이처럼 과거에 일어났던 일들을 왕실 중심으로 재정리함으로써 근초고왕은 왕실의 역사적 유구성과 정통성 그리고 우월성을 강조할 수 있게 되었다.

셋째, 유교적 포폄褒貶을 강조하는 것이었다. 포폄은 군신의 선악을 분명히 기록하여 후대의 귀감이 되도록 하는 것이다. 포폄에는 국왕의 신민에 대한 의무도 있지만 국왕에 대한 신민의 충성이 중심을 이룬다. 근초고왕은 역사서의 편찬을 통해 군신들과 신민들에게 국왕에 대한 충성을 강조하였다. 신라가 545년에 《국사》를 편찬하면서 군신의 선악을 기록하여 후대에 포폄褒貶을 보이고자 한 것이[137] 이를 방증해 준다.

이렇게 《서기》를 편찬함으로써 근초고왕은 지금까지 분립적으로 전개되어온 역사를 왕실 중심으로 재정리하였다. 왕실 중심으로 왕계보를 정리함으로써 연맹장의 교립交立의 그림자를 지워버렸다. 이리하여 백제 왕실은 처음부터 역사의 중심에 있었던 것으로 자리잡게 되었다.

4. 율령의 반포와 시행

율령은 성문법전으로서 국가통치의 공법公法체계이고, 국가 지배조직을 법적으로 뒷받침하는 기본 법전이다. 율령을 편찬하고[撰定] 반포하였다는 것은 중앙집권적인 일원적 지배체제가 성립되고 사회 운영의 기본 틀이 마련되었음을 의미한다. 법제사적으로는 관습법적 국가 운영 운영에서 성문법에 의한 국가 운영으로의 이행을 의미한다.

삼국의 율령 반포 시기는 각각 달랐다. 고구려는 소수림왕 3년(373)에 율령을 반포하였다. 신라는 법흥왕 7년(520)에 율령을 반포하였다. 백제의 경우 율령을 반포하였다는 기록은 없다. 그렇지만 고구려와 신라가 율령을 반포하고 시행한 사실에서 미루어 볼 때 백제도 율령을 반포하고 시행한 것으로 보는 것이 타당하다. 이를 뒷받침해 주는 것이 무령왕릉에서 출토된 〈무령왕릉묘지석〉의 매지권買地券이다. 여기에는 "부종율령不從律令"이 나온다. 이 표현은 중국의 매지권에는 거의 보이지 않아 백제의 특징이라 할 수 있다.[138]

매지권의 율령은 백제사에서 최초로 확인되는 율령이란 표현이다. '부종율령'의 율령에 대해 '천제天帝의 율령'으로 보고 천제의 율령은 따르지 않아도 된다'고 보는 견해도 있고, '세간의 법령'으로 보고 세간의 법령에 구애받지 않아도 된다는 뜻으로 해석하기도 한다.[139] 그러나 매지권은 인간과 지하의 신 사이에 맺어진 것이므로 이 '율령'은 세간의 법령으로 해석하는 것이 타당할 것이다.

이렇게 보았을 때 주목되는 것이 백제 왕실이 '전 일만문一萬文으로 장지인 신지申地의 땅을 지하 세계의 신들로부터 사서[買], 문서를 만들었다[立券]'는 사실이다. 인간과 신 사이의 토지 매매와 매매문서 작성은 현실의 반영이다. 현실 세계에서는 토지를 사고팔면 문서를 만들어야만 법적 보호를 받을 수 있다. 법적인 효력은 율령으로 뒷받침된다. 본 매지권의 '매지', '입권', '율령'은 모두 율령의 시행과 관련되는 용어이다. 이러한 사실들은 무령왕 대에 율령이 시행되고 있었음을 보여준다.

그러나 무령왕 대는 율령 시행의 하한선이며, 최초로 반포된 시기는 무령왕 대 이전으로 올려보아야 한다. 그 시기에 대해《삼국사기》고이왕 29년(262)조의 "관인으로서 재물을 받거나 도적질을 한 자는 3배를 배상하게 하고 종신토록 금고한다"는[140] 기사를 근거로 3세기 중엽 무렵으로 보는 견해도 있다.[141] 그러나 이 기사는《구당서》백제전의 내용과 동일한 것이어서 한성기의 사실을 보여주는 것이 아니다. 또 3세기 중엽까지 백제는 부체제 단계를 벗어난 것이 아니어서 강력한 중앙집권화를 이루지 못하였다. 때문에 고이왕 대에 율령이 반포되어 시행된 것으로 보기 어렵다.

율령을 받아들여 반포하기 위해서는 두 가지 조건을 갖추어야 한다.[142] 하나는 율령의 기본 사상인 유학에 대한 이해가 있어야 한다. 율과 영의 본지本旨는 '인'의 실천에 있었기 때문이다. 이는 태시률泰始律 찬정에 참여한 두예杜預가 "교유敎喩를 종宗으로 하는 영과 징정懲正을 본으로 하는 율의 목적은 유교사상의 근본이념인 '인'의 실천에 있다"[143]고 한 말에서 알 수 있다. 다른 하나는 율령을 제정·반포하여 시행할 수 있는 중앙집권력의 강화와 그것을 뒷받침할 수 있는 지배체제가 성립되어 있어야 한다. 율령에 따른 통치는 전국을 일원적인 법체계에 의해 다스리는 것이다. 이 법이 제대로 기능하려면 그것을 뒷받침해 주는 힘이 있어야 하기 때문이다. 그 힘은 왕권 중심의 중앙집권력의 확립에서 나오는 것이다.

백제의 경우 율령 반포의 이러한 전제 조건을 충족하는 여건이 마련된 시기가 근초고왕 대이다. 근초고왕은 왕의 이름이 초고왕에 '근近' 자를 붙여 이루어진 것에서 보듯이 초고왕계의 왕위 계승권을 확립하였다. 지배 귀족 가운데 가장 유력한 귀족인 진씨출신의 여자를 왕비로 맞이하여 지배 기반을 확대하였다. 14관등제를 정비하여 중앙귀족들을 일원적인 관등체계 내로 편제하였고, 담로제라고 하는 지방통치조직을 만들어 지방에 대한 통제력을 강화하였다. 이러한 사실들은 근초고왕 대에 중앙집권적 지배체제가 갖추어졌음을 보여 준다. 한편 근초고왕은 앞에서 보았듯이 박사 고흥으로 하여금 역사서인《서기》를 편찬하게 하였고, 박사 왕인王仁을 왜에 보내《천자문》과《논어》를 전해 주었다. 이는 백제가 이미 유학에 대해 상당한 정도의 이해 수준을 가지고 있었음을 보여 준다. 이로 미루어 백제에서 율령은 근초고왕 대에 반포된 것으로 볼 수 있겠다.144

근초고왕 대에 반포된 율령의 모법母法과 관련하여 주목되는 것이 진晉의 율령이다. 진 무제晉武帝는 태시 4년(268)에 태시률泰始律을 반시頒示하였다. 이 태시률은 진이 강남으로 수도를 옮긴 동진시기에도 사용되고 있었다. 백제와 동진과의 교섭과 교류는 근초고왕 대에 와서 본격적으로 이루어졌다. 근초고왕이 왜에 보낸 칠지도의 명문에 동진의 태화泰和 연호가 나오는 것이 이를 보여준다. 중국 연호의 사용은 그 연호를 제정한 나라와 교류와 교섭이 있었음을 의미한다. 그렇다면 동진과 교섭을 하였던 근초고왕은 진의 태시율을 모법母法으로 하여 율령을 반포하지 않았을까 한다.145

이렇게 반포된 율령이 실제로 기능하였음을 보여주는 것이 근초고왕 대의 인물인 사기斯紀와 관련된 사건이다. 그는 국마國馬의 발굽을 다치게 한 죄를 범하자 고구려로 도망갔다.146 이 기사의 핵심 내용은 백제에 국마 제도가 있었다는 것, 국마를 다치게 하면 죄가 된다는 것, 죄를 범했을 경우 일정한 처벌을 받아야 한다는 것이다. 죄와 벌은 율령의 기본이다. 사기의 도망 사건은 죄와 벌이 규정되어 있고 그것이 실제로 집행되고 있었음을 보여준다.

5. 의관제의 정비: 금동관과 관 장식

신분제사회에서 왕과 대소 신료들이 공회 석상에 모였을 때 그 지위와 신분을 눈으로 볼 수 있게 하는 것이 예제적 질서에 따른 의관衣冠이다. 의관의 핵심은 위신품威身品이다. 대표적인 위신품이 옷, 관冠, 띠, 신발 그리고 고분에서 많이 출토되는 장식대도粧飾大刀이다. 이러한 위신품은 색깔이나 재질, 장식으로 구별되었다. 이를 제도화한 것이 의관제이다. 의관제는 부체제 단계에서 성립하였다. 이에 대해서는 앞에서 이미 말하였다.

백제에서 부체제는 고이왕 대 후반에 성립되었다. 그렇다면 백제의 의관제도 고이왕 대 후반에는 실시된 것으로 볼 수 있다. 고이왕 대의 의관제와 관련하여 《삼국사기》 고이왕 28년(261)조에는 "왕이 자색의 소매가 큰 포[紫大袖袍]와 푸른 비단 바지[靑錦袴]를 입고, 금화로 장식한 검은 비단 관[烏羅冠]을 쓰고, 흰 가죽띠[素皮帶]를 띠고, 검은 가죽신[烏韋履]을 신고 남당南堂에서 청정聽政하였다"는 기사가 나온다.[147] 그러나 이 기사의 내용은 사비기의 사실을 전하는 《구당서》 백제전의 의관제 기사를 그대로 옮겨 온 것이어서 고이왕 대의 사실로 볼 수 없다. 따라서 고이왕 대의 의관제의 구체적인 모습은 별도로 추구해 보아야 한다.

이때 주목되는 것이 마한의 여러 나라들이 의책衣幘을 좋아하였고, 금과 은보다는 구슬[瓔珠]을 귀히 여겼다는 기사와[148] 장례를 지낼 때 죽은 자를 천상으로 날리기 위해 새 깃을 사용하였다는 기사이다.[149] 백제는 마한연맹체의 한 구성원으로서 성장해왔다. 따라서 백제도 의책을 좋아하고, 구슬을 귀히 여겼을 것이다. 이로 미루어 고이왕 대에 백제의 의관은 책幘에 구슬을 장식하거나 새 깃을 꽂은 모양이 아니었을까 한다.

4세기에 중반에 들어와 백제는 중앙집권체제를 갖추었다. 이에 따라 고이왕 대에 만들어졌을 의관제도 변하였다. 이 시기의 의관제와 관련하여 주목되는 것이 금동관金銅冠의 사용이다. 백제 지역에서 금동관이 나온 곳은 나주 반남면 신촌리 9호분 을관, 익산 입점리 고분 1호분, 천안 용원리 9호 석곽, 공주 수촌리 고분 1호분과 4호분, 서산 부장리 5호분, 고흥 길두리 고분, 화성 요리 고분 등이다. 신촌리 9호분에서 출토된 관의 연대는 5세기 말로,[150] 입점리 관은 5세기 중엽 무렵으로,[151] 용원리 관은 4세기 중반에서 4세기 말 무렵으로,[152] 수촌리 1호분의 금동관은 4세기 중후반이고 4호분의 것은 5세기 초로,[153] 부장리 5호 분구묘의 관은 수촌리 1호분보다는 늦은 시기의 것으로, 길두리의 관은 5세기 2/4분기에서 3/4분기로,[154] 요리의 관은 4~5세기로[155] 추정되고 있다.

출토된 금동관 가운데 연대가 가장 빠른 것은 수촌리 1호분의 4세기 중반 내지 후반이다. 이 연대는 금동관이 만들어진 시기의 하한선이므로 금동관이 처음으로 만들어진 시기는 4세기 중반 이전으로 보아야 한다. 그 시기를 추정하는 데 단서가 되는 것이 서울의 풍납토성과 몽촌토성 그리고 경기도 화성 사창리에서 출토된 과대금구銙帶金具이다. 과銙는 대帶에 붙이는 것인데 이를 위해 금으로 만든 장식품이 금구이다.

풍납토성 출토 금구는 중국 광주廣州 대도산묘大刀山墓 출토 대금구와 유사하다. 몽촌토성 출토 대금구는 중국 하북성 한양현 웅가령熊家嶺의 동진묘에서 출토된 것 및 황해도 안악3호분 벽화의 장하독

帳下督이 착용하고 있는 과대금구와도 흡사하다. 대도산묘 출토 대금구는 324년에 만들어진 것이고, 웅가령 출토 과대는 서진(265~317)대의 것이며, 안악3호분의 과대금구 그림은 영화永和 13년(357)에 그려진 것이었다. 이를 종합하면 풍납토성 및 몽촌토성 출토 과대금구의 제작 연대는 4세기 초엽 또는 중엽 무렵으로 볼 수 있다.[156] 그러면 과대와 연동되는 금동관도 4세기 전반 무렵에는 만들어진 것으로 보아도 큰 무리는 없을 것이다. 4세기 전반은 비류왕(304~344) 대와 근초고왕 전반에 해당된다. 비류왕은 왕권을 강화하기 위해 의관제의 일환으로 금동관과 금동과대 및 금구를 만들었고, 근초고왕은 이 토대 위에서 국가체제를 정비하면서 의관제를 정비하지 않았을까 한다.

금동관이 만들어지면서 관의 기본 모양은 책幘에서 변弁으로 바뀌었다. 수촌리, 부장리, 입점리, 길두리의 관모가 모두 변의 형태라는 것이 이를 말해준다. 그러나 이 금동관은 삼한 시기의 관과 연결되는

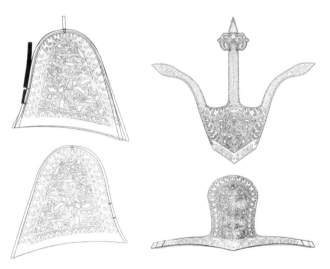

공주 수촌리 II-1호분 출토 금동관 복원도(충청남도역사문화연구원)

요소도 없지 않다. 관의 장식을 새 날개 모양으로 만든 것이 그것이다. 공주 수촌리 1호분과 4호분에서 출토된 금동관의 앞에 붙어 있는 새 날개 모양의 금동제 장식과 뒤에 세워져 있는 새 꼬리 모양의 원판 달개가[157] 삼한시기에 관을 새 깃으로 장식한 것과 궤도를 같이 하는 것이 이를 보여준다.

백제의 금동관은 현재까지 지방에서 출토되고 있다. 왕도 한성에서는 금관은 물론 금동관도 출토되지 않았다. 그래서 금동관의 용도를 백제 중앙세력이 지방을 통치하기 위한 방법의 일환으로 재지 수장층에게 수여한 것으로 보는 견해가[158] 많다. 그러나 금동관은 위신품이므로 중앙귀족으로 활동했던 인물이 생시에는 자신의 신분이나 지위에 맞는 관을 착용하다가 죽어서 부장품의 하나로 부장한 것으로 보는 것이 타당하다. 한편 서울 석촌동 3호분 동편과 4호분 주변에서 4점의 금제보요金製步搖가 출토되었다. 금제 보요는 전연, 후연 그리고 고구려에서는 관의 장식으로 유행하였다. 따라서 4점의 백제 금제 보요도 관의 장식으로 사용되었을 것이다.[159] 그렇다면 서울지역에서도 금관이나 금동관이 출토될 가능성은 크다. 앞으로의 발굴조사에서 서울에서도 백제의 관이 출토되기를 기대해 본다.

6. 인재 등용: 박사 고흥과 박사 왕인

국가 운영에는 인재 등용도 중요하다. 인재 등용 기준의 하나가 유학에 대한 이해의 정도이다. 비류왕은 유교정치이념을 국가운영의 기본 이념으로 받아들였고, 근초고왕은 박사제를 실시하여 유학을 교육하였다. 이는 유교이념을 공부한 인재들을 교육하여 관료로 등용하기 위해서였다. 그러나 백제가 인재를 양성하고 양성한 인재를 관료로 등용하는 모습을 보여주는 자료는 없기 때문에 여기서는 중국계 인재들을 등용하는 모습을 중심으로 정리해 두기로 한다.

중국계 인물들이 백제로 들어오게 된 계기는 크게 둘로 나누어 볼 수 있다. 하나는 후한 말에 환관의 발호와 황건적의 난으로 정치질서가 매우 어지러워 중앙정부가 변방의 군현을 지원하기 어렵게 되었다는 사실이다. 이로 말미암아 군현의 통제력이 약화되자 많은 군현민들이 한이나 예지역으로 내려왔다.[160] 3세기 중반 무렵으로 편년되는 낙랑의 기와 제작술을 이용하여 만든 원통형의 송풍관을 이용한 화성 기안리의 제철 유적이 낙랑에서 이주해온 집단과 관련된다는[161] 사실이 이를 뒷받침해 준다. 다른 하나는 313년에 낙랑군이, 314년에 대방군이 고구려에 의해 멸망되는 과정에서 상당수의 중국계 인물들이 백제 지역으로 내려왔을 가능성이다. 이러한 이주민들 가운데는 학식이나 기예를 가진 자들도 있었을 것이다. 박사 고흥高興과 박사 왕인王仁이 대표적인 사례이다. 근초고왕은 이들을 관료로 등용하였다.

박사 고흥은 성이 고씨高氏이다. 고씨는 고구려 왕실의 성이 고씨이므로 고구려계일 수도 있지만 중국 군현에도 고씨 인물이 다수 보인다. 평양 정백동 2호분에서 출토된 '고상현은인高常賢銀印'에 나오는 고상현, 평양 낙랑토성지에서 출토된 봉니封泥 가운데 '낙랑대윤오관연고춘인樂浪大尹五官椽高春印'에 나오는 고춘, 평양 대동강면 출토 '고군高君'에 보이는 '고군' 등을 들 수 있다.[162] 이로 미루어 고흥은 낙랑계 출신 인물로 보아도 좋을 것이다.

왕인의 성은 왕씨王氏이다. 낙랑군에는 많은 왕씨들이 보인다. 대표적으로는 낙랑지역의 토착 호족인 왕조王調를 들 수 있다. 그는 전한 말 후한 초의 혼란을 틈타 서기 23년에 낙랑태수 유헌劉憲을 살해하고 스스로 '대장군낙랑태수大將軍樂浪太守'를 칭하면서 자립하였지만 서기 30년에 진압되고 말았다.163 한편 낙랑군과 대방군 지역에서 출토되는 칠기나 전돌에 새겨진 명문에는 왕씨들이 많이 보인다. 칠기에 쓰인 왕씨 인물로는 석암리 219호분[王根墓] 출토 칠기에 나오는 왕근王根, 정백리 127호분 출토 '낙랑태수연왕광지인樂浪太守椽王光之印'에 보이는 왕광, 신천군 봉덕리 왕경묘 출토 전돌의 '수장잠장왕군군휘경守長岑長王君君諱卿'에 보이는 왕경王卿 등을 들 수 있다.164 이 왕씨 출신 인물들의 일부가 낙랑군과 대방군이 고구려에 의해 멸망할 때 백제 지역으로 내려왔을 가능성이 크다. 왕인도 그러한 부류의 한 사람이었을 것이다.

고흥과 왕인은 유학에 밝은 지식인으로서 박사라는 직을 가졌다. 박사직은 그들이 백제로 망명해 오기 전부터 지녔던 직일 수도 있고 백제로 망명해 온 이후 근초고왕이 박사제를 실시하면서 수여한 직일 수도 있다. 근초고왕은 이들을 등용하여 체계적으로 유학교육을 실시하였다. 이 과정에서 박사 고흥은 《서기》를 편찬하여 백제 왕실의 역사를 정리하였다. 왕인은 왜에 파견되어 《논어》와 《천자문》을 전해주었다. 왜의 태자 토도치랑자菟道稚郎子는 그를 스승으로 삼아 유교의 여러 전적을 배워 통달했다고 한다. 이후 왕인은 왜에서 서수書首 등의 시조가 되었다.165

7. 정치운영과 대신회의

부체제 단계에 오면 마한연맹체를 구성하였던 국들은 점차 백제에 의해 병합되었다. 그에 따라 국의 수장의 일부는 중앙귀족이 되었다. 이 귀족들의 상하 질서를 수립하기 위해 만들어진 제도적 장치의 하나가 관등제이다. 이때의 관등은 '좌평'과 '솔'과 '덕'을 중심으로 하는 상위 관등과 그 아래에서 실무 처리를 담당하는 좌군-진무-극우라는 하위 관등으로 이루어졌다. '솔'은 '술' '수ㅣ' 또는 '술'의 표기로서 우리말의 우두머리를 '수리'라 한 것에서 기원한 것으로서 국 단계의 유력 수장과 연결된다. '덕'은 읍락의 거수와 연결된다.166 따라서 부의 유력자들은 '솔'의 관등을, 하위 세력자들은 '덕'의 관등을 지닌 것으로 볼 수 있다. 이에 대해서는 앞에서 이미 말하였다.

부체제 단계에서 중요 국정은 회의체에서 다루었다. 고구려는 제가諸加들이 회의체를 구성하여 국정의 중요 문제를 논의·처리하였다. 이를 '제가회의'라 한다. 신라의 경우 〈포항냉수리신라비〉에 따르면 지도로智度路 갈문왕 이하 7인의 유력한 귀족들이 공론共論하고 있다.167 '공론'은 함께 모여 중요한 사안에 대해 논의하고 결정하는 것이다. 이 공론에 참여한 사람은 중앙귀족인 '간干'들이었다. 이를 '제간諸干회의'라 한다. 이를 원용하면 부체제 단계의 백제에서도 '솔'들로 이루어진 회의체가 중요 국사를 논의하고 처리하였을 것이다. 이 회의체를 '제솔회의諸率會議'라 할 수 있겠다.168 이 제솔회의체의 의장은 우보와 좌보를 개편하여 설치한 좌평이었다. 좌평은 주로 왕족이나 왕비족이 맡았다. 그러나 좌평은 교대제였다. 이는 귀족들에 대한 왕의 통제가 그만큼 강화되었음을 보여준다. 이리하여 국왕의 위상은 보다 더 격상되었다.

백제에서 부체제는 비류왕에 해체되었다. 이 토대 위에서 근초고왕은 14관등제를 정비하여 귀족 관료들의 상하 질서를 확립하였다. 담로제라는 지방 통치조직을 만들어 지방에 대한 통제력을 강화하였다. 《서기》를 편찬하여 왕실의 정통성을 확립하고, 유교 정치이념의 강조를 통해 국왕에 대한 충성을 강조하였다. 군대의 깃발을 모두 황색으로 하여 백제가 천하의 중심임을 천명하였다. 율령을 반포하여 일원적인 법체계에 따라 국가를 운영하였다. 그 결과 왕권은 훨씬 강화되었다.

이 시기에 귀족회의체의 구성원의 모습을 추론해 볼 수 있는 자료가 414년에 세워진 〈광개토대왕비〉이다. 여기에는 "광개토대왕이 아리수(阿利水: 한강)를 건너 왕도를 압박하자 백제왕이 무릎을 꿇고 스스로 맹세하였고[跪王自誓], 이에 광개토대왕이 10명의 '대신大臣'을 인질로 붙잡아 갔다"는 기사가 나온다. 이 기사의 '대신大臣'은 '신臣'을 격상시킨 칭호이다. 성립순으로 따지면 '신'이 먼저이고 다음이 '대신'이다. 따라서 '신'은 414년 이전에, 대신은 늦어도 414년에는 사용된 것으로 볼 수 있다.

중국에서 신은 가신家臣을 의미한다. 제후諸侯는 왕의 가신, 경卿은 제후의 가신, 사士는 공경대부公卿大夫의 가신이었다. 이후 신은 관리들이 임금에 대해 자신을 낮추어 부르는 말이 되었다. 그런데 신라는 법흥왕 대에 와서 왕권이 강화되자 토착적인 성격의 '대등大等'을 '신臣'으로 고쳤다.[169] 이를 원용하면 근초고왕은 종래의 '솔'을 '신'으로 개칭하지 않았을까 한다. 그 결과 종래 '솔'이 가지고 있던 '국의 주수를 계승하였다'는 성격은 탈각되고 이제 '왕의 가신', 즉 왕의 신하가 되었음이 더 강조되었다. 귀족들의 국왕에 대한 예속 정도는 그만큼 강해졌고, 국왕의 위상은 그만큼 높아졌다. 이에 따라 '제솔회의'는 '제신회의'로 바뀌었다. 제솔회의에서 제신회의로의 전환은 귀족회의의 1차 성격 변화라고 할 수 있겠다.

이 '신'에서 격상된 칭호인 대신은 '서열과 위상이 높은 신'이라는 의미이다. 그래서 신라에서는 대신을 상신上臣이라고도 하였다.[170] 〈광개토대왕비〉에 10명의 대신이 나오는 것은 당시 백제에서 대신의 수가 10명이나 그 이상이었음을 보여준다. 이 대신들은 왕의 동생과 더불어 고구려로 인질로 잡혀간 것에서 보듯이 정치적 위상과 비중이 컸다. 이 대신들이 중요한 국사를 논의하고 결정하였다. 그렇다면 이 회의체의 이름은 '대신회의체'로 부를 수 있겠다. 이는 신라 진덕여왕 대에 알천공, 임종공, 술천공, 무림공, 염장공, 유신공 등 6명의 고위 귀족[대신]이 신성 공간인 우지암亐知山에 모여 국사를 논의한 것에서[171] 방증이 되리라 본다.

대신회의체에서 의장은 가장 권위 있고 서열이 높은 대신이 맡았다. 이에 따라 종래 제솔회의체의 의장이었던 좌평은 이제 제1품 관등으로서만 기능하게 되었다. 대신회의체가 구성됨으로써 제신회의체의 위상은 낮아졌다. 따라서 대신회의체의 성립은 백제 귀족회의체의 2차 성격 변화라고 할 수 있겠다.

제3부 맞수의 대결

I. 고국원왕의 서진 좌절과 남진 정책

1. 고구려의 전연에 대한 대비

1) 신성 축조와 서북지역 방어체계 정비

4세기에 들어오면서 고구려의 최대 위협은 전연이었다. 이 시기 전연의 왕은 모용황慕容皝(재위 337~348)이었다. 모용황은 모용외慕容廆의 셋째 아들로서 자는 원진元眞이었다. 신장이 7척 8촌이나 되며, 웅걸차고 굳셌다[雄毅]. 권도와 지략에 밝았으며 또 경학도 숭상하고, 천문에도 밝았다.[1] 모용외가 요동공이 된 뒤 321년에 태자로 책봉되었다. 건무建武 초(317)에 관군장군 좌현왕이 되고 망평후에 봉해졌다. 태령太寧(323~325) 말에 평북장군에 제수되고 조선공으로 진봉進封되었다. 333년 모용외가 사망하자 그 뒤를 이어 평북장군 행평주자사로서 부내를 독섭督攝하였다.[2]

모용황은 한족 유민을 적극적으로 받아들이고 한화漢化 정책을 취하였으며, 농경을 장려하여 국가체제를 정비하는 데 주력하였다. 334년 동진의 성제는 모용황을 진군대장군 평주자사 대선우 요동공 지절도독을 제수하였다.[3] 337년 모용황은 마침내 연왕燕王을 칭하면서 정식으로 정권을 수립하고, 342년 용성龍城(지금의 조양)으로 천도하였다. 스스로 요동 정벌에 나선 모용황은 양평을 점령한 뒤 요동의 대성大姓들을 나누어 극성棘城으로 이동시키고 또 화양, 무차, 성락 등 3현을 설치하고 귀환하였다.[4] 함강(335-342) 초에 모용황은 세자 준儁으로 하여금 단료의 여러 성을 토벌하게 하고, 봉혁封弈으로 하여금 우문별부宇文別部를 공격하게 하여 큰 승리를 거두었다.[5] 341년 2월 동진은 모용황에게 '사지절대장군도독하북제군사 유주목 대선우 연왕'이라는 책봉호를 정식으로 내렸다. 344년 모용황은 친히 기병 2만을 동원하여 우문귀宇文歸를 공격하여 정복한 후 1천여 리의 땅을 넓히고 우문부의 5만여 낙落을 창려昌黎로 이주시켰다. 345년 12월 모용황은 진의 연호 사용을 중단하고 스스로 12년이라고 칭하기 시작했다.[6] 346년 모용황은 세자 준儁 등으로써 부여를 공격하여 5만여 구를 노획한 후 천사遷徙하였다.[7] 348년 모용황은 수렵 도중에 낙마하여 머리를 다쳐 사망하였다. 아들 모용준慕容儁은 수도를 계薊(지금의 북경 서쪽)로 도읍을 옮겼다가 352년 업鄴으로 옮긴 후 마침내 칭제稱帝하였다. 이것이 전연이다. 황제에 오른 모용준은 아버지 모용황을 문명황제文明皇帝로 추증하였다. 묘호는 태조이고, 능호는 용평龍平이었다.

모용외를 거쳐 모용황 대에 와서 전연의 세력이 점차 강성해지자 고국원왕은 이에 대한 대비책을 세우지 않을 수 없었다. 그 대비책의 하나로 5년(335)에 국북國北에 신성을 축조하였다.[9] 신성은 축조 시기와 위치를 알 수 있는 고구려의 몇 안 되는 성 가운데 하나였다. 《자치통감》에 의하면 이 신성은 고구려의 서쪽 변경[西鄙]에 있는 성으로서 서남쪽으로는 산을 곁으로 하고, 동북쪽으로는 남소성, 목

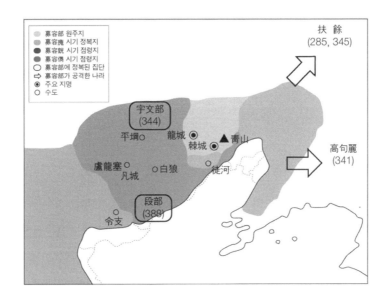

전연의 영토 확장도[8]

저성 등을 접하고 있었다.[10] 따라서 신성은 '국북國北'이란 표현과 서비(西鄙)라는 표현에서 미루어 볼 때 서북 지역 방어를 위한 거점 성[大鎭]이었다고 할 수 있다.

고국원왕이 새로 쌓은 신성은 《삼국사기》 지리지에 나오는 신성 주新城州이다. 신성주는 677년부터 696년 사이에 안동도호부의 치소 가 있었던 곳으로서 신성주도독부新城州都督府라고 하였다. 이 신성 은 현재 요령성 무순시 혼하 북안의 고이산성高爾山城(예전의 高麗城 子)에 비정되고 있다. 고이산성의 둘레는 약 4km이다. 이 성은 혼하 渾河를 경계로 제3현도군의 치소로 비정되는 무순撫順의 노동공원 고 성과 마주 보고 있다. 중국이 요동지역에서 국내성으로 공격해 들어 가려 할 때나 고구려가 요동 방면으로 진출하려고 할 때 반드시 거쳐

야 하는 전략적 요충지였다.[11] 667년 당나라 장군 이적李勣이 고구려
를 공격하면서 "신성은 바로 고구려 서경의 진성鎭城이며 최고의 요
해지이다. 이 성을 먼저 도모하지 않으면 나머지 성들은 쉽게 함락할
수 없다"고 한 말이[12] 이를 잘 보여준다.

이 신성과 연계망을 갖는 중요한 성이 남소성南蘇城과 목저성木底
城이다. 남소성은 혼하의 지류인 남소수南蘇水(蘇子河)에서 유래했다.
이 남소성은 〈광개토대왕비〉의 수묘인 연호 기사 부분에 신성과 함
께 나온다.《한원》고려전에 인용된《고려기》에는 '남소성은 잡성
북쪽 70리 산상에 있다'[13]고 하였다. 이 기사의 '잡성雜城'을 '신성新
城의 오기로, '잡성북雜城北'을 '신성동북新城東北'의 오기로 보면 남
소성은 혼하와 소자하가 합류하는 지점의 동쪽에 자리한 철배산성鐵
背山城에 비정해 볼 수 있다. 목저성은 소자하 연안의 오룡五龍산성이
나 목기진 동남의 평지성 등에 비정되고 있다.[14] 이 성들은 모두 고
구려식 산성이다. 고국원왕은 신성을 축조한 뒤 남소성 및 목저성과
연결시켜 서북지역 방어체계를 공고히 하였던 것이다.

여기에서 정리해 두어야 할 것은 이 신성과 서천왕 7년(276)조와
봉상왕 2년(293)조 및 5년(296)조에 나오는 신성新城과의 관계이다.
서천왕 및 봉상왕 조에 나오는 신성은 국내성의 동북 쪽에 위치한
대진大鎭으로서 요충지였다.[15] 그래서 봉상왕은 2년(293)에 모용외
가 침략해 오자 이를 피하기 위해 신성으로 가려고 하였다.[16] 동북의
신성과 국북의 신성은 이름은 같지만 축조 연대도 다르고 또 위치도
달라 별도의 성임이 분명하다. 이와는 달리 서천왕 7년(276)조의 '동
북대진東北大鎭'의 '동북'을 '서북'의 잘못으로 보는 견해도[17] 있지만
그러면 서천왕 7년조의 신성과 고국원왕이 새로 축조한 신성은 같은

것이 되어 받아들이기 어렵다.

문제는 국북에 쌓은 성을 신성이라 함에 따라 동북 대진인 신성과의 명칭 혼란을 어떻게 정리하였느냐이다. 이 문제를 해명하는 데 단서가 되는 것이 《삼국사기》 지리4의 "신성주 본구차홀 혹운돈성新城州 本仇次忽. 或云敦城"이란 기사이다. 이 기사에 따르면 신성주는 본래 구차홀仇次忽이었고, 구차홀의 다른 이름이 돈성敦城이었다. 그러면 신성주=구차홀=돈성이 된다. 그러나 신성과 돈성은 〈광개토대왕비〉에는 '돈성민 4가를 모두 간연으로 삼았다[敦城民四家盡爲看烟]'는 기사와 '신성의 3가를 간연으로 삼았다[新城三家爲看烟]'는 기사에서 보듯이 동시에 나온다. 따라서 신성과 돈성은 별개의 성이었다. 그렇다면 신성주를 돈성이라고 한 지리지의 기사는 오류로 보는 것이[18] 타당하다.

저자는 지리지의 신성주에 붙은 세주 '或云敦城'은 동북의 대진인 신성에 붙어야 할 것인데 《삼국사기》 편찬자가 신성이라는 이름이 동일한 것에 착각을 일으켜 신성주에 붙인 것으로 본다. 그러면 돈성은 서천왕 대에 처음으로 나오는 동북쪽 신성의 본래 이름이었는데 서천왕 대에 와서 신성으로 개칭된 것이 된다. 아마도 서천왕은 제가들이 주관하는 곳인 돈성을 국왕의 직할지로 하면서 새로이 왕의 직할지가 되었다는 의미에서 '신성新城'으로 고쳐 부르지 않았을까 한다. 이와는 달리 고국원왕이 서북쪽에 신성을 신축하면서 동북 지역의 신성을 '敦城'으로 부른 것으로 보는 견해도 있다.[19] 이후 고국원왕이 서북에 신성을 새로 축조하자 동북의 신성은 본래의 이름인 돈성으로 환원되었고 이것이 〈광개토대왕비〉에 반영되지 않았을까 한다.

2) 동진 및 후조와의 우호관계

고국원왕은 신성을 축조하여 전연에 대한 방어체계를 강화하면서 동시에 동진東晉과의 연결을 통해 전연을 견제하려 하였다. 동진과의 관계는 처음부터 우호적인 것은 아니었다. 미천왕이 313년에 낙랑군을, 314년에 대방군을 멸망시켜 동진과 갈등 관계에 들어갔기 때문이다. 이러한 갈등 관계가 풀리게 된 배경에는 317년(미천왕 18)에 동진의 평주자사 최비崔毖가 고구려를 끌어들여 우문부 그리고 단부와 공동으로 전연을 공격하려 한 것이 작용하였다. 이에 대해서는 제1부에서 이미 말하였다.

네 나라의 전연 공격은 실패하였지만 이 사건을 계기로 고구려는 낙랑, 대방군 소멸 이후 소원했던 동진과의 관계를 우호적으로 되돌렸다. 고국원왕은 부왕이 이루어 놓은 동진과의 우호 관계를 그대로 유지해 나갔다. 그래서 6년(336)에 동진에 사신을 보내 방물을 바쳤던 것이다.[20] 이 사신 파견은 동진을 이용하여 전연을 견제하려는 의도로 볼 수 있다. 이후 동진과의 관계는 자료가 없어 알 수 없다.

한편 이 시기 16국의 하나인 후조에서는 333년에 석륵이 사망하고 조카 석호石虎가 실권을 장악하였다. 석호의 자는 계룡季龍이다. 후조에 대해서는 앞에서 이미 말하였다. 334년 석호는 섭정의 지위에서 거섭조천왕居攝趙天王이 되었다. 고구려와 석호 정권과의 교섭과 교류를 직접 보여주는 자료는 없지만 다음과 같은 몇 가지 사실에 의해 추론해 볼 수 있다.

첫째, '연희이년조작延熙二年造作'이 새겨진 토기이다. '연희'는 후조의 연호인데 2년은 334년(고국원왕 4)이다. 이 토기는 해방 직후 북한에 진주한 소련군이 주둔지를 정리할 때 발견하여 실제로 사용했다가 본국으로 돌아간 뒤 블라디보스톡 소재 아르세니에프박물관에 전달한 것이다. 이 토기의 몸통에는 다섯 개의 그림이 새겨져 있는데 걸어가는 두 사람의 모습과 말을 타고 가는 세 사람의 모습이다. 전형적인 고구려 토기 양식에서 벗어나고 있어 고구려 토기라고 단정하기는 어렵다고 한다.[21] 그렇다고 하더라도 후조의 '연희' 연호가 새겨진 토기가 고구려 지역에서 발견되었다는 것은 당시 고구려와 후조가 어떤 형태로든 접촉하고 있었음을 보여주는 것이다.

북한 출토 토기(좌)와 연희2년 명문(김정배 논문)

둘째, 석호가 배 300척에 곡식 30만 곡斛을 고구려에 실어 보내도록 한 사실이다. 338년(고국원왕 8) 전연의 모용황은 단료段遼의 빈번한 변경 공격이 골칫거리였다. 단료의 공격을 막기 위해 모용황은 석호에게 사신을 보내 번국을 일컬으면서 단료를 공격해 줄 것을 요청하였다. 석호는 수륙군 17만에 달하는 대병을 일으켜 단료를 정벌하여 영지令支를 점령하였다. 그러나 모용황은 영지 이북의 여러 성을 함락해 많은 물자를 확보하기만 하고 후조와 약속한 기일에 군사를 보내지 않았다. 석호는 단료를 멸망시킨 뒤 모용황의 도성인 극성棘城을 공격하였지만 실패하였다. 그럼에도 석호는 338년 30만 곡이라는 적지 않은 곡식을 고구려에 보냈다.[22] 아마도 고구려를 끌어들여 연합전선을 형성하여 모용씨에 대응하려 하기 위함으로 보인다.[23] 339년에 전연이 고구려 신성을 공격한 것도 이와 연관이 있지 않을까 한다. 이에 대해서는 뒤에 다시 말할 것이다. 이 또한 고구려와 후조와의 교섭을 보여준다.

셋째, 황해도 신천군 출토 '건무구년삼월삼일 왕씨조建武九年三月三日 王氏造'가 새겨진 전돌과 신천군 용문면 복우리 소재 제8호분에서 출토된 '건무십육년태세△△△[建武十六年太歲△△△]'이 새겨진 전돌이다. '건무建武'는 석호의 연호인데 9년은 343년(고국원왕 13)이고, 16년은 350년(고국원왕 20)이다. 후조에서는 349년에 석호가 사망하자 건무 연호를 더 이상 사용하지 않았다. 그럼에도 건무 16년이 나오는 것은 황해도 신천군에 잔류하고 있던 한인漢人 사회가 후조의 개원 사실을 알지 못한 채 건무 연호를 계속 사용한 결과로 보인다.[24] 건무 연호의 사용은 어떤 형태로든 고구려와 후조 사이에 교섭이 있었음을 시사해 준다.

2. 전연의 공격과 고구려의 승리

1) 전연의 신성 침공과 걸맹

고국원왕이 신성을 축조하여 방어체계를 정비하고, 동진과의 우호 관계를 유지하면서 전연을 견제하려고 한 정책은 전연으로서는 바람직한 것이 아니었다. 전연은 고구려가 언제든지 요동 이서 지역으로 진격해 올지 모른다는 의구심을 가질 수밖에 없었다. 이에 전연은 339년(고국원왕 9)에 군대를 일으켜 고구려 신성을 공격하였다.25 선제공격인 것이다. 전연의 이 공격은 《자치통감》 권96 진기에는 성제 함강 5년(339)조에, 《진서》 권109 재기 모용황에는 함강 3년(337)조에 기록되어 있다. 두 자료 사이에 2년의 차이가 있다. 《삼국사기》는 《자치통감》의 기록을 따랐다. 본서도 이 공격의 연대를 339년으로 보기로 하였다.

신성은 전연을 방어하는 고구려의 1차 거점성이었다. 거꾸로 전연으로서는 신성을 그대로 두고 고구려 국도로 진격하기 어려웠다. 신성 전투의 전개 과정에 대해서는 자료가 없어 알 수 없지만 고구려에 불리하게 전개되었다. 그래서 고국원왕은 전연에 대해 맹세를 구하였다[乞盟]. '맹'은 정치 세력 사이에 행해진 약속의 일종이다. '맹'의 의미에 대해서는 제1부에서 말하였다. '걸맹乞盟' 주 내용은 '앞으로 전연을 배신하거나 공격하지 않는다'는 약속이었을 것이다. 전연은 고국원왕의 맹세를 믿고 군대를 돌렸다. 이는 미천왕이 20년(319)에 군사를 보내 요동을 공격하였을 때 모용외가 모용한과 모용인으로 하여금 고구려를 공격하게 하였고, 미천왕이 맹세를 구하자[求盟] 회군하였다는 것과 유사하다. 전연이 고국원왕의 걸맹을 받아들인 배경에는 우문씨나 후조의 심상치 않은 움직임이 일정하게 작용하였을 가능성이 크다.26 그래서 이 전쟁은 일단 마무리되었다.

걸맹을 구한 이듬해인 340년(고국원왕 10)에 고국원왕은 세자를 모용황에게 보내 조회朝會하도록 하였다.27 조회는 모든 관리가 함께 정전에 모여 임금에게 문안을 드리고 정사를 아뢰는 일을 말한다.

이 사건이 있었던 시기에 대해《십육국춘추집보十六國春秋輯補》권24 전연록前燕錄에는 함강 6년(340)으로,《진서》권109 재기 모용황에서는 함강 4년(338)으로 나와 2년의 차이가 난다.《삼국사기》고구려 본기의 기록은《십육국춘추집보》와 같다. 본서는《삼국사기》의 기록을 따라 이 사건이 일어난 해를 340년으로 보기로 하였다.

세자는 다음 왕위 계승자이므로 가능하면 세자를 사신으로 보내지 않는다. 인질이 될 수 있기 때문이다. 고구려 문자명왕이 북위 효문제가 "요동군개국공고구려왕遼東郡開國公高句麗王"으로 책봉하고 또 의관과 수레 장식 등을 하사하면서 세자를 입조시키라고 하였지만 '아프다'는 핑계를 대고 대신 숙부 승천升千을 보낸 것이[28] 대표적인 예가 된다. 그런데도 고국원왕은 세자를 사신으로 보냈다. 이는 전연의 압박이 그만큼 컸음을 보여준다.

2) 모용황의 친정과 격퇴

전연의 작전: 남도와 북도

고구려가 세자를 입조시키기까지 하였지만 전연의 고구려에 대한 압박은 계속되었다. 341년 모용황은 모용각慕容恪을 도료장군度遼將軍으로 삼아 평곽平郭에 진수하게 하였다. 이후 모용각은 여러 차례 고구려를 공격하였다. 이에 대응하여 고국원왕은 12년(342) 2월에 환도성을 수즙하고, 국내성을 쌓은 뒤 그해 8월에 환도성으로 이거移居하였다.[29] 전연의 공격에 대한 대비책이었다.

이 시기 고구려 왕도는 국내성과 환도성으로 이루어져 있었다. 국내성은 현재 중국의 길림성 집안시에 있는 평지성인데 왕이 평소에 거주하는 성이었다. 성벽 일부를 시굴한 결과 초축은 기원전후 시기에 쌓은 토성이었고 후일 석축성으로 쌓았다. 석축 국내성의 평면은 동서 길이가 남북 길이보다 약간 긴 사각형 모양으로 둘레는 2,686m이다. 석축 높이는 보통 3~4m인데 동쪽벽은 2~3m 가량의 높이로 남아있다.[30]

환도성은 위급한 시기에 피난하는 피난성의 성격을 가졌는데 국내성에서 북서쪽으로 약 2.5㎞ 떨어진 지점에 소재한 산성자산성山城子山城에 비정된다. 이 성은 산상왕이 요동의 공손도 세력의 공격에 대비하여 2년(198)에 축조하였다. 발굴조사 결과 이 성은 남쪽은 높고 북쪽은 낮은 지형에 동, 서, 북 삼면이 절벽으로 이루어진 천혜의 요새이다. 둘레는 약 6,395m이고, 성문은 모두 6곳에 있었다. 성내에는 남북 96.5m, 동서 80m의 궁전 유적이 있다.[31]

고국원왕이 환도성으로 이거한 두 달 뒤인 342년 10월에 전연의 모용황은 성락盛樂에서 용성龍城(현재의 중국 요령성 대동)으로 수도를 옮겼다. 그리고 같은 해 11월에 대대적인 고구려 공격에 나섰다. 수도를 옮기는 것은 보통 일이 아니다. 많은 노동력과 재원이 투입되고 또 옮겨온 관료들과 백성들이 새 수도에 정착하는데도 일정한 시간이 필요하였기 때문이다. 그럼에도 모용황은 천도 한 달 뒤에 대규모 군대를 동원하여 고구려를 공격한 것이다. 그 이유는 입위장군 모용한慕容翰이 모용황에게 진언(進言)한 말에서 살펴볼 수 있다.

고구려는 우문부와 거리가 매우 가깝고, 항상 엿보는 뜻을 가지고 있어 만약 우문부가 망해 없어지면 화가 자신에게 미칠 것임을 알고 반드시 빈틈을 노려 깊이 들어와 공격할 것이니 먼저 고구려를 취한 후 우문부를 평정하면 이득이 동해에 달하며, 나

라는 부유하고 병력은 강하게 되어 뒷걱정 없이 중원을 도모할 수 있을 것입니다.[32]

《삼국사기》에서는 이 진언을 "고구려를 먼저 취하고 그 뒤 우문부를 멸망시키면 중원을 도모할 수 있다"[33]고 축약해 표현하였다. 이 진언에 따르면 전연의 궁극적인 목적은 중원의 장악이었는데 걸림돌이 된 것이 배후를 위협할 수 있는 우문씨와 고구려였다. 모용한은 특히 고구려의 움직임에 대해 더 신경을 썼다. '고구려가 항상 엿보는 뜻을 가지고 있다'고 한 말이나 '고구려를 취하면 우문부를 차지하는 것은 손바닥을 뒤집는 것과 같다'고 한 말이 이를 잘 보여준다. 이에 모용황은 먼저 고구려를 공격하여 걸림돌을 제거하기로 하였다.

《자치통감》에 의하면 전연이 고구려로 가는 길은 북도北道와 남도南道 두 길이 있었다. 이 두 교통로는 342년 이전에 이미 개설되어 있었다. 북도는 평탄하고 넓은데 남도는 험하고 좁았다.[34]《진서》재기와 《위서》고구려전에 남도를 '남협南陝'이라 표현한 것은《삼국사기》에 남도가 '험하고 좁았다[險狹]'고 한 설명과 일치한다. 남도는 고구려 국도에서 요동방면으로 나아가는 주요 교통로였다. 그 사이에 목저성木底城이 위치하고 있었다. 북도는 고구려와 부여를 잇는 교통로의 일부였다. 북도 가운데 남소성에서 혼하 상류를 거쳐 유하柳河에 이르는 하곡도河谷道는 부여와 요동지역을 잇는 교통로였다.[35]

전연은 남도와 북도에 대해 잘 알고 있었다. 문제는 어느 길로 진군할 것인가였다. 어떤 길을 선택하느냐가 전쟁의 승패를 좌우할 수 있기 때문에 모용황은 신중을 기할 수밖에 없었다. 많은 사람이 평탄하고 넓은 북도로 가자고 하였지만 모용한만 남도로 갈 것을 강력히 진언하였다. 진언의 내용은 다음과 같다.

> 적은 상식으로 헤아려 반드시 대군이 북도로 올 것이라 여겨서, 당연히 북쪽을 중히 여기고 남쪽은 소홀히 할 것입니다. 왕께서는 마땅히 정예군을 거느리고 남도로 가 그들을 쳐서, 그들이 생각하지 못한 때에 나가야 할 것입니다. 환도丸都는 족히 취할 것도 못됩니다. 따로 적은 군사를 북도로 보내면 비록 차질이 있다 하더라도, 그의 몸체가 이미 무너지면 사지四肢는 쓸 수 없는 것입니다.[36]

이 계책은 고구려의 의표를 찌른 것이었다. 모용한이 이렇게 진언할 수 있었던 데는 고구려에 대해 취득한 정보가 일정하게 작용한 것으로 보인다. 이보다 앞서 모용한은 모용황이 아버지 모용외의 뒤를 이어 왕위에 올랐을 때 화를 입을까 봐 단부로 도망갔다가 다시 우문부로 피신하였다. 그는 미친 척 머리를 풀어헤치고 다녀 우문부 일두귀逸豆歸의 경계심을 풀었다. 그리고는 자유롭게 다니면서 산천의 형편과 공격 요로要路를 두루 익혔다. 모용황은 모용한이 돌아오고 싶어 한다는 것을 알고 그의 귀국을 도왔다.[37] 이리하여 한때 제거의 대상이었던 모용한은 이제 모용황의 일급 참모가 되었다. 이 과정에서 모용한은 우문부와 우호적인 관계에 있던 고구려에 대해서도 상당한 정보를 가지고 있었을 가능성이 크다.[38] 그래서 모용한은 이 정보를 바탕으로 이런 계책을 세울 수 있었던 것 같다. 모용황은 모용한의 계책을 따르기로 하였다.

전쟁의 과정: 남도군의 대패와 북도군의 승전

342년 11월 모용황은 드디어 친히 고구려 공격에 나섰다. 공격 시기에 대해《진서》재기에는 함강 7년으로,《위서》고구려전에는 건국 4년으로 나오는데 연대는 모두 341년이다. 그러나 당시 모용씨의 전후사정을 검토해보면《자치통감》의 함강 8년(342)으로 보는 것이 타당하다. 동원한 군대는 5만 5천 명이었다. 모용황은 모용한의 진언대로 스스로 날랜 군사 4만을 거느리고 험한 남도로 진군하였다. 이때 선봉장은 모용한과 모용패慕容覇가 맡았다. 장사長史 왕우王㝢 등은 군사 1만 5천 명을 거느리고 평탄한 북도로 나와서 공격하기로 하였다.[39]

전연의 진군 소식을 들은 고국원왕도 대응에 나섰다. 문제는 전연의 군대를 어디서 어떻게 막을 것인가였다. 이때 고구려는 전연이 평탄한 북도로 올 줄로 판단하였다. 누구나 생각할 수 있는 상식적인 판단이었다. 전연의 대군이 험한 남도로 공격해 오리라는 것은 생각지도 못하였다. 이는 정보의 부족에 따른 결과일 수도 있다. 고국원왕은 주력군을 북도에 배치하고 약한 군졸을 남도에 배치하기로 결정한 후 아우 고무高武로 하여금 정예군 5만 명을 거느리고 가서 평탄한 북도를 막게 하고, 자신은 약한 군사들을 거느리고 험한 남도를 막기로 하였다.

고국원왕이 남도에 진을 치고 있을 때 모용황이 이끈 전연의 정예군이 험한 남도로 진군해 왔다. 이리하여 고구려군과 전연군 사이에 일전이 벌어졌다. 고구려군의 선봉장은 아불화도가阿佛和度加였고, 전연의 선봉장은 모용한이었다. 양군의 선봉장 사이에 1차 전투가 벌어진 곳은 목저성이었다.[40] 이 대결에서 남도에 배치된 약졸의 고

구려군은 전연의 날랜 대군을 감당할 수 없었다. 전연의 좌장사左長
史 한수韓壽가 고구려 장수 아불화도가의 머리를 베자 전연 군사들의
사기는 올랐다. 고구려 선봉군은 크게 패하고 말았다.

고국원왕은 더 이상 저항하기가 어렵다고 판단하고 환도성으로
후퇴하였다. 승기를 놓치지 않고 모용황의 군대는 환도성으로 밀고
들어왔다. 환도성을 지키는 군사의 수는 많지 않았다. 주력군이 북도
에 가 있었기 때문이다. 얼마 되지 않는 군대만으로 왕도를 방어할
수 없어 환도성도 적의 수중에 들어가고 말았다. 고구려로서는 동천
왕 대에 이어 두 번째로 왕도가 타국에 의해 함락되는 불운을 겪었다.

다급해진 고국원왕은 환도성을 버리고 한 필의 말을 몰고 도망가
단웅곡斷熊谷으로 들어갔다. 단웅곡은《자치통감》등 중국 측 문헌에
서 보이지 않아《삼국사기》찬자가 고구려 측 자료를 이용하여 보충
한 것 같다. 그 위치는 알 수 없다. 이때 왕모와 왕비 등도 함께 피난
하였지만 일행의 속도는 느릴 수밖에 없었다. 전연의 경차장군 모여
니慕輿埿가[41] 쫓아가 왕모 주씨周氏와 왕비를 사로잡아 돌아갔다. 이
제 고국원왕은 절체절명의 상황에 놓였다.

이와 달리 북도에 배치된 고구려군의 활약은 컸다. 고무가 거느린
5만의 군대는 정예군이었다. 여기에는 철기부대도 배치되어 있었을
것이다. 고무의 고구려군과 전연의 장군 왕우가 거느린 군대는 북도
에서 맞붙었다. 정예군이 아닌 왕우의 군대는 고구려의 정예군을 당
할 수 없었다. 고구려군의 대승이었다. 이는 남도에서 일어난 전투와
는 정반대였다. 이렇게 보면 고구려의 정예병이 전연의 정예병과 한
판 승부를 펼쳤다면 승패를 가늠하기 어려웠을 것이다. 이는 고구려
의 전력이 그렇게 약하지 않았음을 보여준다.

모용황의 철군과 고구려의 승리

왕우를 죽여 기세가 오른 고무의 고구려군은 군대를 돌려 모용황 군대의 후방을 공격해 왔다. 예상치도 않게 배후를 공격당한 모용황은 당황할 수밖에 없었다. 작전을 새로 짜야 하였다. 무턱대고 전진하였다가는 전후방에서 협공을 받으면 돌파해 나갈 방도가 없었기 때문이다. 모용황으로서는 안전하게 또 명분있게 철군하는 것이 급선무였다. 이에 모용황은 고국원왕을 추격하는 것을 일단 멈춘 후 사신을 보내 고국원왕을 불렀다. 항복하면 물러나겠다는 의사의 표시였다. 이는 일종의 철군 명분을 쌓기 위함이었다. 그러나 고국원왕은 그 부름에 응하지 않았다. 전연의 진영으로 가는 것은 항복하는 것과 다름없었기 때문이다. 이로 말미암아 명분을 쌓아 철군하려던 계획에는 차질이 생겼다. 그렇지만 모용황은 철군을 단행하였다. 그렇게 할 수밖에 없는 상황이었기 때문이다. 이때 한수가 또 진언하였다. 진언의 내용은 다음과 같다.

> 고구려 땅은 지킬 수 없습니다. 지금 그 왕이 도망하고 백성이 흩어져 산골짜기에 숨어있으나, 대군이 돌아가면 반드시 다시 모여들어 나머지 무리를 모아 오히려 근심거리가 될 것입니다. 그의 아버지의 시신을 싣고, 그의 친 어머니를 잡아가십시다. 그가 스스로 몸을 묶어 항복해 오기를 기다려 그 후에 돌려주고 은덕과 신뢰로 어루만지는 것이 상책입니다.[42]

모용황은 한수의 진언을 받아들여 미천왕의 무덤을 파서 그 시신을 수레에 실었다. 왕모와 왕비를 인질로 붙잡고, 창고 안의 여러 대의 보물을 거두고, 남녀 5만여 명을 사로잡고, 궁실을 불사르고, 환도성을 허물고는 돌아갔다. 왕도가 유린되고 파괴되는 참담한 상황이었다. 그러나 고국원왕은 항복하지 않았다. 모용황은 항복도 받지 못한 채 철군하였다. 따라서 이 전쟁은 비록 많은 피해는 입었지만 고구려의 승리였다. 그래서 고구려는 이 전쟁을 승리의 전쟁으로 기렸을 것이다. 이는 비록 후대의 일이지만 임진왜란 때 왜군이 조선 팔도를 휘젓고 다녀 많은 피해를 입혔지만 결국 철군하였는데 조선 정부는 이를 승리의 전쟁으로 간주한 것과 유사하다고 하겠다.

모용황이 파헤친 미천왕릉은 집안시 마선향 건강촌에 있는 서대묘西大墓(마선구 500호묘, JMM500)로 추정되고 있다. 이 무덤은 도굴로 말미암아 중앙에 7m 정도 구덩이가 파여 묘실은 완전히 없어진 상태이다. 이 무덤에서 출토된 권운문 와당에 새겨진 무자년과 기축년은 권운문 와당의 형식 변천과 무덤 구조와 결부시켜 볼 때 328년과 329년으로 비정된다. 이 무덤은 계단광실적석총階段壙室積石塚인

집안 서대묘 전경(고광의 선생)

데 유물로는 금동으로 만든 관식과 장식구 등과 철제 괭이와 재갈 등이 확인되었다. 여섯째 계단부터는 깨진 기와가 많이 흩어져 있어서 분구 정부에 목조가옥형 구조물이 있었던 것으로 보인다. 북장北墻에서는 제대祭臺가 확인되었다.[43]

군공자에 대한 포상

모용황의 공격을 물리친 고국원왕 앞에는 많은 과제가 놓여있었다. 무엇보다도 부왕의 시신을 되돌려 받아야 하고 또 포로로 잡혀간 왕모와 왕비도 귀환시켜야 하였다. 이에 대해서는 뒤에 다시 말할 것이다. 불타버린 왕궁을 재건해야 하였고, 전투에서 전사한 자들도 명복을 빌어주어야 하였다. 그리고 전공을 세운 자들에 대한 포상도 하고 패전의 책임이 있는 자에게는 벌을 내려야 하였다.

처벌과 포상은 귀족사회의 판도에도 영향을 미친다. 그러나 아쉽게도 패전의 책임을 지고 처벌을 받은 자가 누구인지는 자료가 없어 알 수 없다. 이와 달리 전공을 세운 자들은 두각을 나타내게 되었다. 이때 전공을 세운 자로서 이름을 알 수 있는 사람은 고무高武, 고밀高密, 염모冉牟 등 세 사람이다.

고무는 성은 고씨高氏이고 고국원왕의 동생이었다. 그는 고구려 주력군을 거느린 최고 사령관으로서 북도에서 전연의 군대를 크게 격파하였다. 그리고 남도에서 패하여 모용황에게 쫓겨 위기에 처한 고국원왕을 구해냈다. 그는 이 전쟁에서 제일 큰 공을 세웠다. 따라서 그에게 큰 포상이 내려졌을 것이다. 그러나 그가 어떠한 포상을 받았고, 이후 어떠한 활동을 하였는지는 자료가 없어 알 수 없다.

고밀은 고자高慈의 20대 할아버지였다. 고자는 만세통천 2년(697)

에 마미성磨米城 남쪽에서 죽었다. 〈고자묘지명〉에 따르면 고밀은 후한 말에 모용씨의 침입으로 국가가 멸망의 위기에 처하였을 때 단신으로 전연군을 격파하여 나라를 구하는 혁혁한 공을 세우고 그 대가로 고씨 성을 하사받고 또 식읍과 함께 자손 대대로 후侯에 봉한다는 교서를 받았다.44 이 기사에서 모용씨의 공격을 물리친 시기를 후한 말이라고 한 것은 착오이다. 후한 말에는 모용씨 정권은 존재하지 않았다. 따라서 그 시기는 342년으로 고쳐 보아야 한다. 이 고밀을 봉상왕 2년(293)에 전연의 공격을 물리치는 데 공을 세운 고노자로 보는 견해도45 있지만 50년의 시간 차이가 나서 받아들이기 어렵다.

전연군을 격파하는데 큰 공을 세움으로써 고밀은 고씨高氏 성을 하사받았다. 고구려에서는 공을 세운 자에게 사성賜姓하는 것은 일찍부터 있었다. 2대 유리왕이 기산箕山의 들에서 사냥하다가 만난 양 겨드랑이에 날개가 있는 사람을 등용한 후 우씨羽氏를 사여한 것,46 대무신왕이 부여를 공격할 때 비류수沸流水 가에서 얻은 솥을 자기집 것이라고 한 장부에게 부정씨負鼎氏를 사여한 것,47 탐비貪鄙한 구도仇都, 일구逸苟, 분구焚求 등 세 대신을 지혜로서 타일러 회개하도록 한 남부 대사자 추발소鄒敎素에게 대실씨大室氏를 사여한 것48 등이 그 예이다. 그러나 현재까지의 자료에서 왕성王姓을 사성 받은 경우는 고밀이 유일하다. 이는 그가 세운 공이 그만큼 컸음을 보여준다.

고씨 성을 하사받음으로써 이제 고밀의 가문은 왕족의 대우를 받게 되었다. 고국원왕은 그에게 경제적 보장과 함께 후손의 벼슬길도 보장하였다. 식읍과 함께 자손 대대로 후侯에 봉한다는 교서를 내린 것이 이를 보여준다. 이리하여 그의 가문은 우뚝 설 수 있게 되었고 그 음덕은 20대 손자인 고자에게까지 이어졌다.

염모는 모두루牟頭婁의 할아버지였다. 〈모두루묘지묵서〉에 따르면 이 시기 염모의 관등은 대형大兄이었다. 염모는 두 가지 큰 공을 세웠다. 하나는 고국원왕[△岡上聖太王之世] 대에 모종의 반역 사건을 평정하는 데 세운 공이다. 반역 사건의 내용이 무엇인지는 자료가 없어 알 수 없다. 다른 하나는 모용선비의 북부여 침공을 막아내는 데 공훈을 세웠다. 염모는 고무 휘하에서 일군을 거느리고 모용황의 군대를 격파한 것으로 보인다.

이 전공으로 염모가 받은 포상은 묵서 가운데 판독할 수 없는 부분이 많아 알 수 없다. 그렇지만 그의 사후 모두루 가문은 대대로 관은官恩을 입어 후손들은 대형의 관등을 수여받고 또 '성민과 곡민城民谷民'을 다스렸다. 대사자 모두루도 할아버지와 아버지의 공적으로[緣祖父△尓恩] 광개토대왕 대에 북부여수北扶餘守事가 되었다. 이는 전연과의 전쟁에서 세운 염모의 전공으로 모두루 가문이 고구려 귀족사회에서 두각을 나타내었음을 보여준다.

3. 서진의 좌절과 남진 추구

1) 전연에 대한 칭신과 서진의 좌절

고국원왕은 비록 모용황의 공격을 격퇴하였지만 왕부의 시신과 왕모와 왕비는 연나라 수중에 있었다. 고국원왕으로서는 최악의 상황이었다. 전쟁이 끝난 뒤 고국원왕이 해야 할 급선무는 왕부의 시신을 돌려받고 왕모와 왕비를 모셔 오는 것이었다. 그러나 정상적인 외교로는 돌려받기가 어려웠다. 모용황이 앞서 한수가 진언한 대로

왕부의 시신과 왕모를 인질로 잘 활용하고 있었기 때문이었다.

자세를 낮출 수밖에 없었던 고국원왕은 13년(343) 봄 2월에 아우를 연燕나라에 보내 신하를 일컬으면서 조회하고, 진기한 물건 천여 점을 바쳤다. 고구려가 중국 왕조에 칭신한 것은 이것이 처음이다. 모용황은 고구려의 칭신을 받아들이고 그 대가로 미천왕의 시신은 돌려주었다. 그러나 어머니와 왕비는 여전히 인질로 잡아두었다.[49] 인질로서의 가치가 컸기 때문이다.

아버지의 시신을 되찾은 고국원왕은 아버지의 능묘를 새로 만들었을 것이다. 원래의 왕릉은 이미 파헤쳐져 버려졌기 때문이다. 새로 만들어진 미천왕릉이 집안의 어느 무덤인지 분명히 하기 어렵다. 이와 관련하여 서대묘와 마찬가지로 기축년(329) 권운문 와당뿐만 아니라 무술년(338) 기와도 나온 우산하 992호묘를 미천왕의 새 무덤으로 보는 견해도 있다.[50] 그러나 무술년인 338년에서 왕의 시신을 돌려받은 343년까지 5년의 시간 차이가 나므로 단정하기 어렵다. 현재로서는 미천왕의 새 무덤이 어느 무덤인지 알 수 없는 실정이다.

아버지의 시신을 되돌려 받은 그해(343) 7월에 고국원왕은 평양 동황성平壤東黃城으로 이거移居하였다. 평양동황성은 지금[고려]의 서경西京 동쪽 목멱산木覓山 가운데에 있었다. 《삼국사기》에 인용된 《고인기록古人記錄》에도 동일한 내용이 나온다.[51] 평양동황성으로 이거한 배경은 환도성이 함락되면서 많이 파괴되었고 왕궁도 불타버렸기 때문이다. 평양동황성과 그곳으로의 이거가 가지는 의미에 대해서는 맺음말에서 다시 말할 것이다.

이런 상황에서 고국원왕은 13년(343)에 남조의 동진에 사신을 보내 조공하였다.[52] 이번 사신 파견은 부왕의 시신을 되찾기 위해 전연에 칭신할 수밖에 없었던 상황을 동진에 설명하고 양해를 구하는 것이 목적이 아니었을까 한다. 그러나 이 사실은 당연히 전연에 알려졌을 것이다. 고구려의 동진에의 접근은 동진과 대립적인 입장에 있었던 모용황으로서는 탐탁한 것은 아니었다. 이에 모용황은 345년(고국원왕 15) 겨울 10월에 모용각慕容恪을 시켜 고구려를 공격하게 하였다. 동진에 접근하는 것에 대한 보복 공격인 셈이다. 고구려군은 이를 막지 못하였다. 그래서 전연의 군대는 남소南蘇를 함락시키고 수자리 군사를 두고 돌아갔다.53 남소성이 전연의 땅이 되므로 말미암아 고구려는 전연의 공격을 막을 수 있는 중요한 요충지를 잃었다.

　이후 고국원왕은 전연에 대한 정책을 바꾸었다. 전연과의 갈등 관계보다는 화호 관계를 맺는 것이 더 유리하다는 판단을 하였던 것이다. 여기에는 왕모와 왕비를 모셔 와야 한다는 절박함도 있었다. 그러나 왕모와 왕비를 모셔 오는 일은 잘 진척되지 않았다. 이러한 답보 상태에 활로를 열어 준 것이 348년 모용황의 죽음과 아들 모용준慕容儁(慕容雋, 재위 348~360)의 즉위였다. 이 기회를 타서 고국원왕은 전연에 적극 접근하였다. 이를 보여주는 것이 349년에 전 동이호군東夷護軍 송황宋晃을 전연에 되돌려 보낸 사건이다.

　송황은 모용황이 연왕燕王을 칭하도록 하는데 공을 세워 배개裴開 등과 더불어 열경列卿과 장수의 반열에 올랐던 인물이었다.54 그러나 338년에 후조의 석륵이 모용황을 공격하자 송황은 전연의 성주내사 최도崔燾, 거취령 유홍游泓, 동이교위 봉추封抽 등과 함께 모용황을 배반하고 석륵에게 내응하였다. 석륵을 패배시킨 모용황은 석륵에게 돌아섰던 성들을 토멸하기 시작하였다. 이에 최도는 석륵에게로, 송황은 봉추 및 유홍과 함께 고구려로 망명하였다. 이때가 고국원왕

8년(338)이었다.

송황은 전연을 배신한 인물이었다. 전연과 대립각을 세우고 있던 고국원왕은 그의 망명을 받아들였다. 그렇지만 그가 망명해 온 지 11년 만인 19년(349)에 전연의 요구에 따라 고국원왕은 그를 송환해 버렸다. 그의 송환이 모용준의 즉위 시기에 맞추어진 것은 모용준의 즉위를 축하하면서 동시에 전연과의 관계를 돈독히 하고 싶다는 고국원왕의 의사 표시가 아니었을까 한다. 고구려로서는 최대한의 성의를 보인 셈이다.

그렇지만 왕모의 귀환은 곧바로 이루어지지 않았다. 그러자 6년 뒤인 355년(고국원왕 25) 겨울 12월에 고국원왕은 사신을 연나라에 보내 인질과 조공을 바치면서 어머니를 돌려보내 줄 것을 요청하였다. 이 요청을 받아들인 모용준은 전중장군 조감刁龕으로 하여금 왕의 어머니 주씨를 본국으로 돌려보내도록 하였다.[55] 이리하여 왕모 주씨는 귀환할 수 있었다. 전연에 포로로 잡혀간 후 18년 만이다. 이때 왕비도 함께 귀환하지 않았을까 한다.

왕모를 돌려보냄과 동시에 모용준은 고국원왕을 정동대장군征東大將軍 영주자사營州刺史로 삼고, 낙랑공樂浪公으로 책봉하였다. 다만 왕호는 예전과 같게 하였다.[56] 정동대장군은 중국 삼국시대 위魏에서 두기 시작했다. 관품은 2품이다. 자사는 주의 행정장관직이므로 영주자사는 영주의 장관이다. 그러나 영주는 후조가 요서와 북평 두 곳을 영주의 속군屬郡으로 한 것에서 보듯이 후조의 땅이었다. 따라서 영주자사로 책봉한 것은 허직의 책봉직冊封職이다. 낙랑공樂浪公의 '공公'은 위진魏晉 대 이후 만들어진 군공郡公, 현공縣公, 개국공開國公, 개국군공開國郡公 등 작호의 하나이다. 진晉에서는 '공公'은 '왕

王'의 아들들에게 주었으며, 관품은 1품이었고, 속관屬官과 군인 1천 명을 둘 수 있었다. 이리하여 고구려는 전연에 대해 조공-책봉 관계로 들어가게 되었다. 이 관계는 전연이 망할 때까지 유지되어 간 것으로 보인다.[57] 이와는 달리 335년 왕모를 되돌려 받은 후 고구려가 한번도 조공사를 보낸 기록이 없다는 점에 주목하여 전연과의 조공-책봉관계는 일회성에 그친 것으로 보는 견해도 있다.[58]

고국원왕은 343년에 부왕의 시신을 돌려받을 때 칭신만 하였다. 이번에는 왕모와 왕비를 되돌려 받으면서 칭신과 더불어 낙랑공이라는 책봉호도 받았다. 이는 고구려 역사상 처음이다. 이 시기 낙랑군과 대방군은 이미 고구려의 영역이었다. 전연이 고국원왕을 낙랑공으로 책봉한 것은 낙랑군 지역에 대한 고구려의 지배를 인정한 것으로 볼 수 있다. 이에 대해서는 맺음말에서 다시 말할 것이다. 이렇게 전연에 칭신하고 작호를 받음으로써 고국원왕의 서진 정책은 좌절되고 말았다. 이제 고구려는 남진을 추진하여야 하였다. 팽창의 방향이 이 길밖에 없었기 때문이다. 이리하여 남북이 대결할 수밖에 없는 단초가 열리게 되었다.

2) 낙랑군·대방군 고지에 대한 지배 강화와 남진의 거점성

낙랑군 고지 지배와 평양성 증축

고구려의 남방에 위치한 중국 군현이 낙랑군과 대방군이었다. 낙랑군은 중국 왕조와 한반도와 일본열도를 연결하는 거점이었다. 군치郡治인 평양은 오랜 역사를 자랑하는 역사의 도시요 또 선진문화가 만개한 문화의 도시였다. 평양에 대해서는 맺음말에서 다시 말할 것이다.

그러나 낙랑군은 순기능만 한 것이 아니었다. 북으로는 정치적 군사적으로 고구려를 배후에서 견제하였다. 고구려에 복속한 동예를 공격한 것이[59] 그 예가 된다. 남으로는 한강 이남 지역에서 통일 세력이 형성되지 못하도록 하는 정책을 취하였다. 그래서 삼한을 구성한 여러 국의 수장들에게 읍군邑君이나 읍장邑長의 인수를 수여한 뒤[60] 이러한 인수를 받은 국들로 하여금 낙랑군과 교역할 수 있도록 하여 분열을 획책하였다. 이른바 이이제이以夷制夷 정책을 추진한 것이다.

이런 낙랑군과 대방군의 존재는 서진을 추구하던 고구려로서는 큰 부담이었다. 배후의 위협이 되었기 때문이다. 그래서 고구려 미천왕은 12년(311) 가을 8월에 요동의 서안평西安平을 점령하여 낙랑, 대방군를 고립시킨 뒤 313년에 낙랑군을, 314년에 대방군을 공격해 영역으로 편입하였다. 이리하여 400년의 긴 역사를 가진 낙랑군은 종언을 고하였다. 이에 대해서는 앞에서 이미 말하였다.

낙랑군과 대방군을 멸망시킨 이후 고구려가 이 지역을 어떻게 지배하고 경영하였는가를 보여주는 직접적인 자료는 없다. 이에 대해 고구려가 중국인 망명객이나 낙랑의 유력 유민들을 매개로 간접 지배를 한 것으로 보는 견해가 있다. 이 견해에서는 357년에 만들어진 황해도 안악군 안악3호분의 주인공이 중국인 망명객 동수冬壽(佟壽)라는 사실과 408년에 만들어진 남포시 강서구역 덕흥동의 유주자사 진鎭 묘의 주인공인 진鎭이 중국인 망명객이라는 점 그리고 두 군이 멸망한 이후에도 중국계 전축분이 만들어졌다는 사실 등을 근거로 들었다. 그러나 이 시기 고구려는 이미 중앙집권화를 이루었고, 전연과 치열하게 대결하는 강국이었다. 무력으로 두 군을 병합하고 주민 8천여 명을 사민徙民시켰다. 따라서 고구려는 당연히 이 지역을 직접 지배한 것으로 보아야 한다. 그 증거로서 주목되는 것이 고국원왕이 4년(334) 가을 8월에 평양성을 증축한 사실이다.[61] 《삼국유사》 왕력에는 그 시기에 대해서는 아무런 언급이 없이 고국원왕이 "평양성을 증축하였다"고만 기록하였다.

이 평양성에 대해 국내성으로 보는 견해,[62] 집안 인근인 양민良民지역의 고성으로 이해한 견해,[63] 지금의 북한 자강도의 강계 지역으로 보는 견해[64] 등이 있다. 그런데 〈광개토대왕비〉에 따르면 광개토대왕은 영락 9년(399: 기해년)에 '평양平穰'으로 순하巡下하였다.[65] 이 평양이 오늘날의 평양이다. 이곳에 조영된 평양성은 왕성이 아니라 지방지배를 위한 거점성이었다. 연대에서 미루어 볼 때 이 평양성은 바로 고국원왕이 4년에 증축한 평양성이었다. 따라서 고국원왕이 증축한 평양성은 오늘날의 평양지역으로 보는 것이 타당하다.[66]

이 평양성의 초축 시기를 밝히는데 단서가 되는 것이 '증축'이다. 증축은 이 보다 앞서는 성이 있었음을 전제로 한다. 증축이 이루어진 시기가 고국원왕 4년(334)이므로 초축은 고국원왕 이전으로 보아야 한다. 초축한 성을 4년 만에 증축한다는 것이 상식적으로 성립될 수 없기 때문이다. 그렇다면 평양성 초축은 미천왕이 낙랑군을 멸망시킨 313년이나 그 직후에 이루어졌을 가능성이 높다. 그리고 20여 년 뒤에 고국원왕이 증축하였던 것이다.

이 평양성의 구체적인 위치와 관련하여 저자는 평양 청암리토성에 주목하고자 한다. 이 토성은 안학궁성과 장안성의 중간쯤에 자리를 잡고 있다. 토성의 동서 길이는 1.2㎞, 남북 길이는 500m, 총 둘레는 5km이다. 형태는 낮은 구릉을 따라 넓은 평야를 두른 반달 모양이다. 동쪽은 합장강合掌江이 흘러 대동강에 합류됨으로 자연 해자의 역할을 하고, 남쪽은 대동강에 면한 절벽이어서 자연적인 성벽을 이루고 있다.

북한에서는 1990년에 북문과 서문 쪽의 성벽을 절개하여 조사하였다. 성벽은 아래 폭이 약 12m, 잔존 높이는 4m가량 된다. 성벽 단면 도상으로 가장 선행하는 하부는 다짐성토되었다. 이후 성 바깥쪽으로 덧대어 성벽을 쌓았다. 안쪽으로부터 고구려 1성벽, 2성벽, 3성벽이라 한다. 3성벽에는 4~5세기대의 기와편이 혼입되어 있었다. 북한 학계에서는 최초로 만들어진 하부 토성은 고조선 시기의 왕검성으로, 고구려 때의 1성벽은 동천왕 21년(247)에 쌓은 "평양성"으로, 2성벽은 고국원왕 4년(334)에 증축한 "평양성"으로, 3성벽은 문자왕 7년(498)에 창건한 금강사金剛寺와 관련된 것으로 파악하였다.[67]

그러나 1성벽과 2성벽은 기존의 토성에 잇대어 내탁부內托部를 만들고 그 바깥을 석축하는 과정과 관련된다. 석축 부분은 최하단의 1~2단만 남기고 붕괴되었기 때문에 3성벽의 단면과 같은 모습으로 된 것이다. 따라서 본 토성의 축조 시기는 최초 토성 시기와 이를 석축으로 개축한 2시기로 설정해 볼 수 있다. 이러한 관점에서 최초의 토축성은 고국원왕이 일시 이거한 평양동황성 혹은 증축한 평양성으로, 석축성은 평양 천도 이후 혹은 평양 천도를 준비하는 과정에 축조된 것일 가능성이 크다는 견해가 나왔다.[68]

이 견해에서 초축 토성을 장수왕의 평양성 이전에 축조된 것으로 보는 것에 대해서는 찬동이다. 다만 초축성을 평양동황성과, 석축을 덧댄 성을 장수왕의 평양성과 연결시키기보다는 미천왕이 초축하고 고국원왕이 증축한 평양성과 연결시켜 보는 것이 타당하지 않을까 한다. 평양동황성은 별도의 위치에 있기 때문이다. 평양동황성에 대해서는 맺음말에서 다시 말할 것이다. 초축성을 미천왕이 처음으로 축조한 평양성으로 보면 1성벽과 2성벽은 고국원왕이 증축한 평양성으로 볼 수 있겠다. 그렇다면 고국원왕은 미천왕이 토성으로 축조한 평양성 성벽 바깥에 돌을 덧댄 형식으로 증축한 셈이 된다. 이후 장수왕은 15년(427)에 평양성으로 천도하였다. 이에 대해서는 뒤에 다시 말할 것이다. 그리고 토성 안에서 확인된 팔각형의 탑을 중심으로 하는 1탑 3금당식의 가람 터는 문자명왕이 7년(498)에 세운 금강사金剛寺 터일 것이다.[69] 이는 427년에 장수왕이 평양성으로 천도한 후 청암리토성이 낙랑 고지 지배의 거점성에서 사찰로 변화된 것을 보여주는 것이 아닐까 한다.

어느 나라가 다른 나라를 정복하거나 다른 나라 군현을 병합하였을 때 정복한 지역의 중심지를 지배의 거점으로 삼는 것이 일반적이다. 고구려도 종종 중국 군현의 치소를 이용하였다.[70] 그렇지만 낙랑군 고지에 대한 지배에서는 낙랑군 군치를 이용하지 않았다. 낙랑군의 군치는 대동강 남쪽에 있는 토축성인 낙랑토성으로 알려져 있다. 이 성은 동서 약 709m, 남북 599m의 정방형이다. 북쪽의 대동강 줄기와 동쪽의 대동강 지류가 천연적인 해자 구실을 하였다.[71] 그러나 미천왕은 평양성을 새로 쌓아 지배의 거점성으로 하였다. 그 위치도 대동강 남쪽의 낙랑토성과는 달리 대동강 북쪽에 있었다. 고국원왕은 이 평양성을 증축하여 남진의 거점성으로 하였다. 이후부터 평양지역의 중심부는 대동강 이북이 되었다. 이는 낙랑군을 무력으로 소멸시킨 미천왕이 낙랑의 문화 전통에 얽매이지 않고 낙랑군 고지를 지배하겠다는 의지를 보여주는 것이라 하겠다.

대방군 고지 지배와 신원의 장수산성

313년에 낙랑군을 멸망시킨 고구려는 314년에 대방군을 멸망시켰다. 대방군의 군치는 봉산의 대방토성帶方土城(唐土城)이었다. 북한에서는 지탑리토성智塔里土城으로 부른다. 봉산군 구룡리에서 발견된 '대방태수장무이帶方太守張撫夷'가 새겨진 전돌은 이 토성이 대방군치임을 입증해 준다. 이 토성은 동변 약 726m, 서변 약 428m, 남변 약 556m, 북변 약 545m로 전체 길이 약 2,250여m 규모의 방형이다.[72]

그러나 미천왕은 앞에서 말한 바와 같이 낙랑군 고지를 통치하기 위해 새로이 평양성을 쌓았다. 이로 미루어 대방군 고지의 지배를 위해서도 별도의 성을 축조하였을 것이다. 그 성으로 주목되는 곳이 신원군의 장수산성이다. 이 산성은 북한의 국가지정문화재보존급 제243호로 지정되어 있다. 장수산성은 남북 통로의 길목인 황주, 봉산과 가깝고 또 해주로 가는 중간에 자리 잡고 있어 교통의 요지이다. 장수산 동쪽 끝에 위치한 재령강은 산성의 동남쪽 구릉지대를 감싸 돌아 북쪽으로 흐르며 자연 해자의 역할을 하였다.

이 산성은 포곡식 산성으로 내성과 외성 및 이를 보강한 겹성으로 이루어져 있다. 총 길이는 10.5km인데 험준한 자연 절벽을 그대로 이용한 곳도 있어 실제 축성한 구간은 6km 정도 된다고 한다. 성벽은 양면 축조 방법과 외면 축조 방법을 배합하여 쌓았는데 전형적인 고구려식 산성이며 규모도 거대하다. 성문은 내성과 외성을 합해 모두 6개 있었으나 현재는 내성의 남문터와 외성의 남문터 및 북문터가 남아 있다. 성내에서는 80여 기의 건물지가 확인되었다. 이 가운데 1호 건물지 내부에서는 회색 벽돌과 붉은색 벽돌을 비롯해 암막새, 수막새 등이 다수 확인되었다. 장수산성 아래의 아양리와 월당리

장수산성 일대의 유적 분포도(최승택 논문)

에서는 고구려시기로 추정되는 대규모의 건축 유적, 2개소의 평지토성, 철을 제련하던 6기의 제철지가 발굴되었고 1,000여 기에 달하는 고구려 고분군도 확인되었다.

북한학계에서는 이 산성 일대의 문화층을 청회색 기와층(제1 문화층)-붉은색 기와층(제2 문화층)-회색 기와층(제3 문화층)으로 이루어진 것으로 보았다. 제1 문화층은 고구려가 이 지역을 차지하기 이전의 문화층이고, 제2문화층은 고구려의 특색을 보여주는 문화층이고, 제3문화층은 이후의 문화층이다. 주변 아양리 성현동 건축지의 붉은색 기와 퇴적층에서 '永嘉七年'이 새겨진 벽돌이 출토되었다. 영가는 동진 회제 懷帝의 연호로 7년은 313년이다. 이와 동일한 벽돌이 붉은색 기와층(제2 문화층)에서 나왔다. 따라서 산성의 연대는 대체적으로 4세기 초반으로 편년된다.[73] 이와는 달리 영가 7년명 벽돌은 도면이나 사진이 제시되지 않았을 뿐만 아니라 제시된 연화문 와당은 4세기대로 비정하기 어렵다는 비판도 있고,[74] 4세기 초~중반부터 장수산성을 중심으로 구축된 관방체계가 4세기 후반에 완성되었다고 보는 견해도 있다.[75]

북한학계에서는 이 장수산성을 고구려 후기 3대 도읍인 '한성漢城'으로, 장수산성 아래 아양리·월당리의 토성 및 도시유적은 4~5세기의 '남평양南平壤'으로 보고 있다. 특히 고국원왕이 전사한 평양을 현재의 평양이 아니라 신원 지방의 남평양이라 하였다. 발굴된 건물지의 면적과 주춧돌의 크기가 안학궁성의 북궁 제6~7호 궁전지와 비슷한 점, 건물지의 가운데에 기둥을 세우지 않은 점, 회랑 시설을 갖춘 점 등에서 미루어 이곳이 행궁지行宮址였을 가능성이 높다고 본 것이다.76

'남평양'이란 '평양 남쪽에 있는 평양'이라는 의미의 지명이다. 기준이 되는 평양은 오늘날의 '평양' 지역이다. '평양 남쪽의 평양'은 고구려 장수왕이 475년에 백제 왕도 한성을 함락한 후 점령한 오늘날 서울 지역을 말한다. 이는 551년에 백제가 신라 및 가야군과 연합하여 고구려를 쳐서 한성을 차지한 후 다시 '평양'을 차지하였다는 기사에서 확인된다. 이 시기 한성은 오늘날 서울 송파구 일대이고 '평양'은《삼국유사》에 "남평양은 북한성"이라고 하면서 '양주楊州'라고 세주를 단 것에서77 보듯이 오늘날 서울시 종로구 일대이다. 이에 대해서는 뒤에 다시 말할 것이다. 이렇게 보면 신원의 장수산성은 남평양으로 볼 수 없다.

남평양이 아닌 이 장수산성의 실체에 대해 미천왕이나 고국원왕이 대방고지를 지배하면서 남방진출을 위한 대진, 즉 거점성으로 쌓은 것으로 보는 견해가 있다.78 이는 타당하다고 생각한다. 장수산성이 쌓아짐으로써 고국원왕 대의 방어 체계는 동북 대진인 돈성(이른바 동북 신성), 서북 대진인 신성 그리고 남방 대진인 장수산성이라고 하는 삼축三軸 체계가 갖추어졌다. 이리하여 평양성과 장수산성은 남진의 거점성이 되었다. 이는 백제에게 큰 압박으로 다가왔다.

Ⅱ. 근초고왕의 남방 경략과 북진 추구

1. 남방 경략의 주체와 시기

고구려가 313년에 낙랑군을 멸망시키고, 314년 9월에 대방군마저 멸망시킨 것은 또 다른 상황의 변화를 가져왔다. 종래에는 낙랑군과 대방군이 지리적으로 고구려와 백제 사이에서 완충지대의 구실을 하였기 때문에 고구려와 백제가 직접적으로 충돌할 일은 없었다. 그러나 낙랑군과 대방군의 소멸로 국경을 접하게 됨으로써 이제 양국은 직접적인 충돌을 피할 수 없게 되었다. 이러한 충돌을 본격화한 것이 고구려가 342년 전연 모용황의 침입으로 서진이 좌절된 후 추구한 남진 정책이었다. 이에 대해서는 앞에서 이미 말하였다.

백제는 고구려의 남진 압박에 효율적으로 대처하기 위해 먼저 후방을 안전하게 하는 것이 필요하였다. 이 시기 백제의 후방에는 신라와 가야연맹체를 구성한 여러 나라들 그리고 영산강 유역의 신미국新彌國을 비롯한 마한의 잔여 국들이 있었다. 근초고왕은 이 세력들이 후방을 위협하지 않도록, 또 고구려에 붙지 못하도록 하여야 하였다. 이를 위해 근초고왕은 369년에 남방 경략을 단행하였다. 이를 보여 주는 것이 《일본서기》 신공기 49년조의 기사이다.

> 봄 3월에 황전별荒田別과 녹아별鹿我別을 장군으로 삼고 구저 등과 더불어 군대를 거느리고 바다를 건너 탁순국에 이르러 신라를 습격하려 하였다. 이때 어떤 사람이 말하기를 군대의 수가 적어 신라를 공격할 수 없다고 하였다. 다시 사백개로를 받들어 올려 군사를 증원해 줄 것을 청하였다. 곧 목라근자와 사사노궤(이 두 사람은 성씨

를 모른다. 단 목라근자는 백제 장군이다)에게 명하여 정병을 거느리고 사백개로와 함께 보냈다. 이들은 탁순국에 함께 모여 신라를 쳐서 격파하고 이를 계기로 비자발, 남가라, 탁국, 안라, 다라, 탁순, 가라 7국을 평정하였다. 그리고 곧 군대를 이동하여 서쪽으로 돌아 고해진에 이르러 남만 심미다례를 도륙하여 백제에 하사하였다. 이에 백제 초고왕과 왕자 귀수 또한 군대를 거느리고 왔다. 이때 비리, 벽중, 포미지, 반고 4읍이 자연히 항복하였다.[79]

이 기사에 대해 몇 가지 정리해 두어야 할 사항이 있다. 첫째, 이 기사의 신빙성 여부이다. 이 기사에 대해 성왕이 '근초고왕과 근구수 왕이 안라, 가라, 탁순 등과 부형-자제 관계를 맺었다'고 회고한 말을[80] 근거로 6세기 전반 대의 역사적 사실이 이때로 투영된 것이어서 허구라고 보는 입장도 있다.[81] 그러나 후대의 사실을 앞 시대로 투영할 경우 앞 시대에 그와 관련되는 사건이 있었던 것을 꼬투리로 하여 투영한다. 따라서 이 기사에 일정한 역사적 사실이 들어있는 것으로 보는 것이 타당하다.

둘째, 남방 경략의 주체이다. 《일본서기》는 이 남방 경략의 주체를 왜로 하였다. 그래서 일제시대에 일인 사학자들은 이 기사의 문장을 그대로 받아들여 왜가 신라와 가야 및 영산강 유역 세력을 정복하였고 이것이 바로 임나일본부의 시작인 것으로 파악하였다.[82] 그러나 이 군사 활동에서 핵심적인 구실을 한 사람은 백제 장군 목라근자木羅斤資였고, 특히 심미다례 평정 때에는 근초고왕이 태자 근구수와 함께 친히 군대를 이끌고 갔다. 따라서 이 군사작전의 주체는 백제로 보는 것이[83] 타당하다.

셋째, 남방 경략이 단행된 시기이다. 《일본서기》의 기년은 신공기에서 웅략기 이전까지는 2주갑(120년) 인하하여야 한다는 것이 학계의 통설이다. 이 견해에 따라 연대를 수정하면 신공기 49년(249)은 369년(백제 근초고왕 24)이 된다. 이와는 달리 《일본서기》 응신기 25년조에 나오는 목라근자木羅斤資의 아들 목만치木滿致를 475년에 문주왕이 웅진으로 천도할 당시 보신이었던 목협만치木劦滿致와 동일 인물로 파악한 후 목라근자와 관련한 사건의 연대만을 3주갑 내려 429년으로 보는 견해도 있다.[84] 그러나 목만치와 목협만치는 동명이인으로 시기를 달리한 인물이었으므로[85] 이 기사의 연대는 369년이 된다. 그 시기가 바로 근초고왕 대이다. 따라서 이 남방 경략은 근초고왕에 의해 단행된 것으로 보는 것이 타당하다.

2. 신라와의 관계: 약위형제 관계

근초고왕의 남방 경략은 세 단계로 진행되었다. 첫 번째 단계는 신라에 대한 공격이다. 이 시기 신라는 삼척을 넘어 강릉 지역까지 진출하여 고구려와 국경을 접하고 있었다. 이 때문에 신라는 고구려의 동향에 신경을 쓰지 않을 수 없었다. 이러한 상황에서 근초고왕은 신라를 백제 편으로 끌어들이기 위해 21년(366)에 교빙사를 보냈다. 23년(368)에는 사신을 보내면서 양마도 두 필을 보냈다.[86] 그러나 신라는 두 번 다 응하지 않았다. 도리어 신라는 367년에 왜로 가다가 길을 잃어 사비신라(泗沘新羅, 경남 양산)에 도착한 백제 사신들을 붙잡아 억류하고 죽이려 하였다.[87]

이에 근초고왕은 외교적 교섭으로 신라를 끌어들일 수 없다고 판단하고 신라를 공격하기로 하였다. 369년 3월 근초고왕은 남방경략군을 일으켰다. 총지휘관은 장군 목라근자였다. 이때 동원된 백제군의 수가 얼마인지는 자료가 없어 알 수 없다. 백제군은 탁순국에 집결하였다. 탁순국의 위치에 대해서는 창원으로 보는 설,[88] 의령으로 보는 설[89] 등이 있지만 백제군이 육로로 왔다는 점을 중시하면 대구로 보는 것이[90] 타당할 것이다.[91]

탁순에 모인 백제군은 곧장 신라 공격에 나섰다. 신라군도 이에 맞섰다. 마침내 백제군은 저항하는 신라군을 격파하는 데 성공하였다. 이에 신라는 백제와 약위형제約爲兄弟 관계를 맺었다. 백제편에 서기로 한 것이다. 이를 뒷받침해 주는 것이 373년(근초고왕 27)에 신라로 내투來投한 백제 독산禿山 성주를 내물왕이 받아들이자, 근초고왕이 독산성주를 돌려달라고 하면서 "이전에 백제와 신라는 화호하여 형제가 되기를 약속하였는데 지금 나의 도망간 백성을 받아들였으니 화친의 뜻에 심히 어긋난다"[92]고 한 말이다. 이 말에 나오는 '이전'은 '373년' 이전을 말하므로 이 기사는 373년 이전에 백제와 신라는 형제와 같은 화호 관계를 맺고 있었음을 보여준다. 그러한 관계가 맺어진 시기가 바로 369년이었다. 이렇게 신라와 우호적인 관계를 맺음으로써 백제는 배후의 위협을 덜었을 뿐만 아니라 고구려와 힘의 균형을 이룰 수 있게 되었다.

3. 가야제국과의 관계: 부형-자제 관계

두 번째 단계는 가야의 여러 나라에 대한 공격이다. 기원 전후한 시기부터 3세기말까지 소백산맥 이남, 낙동강 이서, 지리산 이동 지역에는 김해의 가락국駕洛國, 함안의 안라국安羅國, 고성의 고자국古自國, 고령의 반로국半路國 등 크고 작은 국들이 성립해 있었다. 이들은 김해의 가락국(구야국)을 중심으로 변한연맹체를 형성하였다.《삼국지》동이전에는 변한연맹체를 구성한 나라가 12국으로 나온다. 이가운데 핵심 세력은 김해의 구야국과 함안의 안라국이었다. 그래서두 나라는 마한연맹체의 맹주국인 진왕辰王으로부터 우대하는 칭호[優號]를 받았다.93

4세기에 들어와 낙랑군과 대방군이 멸망하는 상황에서 한반도의각국들 사이에서는 통합운동이 전개되었다. 이 과정에서 마한연맹체는 백제국에 의해 통합되어 백제왕국으로 전환되었고, 진한연맹체는사로국에 의해 통합되어 신라왕국으로 전환되었다. 그러나 변한연맹체는 통일왕국을 이루지 못한 채 가야연맹체로 전환하였다. 통일왕국을 이룰만한 압도적인 힘을 가진 세력이 등장하지 못하였기 때문이다. 이것이 가야연맹체의 특징이다. 가야연맹체로 전환될 때 중심적인 역할을 한 나라가 김해의 구야국(가락국, 금관가야)이었다.

가야연맹체는 비록 통일왕국을 이루지는 못하였지만 그 힘은 이전에 견주어 커졌다. 백제로서는 가야연맹체가 신라나 고구려에 붙지 않도록 하는 것이 필요하였다. 이에 신라군을 깨뜨려 화호 관계를성립시킨 목라근자는 곧장 가야제국에 대한 작전을 개시하도록 하였다. 이때 군사작전의 대상이 된 나라는 창녕의 비자발국, 김해의 남가라국(가락국), 영산(?)의 탁국, 함안의 안라국, 합천의 다라국, 대구(?)의 탁순국, 고령의 가라국 등 7국이었다. 가야연맹체를 구성한 나라들이 여럿이었지만 특별히 7국을 든 것은 이 7국이 가야연맹체를 구성한 대표적인 국이었기 때문일 것이다.

가야 7국의 기재 순서가 백제군의 작전 순서라고 하면 백제군은 먼저 낙동강 동쪽 기슭에 자리한 창녕의 비자발을 친 후, 낙동강을 따라 남으로 내려가 김해의 남가라를 치고, 다시 탁국을 친 후, 남강을 거슬러 올라가 함안의 안라국과 합천의 다라국을 치고 나서 탁순국으로 돌아왔다가 마지막으로 고령의 가라를 평정한 셈이 된다. 이때의 '평정'은 '멸망시켰다'는 것이 아니고 백제에 저항하지 않도록 하였다는 의미이다. 이후에도 7국이 존재하고 있는 것이 이를 입증한다. 이에 백제는 가야 여러 나라의 독립을 보장하면서 그 대신 부형-자제 관계를 맺었다. 이 관계는 신라와 맺은 형제 관계보다 구속력이 강하였다. 그래서 가야 여러 나라들은 백제의 요청에 따라 군사적으로 백제를 지원하였다. 〈광개토대왕비〉에 400년에 가야 여러 나라들이 왜군과 함께 백제를 도와 신라를 공격한 것이 이를 보여준다.

4. 영산강 유역 신미국 세력의 병합과 북진 추구

1) 신미국 중심 지역연맹체의 독자 노선 추구

세 번째 단계는 영산강 유역 세력에 대한 공격이다. 이 당시 영산강 유역의 상황을 보여주는 것이 《진서》 장화전의 다음의 기사이다.

> 동이마한신미제국 등은 산에 의지하고 바다를 띠로 하고 있었다. 주와의 서로 떨어진 거리는 4천여 리였다. 대대로 아직 부속하지 않은 자가 20여 국이었는데 모두 사신을 보내 조헌하였다.

장화張華(232~300)는 태강 3년(282)에 유주자사가 되었다. 따라서 이 기사는 282년을 전후한 시기의 상황을 보여준다. 신미국新彌國 등 20여 국은 영산강 유역을 중심으로 하여 산과 바다를 의지해 형성된 나라였다. 본 기사에는 신미국만 이름을 알 수 있지만《일본서기》신공기 49년조에 따르면 심미다례忱彌多禮와 비리比利, 벽중碧中, 포미지布彌支, 반고半古 등 4읍四邑이[94] 확인된다.

심미다례는 침미다례枕彌多禮로도 표기되었는데[95] '심忱'은 신미국의 '신新'과 상통하며, '미彌'는 공통이다. 다례는 '다라', '드러'라고도 하는데 성 또는 국을 의미한다. 따라서 '심미다례忱彌多禮: 枕彌多禮'와 '신미국新彌國'은 표기상의 차이일 뿐 동일한 국명이다. 4읍四邑의 '읍邑'은 '현縣'에 대응된다. '현'은 경남 사천의 사물현史勿縣이 본래는 사물국史勿國이었고, 칠포의 칠원현漆原縣이 본래는 칠포국漆浦國이었다는 사실에서 보듯이 본래는 국이었다. 따라서 비리 등 4읍은 4국으로 볼 수 있다. 그렇다면 20여 국 가운데 이름을 알 수 있는 나라는 신미국(심미다례: 침미다례) 등 5국이라 할 수 있다. 이 가운데 중심세력이 신미국이었다.

심미다례(신미국)의 위치에 대해 강진으로 보는 견해, 제주도로 보는 견해, 해남으로 보는 견해, 고흥으로 보는 견해 등 다양하다.[96] 저자는 이전에는 전남 강진으로 보는 견해를[97] 따랐지만 본서에서는 강진과 해남을 포함하지 않았을까 새로이 추정해 둔다. 나머지 4국도 심미다례와 떼어놓을 수 없으므로 영산강 유역권에 위치한 것으로 볼 수 있다.[98] 이 가운데 포미지국은 발라군發羅郡의 다른 표기인 파로미巴老彌와 음운이 상통한다. 일연 스님은《삼국유사》물계자勿稽子조의 보라국保羅國에 대해 "발라發羅일지도 모르는데 지금의 나

주이다疑發羅 今羅州"라는 주를 달았다.[99] 이를 종합하면 포미지국=
파로미=발라=보라가 된다. 발라는 오늘날의 나주이므로[100] 포미지
국=보라국은 나주에 위치한 것으로 볼 수 있다.[101]

영산강유역은 옹관묘가 집중적으로 조영된 지역이다. 이 지역의
옹관묘는 초기철기시대 이래 만들어지기 시작하여 5세기에 와서는
대규모의 전용옹관을 사용하는 것으로 발전하였다.[102] 이러한 옹관
묘 조영 집단을 기반으로 영산강유역의 각 지역에서 비리국, 벽중국,
포미지국, 반고국 등이 성립하였던 것이다. 이 20여 국은 본래는 마
한연맹체에 속한 나라들이었다. 그런데 이 20여 국은 마한연맹체 안
에서 별도의 소연맹체를 구성하였다. 이를 '지역연맹체'라고 한다.
지역연맹체의 형성에는 경제적 교환관계라든가, 외적의 침입에 대한
공동 방어의 필요성 등이 작용하였다.[103] 지역연맹체의 대표적인 사
례로는 209년에 공동으로 가라(김해의 금관가야)를 공격한 남해안의
골포국, 칠포국, 고사포국 등 포상8국을[104] 들 수 있다.

지역연맹체를 형성한 이후 신미국 등의 움직임에서 주목되는 것
이 282년에 독자적으로 서진에 사신을 파견한 사실이다. 그 배경에
는 마한연맹체 내부의 상황 변화가 작용한 것 같다. 상황 변화는 바
로 마한연맹체의 맹주국 교체였다. 이 시기 마한연맹체의 맹주국은
직산·천안을 기반으로 한 목지국이었다. 그런데 245년 부종사 오림
吳林이 진한 12국 가운데 8국을 분리하여 그 관할을 대방군에서 낙랑
군으로 이속移屬시키는 조치를 취한 것이 발단이 되어 마한과 중국
군현 사이에 전쟁이 일어났다.[105] 이 전쟁을 주도한 세력에 대해 신
분고국으로 보는 견해,[106] 백제국으로 보는 견해[107] 등이 있지만 중
국 군현과 대결할만한 대규모의 군사동원은 맹주국만이 할 수 있다

는 점을 고려하면 맹주국인 목지국으로 보는 것이 타당하다.

목지국이 중심이 된 마한연맹체의 군사는 대방군의 기리영崎離營(황해도 기린군)을 공격하여 대방태수 궁준弓遵을 전사시키는 승리를 거두기도 하였다. 그렇지만 마침내 패배하고 말았다. 이 패배로 이 전쟁을 주도하였던 목지국의 위상이 크게 약화되었다. 이 틈을 타서 백제국이 목지국을 멸망시키고 새로이 맹주국이 되었다.[108]

그러나 목지국의 멸망은 마한을 구성한 세력들에게 큰 충격을 주었다. 일부 세력들은 새로이 맹주국이 된 백제국에 반발하였다. 목지국의 옛 장수[舊將] 주근周勤이 반란을 일으킨 것과[109] 마한 장군 맹소孟召가 자신의 근거지인 복암성覆巖城을 들어 신라에 항복한 것이[110] 그 예이다. 백제는 주근의 반란을 진압한 후 주근의 처자마저 죽여 버렸지만 이들의 행동은 백제로부터 이탈한 것이다. 이러한 일련의 움직임과 연동되어 나온 것이 신미국 중심의 지역연맹체가 스스로를 '마한'이라 일컬으면서 서진에 처음으로 사신을 보낸 것이다. 마한을 일컬은 것은 멸망한 마한연맹체의 맹주국인 목지국의 정통성을 이어받았음을, 오랫동안 서진에 사신을 보내지 않다가[歷世未附] 이때 처음으로 사신을 보낸 것은 독자적인 외교 노선을 펼친 것을 보여준다. 이 또한 백제국 중심의 연맹체에서의 이탈인 것이다.

2) 신미국 세력의 병합

신미국 등이 백제 중심의 연맹체에서 이탈하여 독자적인 길을 걷는 것은 백제국으로서는 결코 바람직한 것은 아니었다. 그래서 백제는 신미국(심미다례) 등을 폄하하여 '남만南蠻'으로 불렀다. 남만이란 표현은 중국의 사이관四夷觀을 차용한 것으로서 백제가 주변 세력들을 이적시하는 천하관을 보여주는 것이다. 이에 대해서는 뒤에 다시 말할 것이다. 이리하여 이제 신미국 등은 백제에게는 공존의 대상이 아니라 정복의 대상이 되었다.

심미다례 세력을 공격하기로 한 근초고왕은 장군 목라근자로 하여금 심미다례로 진격하도록 하고 자신은 태자 근구수와 함께 친히 군대를 거느리고 가기로 하였다. 왕이 친정에 나섰다는 것은 심미다례 정복을 그만큼 중요하게 여겼음을 보여준다. 목라근자가 거느린 백제군은 고령에서 서쪽으로 돌아 섬진강 유역을 타고 내려가 다시 서쪽으로 진군 방향을 돌려 마침내 고해진古奚津(전남 강진)에 이르렀다. 그 진군로는 고령→거창→함양→남원에 이르고, 남원에서 섬진강을 타고 내려가 구례→하동에 이르고, 하동에서 다시 서쪽으로 광양→순천→벌교→보성→장흥→강진에 이르는 길로 추정된다. 근초고왕의 친정군은 왕도 한성에서 출발하여 수원→오산→안성→천안→차령→공주→논산→익산→김제→정읍→노령→장성→나주로 가는 노령로蘆嶺路를[111] 따라 영산강 유역으로 진군한 것 같다. 이는 근초고왕이 회군할 때 정읍 고부의 고사산과 김제의 벽지산에 들른 것에서 방증이 된다.

고해진에 먼저 도착한 목라근자는 전열을 가다듬은 뒤 곧바로 심미다례를 공격하였다. 백제군은 마침내 침미다례를 도륙屠戮하였다. '도륙屠戮'이란 표현은 백제군의 진압이 매우 강하였음을 보여준다. 이때 근초고왕이 친히 거느린 백제의 중앙군이 도착하였다. 이에 비리, 벽중, 포미지, 반고 등 4국은 더 이상 저항할 기운을 잃고 스스로 항복하였다. 이로써 백제의 영산강 유역 평정 사업은 일단락되었다.

이를 뒷받침해 주는 것이《양서》백제전에 마한 54국 가운데 하나였던 백제가 "점차 강대하여 여러 소국을 병합하였다"는 기사이다.[112] 여러 소국은 마한을 구성한 나라들을 말한다. 이 기사 다음에는 "이후 고구려의 공격을 받아 격파되어 남한의 땅으로 천도하여 여러 해 쇠약하였지만 무령왕 대에 와서 여러 차례 고구려를 격파함으로써 다시 강국이 되었다"는 내용이 나온다.[113] '고구려에 격파되었다'는 것은 475년 고구려의 한성 함락을, '남한지南韓地로의 천거'는 웅진천도를, '여러 해 쇠약하였다'는 것은 웅진천도 초기의 정치적 혼란상을 말한다. 그리고 무령왕 대에 '다시 강국이 되었다'는 것은 백제가 고구려에 한성을 함락당하기 전에는 '강국'이었음을 보여준다.[114] 그렇다면 한성 함락 이전 백제가 강국이었음을 보여주는 것이 바로 마한의 여러 소국의 병합이라 할 수 있다.

그 시기는 한성이 고구려에 함락된 475년 이전이다. 이를 보다 구체적으로 보여주는 것이 《통전》 변한조의 "진 무제 함령(275~279) 연간에 삼한은 백제와 신라에 병탄되었다"는[115] 기사, 백제조의 "진나라 이후 백제가 마한의 고지를 점령하였다"는[116] 기사 그리고 《양서》 백제전의 "조위 대까지는 마한, 진한이라는 이름으로 중국과 교섭이 행해졌지만 동진 대[晉過江]에는 백제라는 이름으로 교섭하였다"는[117] 기사이다. 이 세 자료에 따르면 동진(317~419) 말에는 마한은 소멸되었다. 동진이 멸망한 시기는 419년이지만 동진 말은 그 이전인 4세기 후반으로 올라감으로 369년과 시간적으로 연결된다. 따라서 근초고왕의 영산강유역 마한세력의 병합 시기는 4세기 후반, 구체적으로는 369년으로 볼 수 있다.

그런데 영산강 유역에는 6세기 전반까지 전용 옹관을 사용하는 세력들이 존재하고 있었다. 나주 신촌리 9호분과 복암리 3호분이 이를 잘 보여준다. 신촌리 9호분 을관에서는 금동관과 장식대도 등 위신품이 나왔다. 복암리 3호분 96호 석실에서는 금동신발과 더불어 석실 안에 옹관이 4기 들어 있었다. 이러한 고고학적 상황을 강조하여 영산강유역 세력은 마한을 칭하면서 6세기 전반까지 존재하였고 이들이 남긴 옹관묘 문화를 마한문화로 보는 견해가 있다.[118] 그러나 이러한 견해는 다음과 같은 이유로 성립할 수 없다고 본다.

첫째, 마한은 여러 국으로 이루어진 연맹체의 이름이지 고구려, 백제, 신라와 같은 통일왕국의 이름이 아니다. 연맹체의 이름을 통일왕국의 국명으로 부를 수 없다. 이는 가야연맹체를 구성한 고령의 대가야국, 고성의 고자국(소가야), 함안의 안라국(아라가야), 김해의 가락국(금관가야)을 모두 합쳐 가야왕국으로 부를 수 없다는 것과 맥락을 같이 한다. 둘째, 마한연맹체는 4세기 후반에 이미 소멸되었다. 소멸된 연맹체의 이름을 6세기의 통일왕국의 국명처럼 사용하는 것 자체가 잘못이다. 셋째, 414년에 세워진 〈광개토대왕비〉에 고구려, 백제, 신라, 임나가라, 왜 등 당시 만주와 한반도 및 일본열도에 있었던 국명은 모두 보이지만 심미다례의 이름은 나오지 않는다. 이름이 나오지 않는 것은 영산강 유역에 성립한 국들이 이미 백제에 편입되었기 때문이다.

이렇게 보면 옹관고분의 조영은 영산강 유역이 백제의 영역으로 편입된 이후 이 지역 세력들의 존재 양태와 연관하여 정리해야 할 문제이지 6세기 전반까지 영산강 유역에 독자적인 정치세력이 존재한 것을 보증해 주는 것은 아니다. 즉 문화적 특징은 문화적 특징으로 이해해야 한다. 이러한 관점에서 보면 4세기 후반에 들어와 이 지역은 이미 백제의 영역이 되었으므로 이후 이 지역의 문화는 마한

문화의 전통을 이었지만 백제문화로 보는 것이 타당하다. 그러면 이 지역의 문화는 이른바 '백제 속의 마한문화' 또는 '백제 속의 마한계 馬韓系 문화'로 부를 수 있겠다.[119] 이는 고구려가 313년에 낙랑군을, 314년에 대방군을 멸망시킨 후 이 지역에 남겨진 중국식의 전축분과 그 문화가 고구려 중앙의 문화와는 구별되지만 넓게는 '고구려 속의 낙랑·대방계 문화'라는 사실에 의해 방증이 되리라 본다.

　남방 경략을 단행한 근초고왕은 신라와 형제 관계를 맺어 자기편으로 끌어들였다. 가야의 여러 나라들과는 부형-자제 관계를 맺어 영향권 안에 두었다. 그리고 영산강유역의 신미국 세력들을 정복하여 영역으로 편입하였다. 이렇게 백제는 남방 경략을 통해 남방의 안전을 확보하였을 뿐만 아니라 영산강 유역까지 영역을 확장하여 인적, 물적 기반을 확대하였다. 이에 근초고왕은 본격적으로 북진을 추구하였다. 이리하여 고구려의 남진과의 충돌은 피할 수 없게 되었다. 이 충돌의 절정이 평양성 전투였다.

Ⅲ. 평양성 전투

1. 치양 전투: 1차 전초전

1) 치양의 위치

　국경을 접한 백제 근초고왕이 국력을 키워 북진을 추진한 것은 고구려로서는 위협이었다. 남진을 추구하고 있던 고국원왕은 남방

전선을 안정시키기 위해 39년(369)에 친히 백제를 공격하기로 하였다. 선제공격에 나선 것이다. 전연으로부터 왕모를 돌려받고 서진을 포기한 지 14년 만이다. 이 기간에 고국원왕은 내부의 안정을 다지면서 군사력을 강화하여 남진을 위한 준비를 하였을 것이다. 이때 고국원왕의 나이는 60대 후반으로 추정되고 있다.[120] 동원된 군대는 보병과 기병을 합하여 2만이었다. 보기 합동 작전을 펼치기로 한 것이다. 2만의 대군이 출동한 곳은 부도副都로 경영하고 있던 평양성일 가능성이 크다. 부도 평양성에 대해서는 뒤에 다시 말할 것이다.

평양성을 출발한 고구려군은 마침내 치양雉壤에 도착하였다. 치양의 다른 이름이 반걸양半乞壤이다.[121] '반걸半乞'은 '밝을'로, '양壤'은 '내'로 읽을 수 있으므로 '반걸양半乞壤'은 '밝은 내'가 된다. 치양=반걸양을 '밝은 내'로 읽었을 때 주목되는 곳이 배천白川이다. 배천의 '백白'은 '밝은'으로, '천川'은 '내'로 읽을 수 있어 반걸양(밝은 내)과 음운이 상통한다.[122] 배천은 고려시대에는 백주白州, 신라 경덕왕대는 구택현雊澤縣, 고구려 시대에는 도랍현刀臘縣이라 하였다.[123] 도랍현의 다른 이름이 치악성이었다.[124] 치악성의 '악嶽'은 '산'을, 치양의 '양壤'은 '벌판'을 의미한다. 같은 곳이지만 치악은 산을 중심으로, 치양은 치악산 일대의 평야지대를 중심으로 붙여진 이름이다. 이를 종합하면 치양(반걸양)은 치악성으로서 오늘날의 황해도 배천으로 비정할 수 있다.[125]

이와는 달리 배천白川은 조선 태종이 13년(1413)에 도호부 이하 주의 명칭[州號]을 산山이나 천川으로 개정함에 따라 기존의 백주白州를 개정한 것이어서 고지명古地名이 아니므로 반걸양=배천이 될 수 없다는 견해도 있다. 이 견해에서는 백제군에 패배한 고구려군이 수곡성(황해도 신계)으로 후퇴한 것에 주목하여 백제가 신계로 가기 위해 택한 지름길은 우봉을 거치지 않고 장단長湍에서 토산兎山으로 가는 경로로 보고 치양을 토산에 비정하였다.[126] 그러나 지명 비정에는 교통로도 중요하지만 일차적으로 음상사가 중요하다. 《삼국사기》 지리지에 따르면 토산의 고구려 당시의 명칭은 '오사함달현烏斯含達縣'이었고 신라 경덕왕이 토산군兎山郡으로 바꾸었으며 고려 때도 토산군이었다.[127] 오사함달과 치악성 또는 치양과는 음운이 연결되지 않는다. 이런 각도에서 저자는 치양성을 황해도 배천으로 보는 견해가 타당하다고 본다.

고구려는 치양을 공격하기 전에 대방군 고지를 지배하기 위해 신원에 장수산성을 축조하고 남진의 거점성으로 삼았다. 이 시기 백제와 고구려의 접경 지역이 치양이었다. 백제는 고구려의 압박에 대응해 당연히 치양에 방어체계를 구축하였을 것이다. 관방 시설 없이 2만의 고구려군을 대적하는 것은 불가능하기 때문이다. 이 지역에 설치한 백제의 관방 시설은 두 가지로 생각해 볼 수 있다. 하나는 백제가 치악산성에 먼저 관방시설을 만들었고 이후 고구려가 이 지역을 차지하여 치악산성을 축조한 것으로 보는 것이다. 다른 하나는 치악산성과는 별도의 곳에 백제가 관방 시설을 만든 것으로 보는 것이다. 어느 것이 타당한지 단정하기 어려우나 전자일 가능성이 크지 않을까 한다.

치악산성은 배천산성 또는 백천산성 등으로 불리는데 배천군 배천읍의 치악산에 위치한다. 이 산성은 수로를 이용해 서쪽과 남쪽으로 나아갈 수 있는 교통의 요지였다. 조사 결과 이 산성은 둘레 약 3.6km의 고로봉식 산성이다. 성문 3개와 치[角臺] 11개 그리고 장대

將臺, 수구 등이 확인되었다. 남문과 서문 사이에서 각각 3기의 건물지가, 서문과 북문 사이에서 1기의 건물지가 조사되었다. 장대, 건물지, 문루와 성벽 단면에서 고구려의 적색 기와편과 청회색 기와편이 확인되었다.[128] 북한학계에서는 이 치악산성을 신원의 장수산성과 비슷한 시기인 4세기 초~중엽에 축조된 것으로 이해하고 있다.[129] 그러나 아직까지 이 산성에서는 백제시기의 유적은 확인되지 않았다. 앞으로 이 지역의 산성에 대한 조사와 발굴이 이루어져 백제 시기의 관방 시설이 찾아지기를 기대해 본다.

2) 백제군의 대승과 수곡성 확보

평양에서 출발하였을 2만의 고구려 대군이 치양으로 오는 진군로는 당시의 교통로와 연계하여 살펴보아야 한다. 이 시기의 교통로는 세 가지로 생각해 볼 수 있다.[130] 첫째, 평양→황주→서흥→평산→금천→개성→장단→파주(적성)→양주→서울에 이르는 자비령로이다. 자비령로는 고려와 조선시대에 개성이나 서울에서 평양으로 가는 대표적인 간선도로였고 가장 빠른 육로였다. 둘째, 평양→대동→연산→수안→신계→토산→삭령→연천→양주→서울에 이르는 방원령로이다. 이 방원령로는 산악지대를 관통하면서 우회하는 길이지만 임진강 유역과 대동강 유역을 직접 연결하는 지름길이다. 그래서 후일 신라 김유신은 662년 1월 23일 평양에 있는 당나라 소정방 군에게 군량을 전달할 때 칠중하七重河(임진강)를 건너 이 길을 이용하였다.[131] 셋째, 재령→신원→해주→개성→파주→서울에 이르는 재령로이다. 재령에서 평양으로 가는 길은 재령→봉산→황주→중화→평양이 된다.

고구려군이 치양으로 온 길이 어디인지는 분명히 하기 어렵지만 이와 관련하여 주목되는 것이 신원의 장수산성이다. 앞에서 언급한 것처럼 장수산성은 황해도 지역의 대규모 산성으로서 고구려의 남방 경략의 제2의 거점성이었다. 고국원왕이 최초로 남정을 단행할 때 장수산성도 이용하였을 가능성은 배제할 수 없다. 그러면 평양에서 출발하였을 고국원왕이 거느린 군대는 중화→황주→사리원→재령을 거쳐 일단 신원에 이르러 군사를 점검한 뒤 다시 치양(배천)으로 진군하지 않았을까 한다. 이 길이 바로 재령로로서 치양에 이르는 최단거리 길이기도 하다.

재령로를 통해 진군한 고국원왕이 거느린 보기 2만의 군대는 치양(황해도 배천)에 이르러 진을 쳤다. 그리고 군대를 나누어 민호를 침탈하였다.[132] 민호 침탈은 단순한 약탈이나 노략질을 말하는 것이 아니라 치양 주변의 지역들을 공격하여 함락시키는 것으로 보아야 할 것이다. 급보를 받은 근초고왕은 곧장 태자 근구수를 총사령관으로 임명하고 출진하게 하였다. 고구려군이 보기 2만이었다는 사실에서 미루어 백제군의 규모도 상당하였을 것이다. 이 백제군도 역시 보병과 기병으로 이루어졌을 것이다. 이리하여 양군은 치양에서 맞붙게 되었다. 건국 이후 양국이 직접적인 무력 충돌을 한 것은 이 치양 전투가 최초이다.

치양 전투는 최소한 두 차례 전개되었다. 첫 전투는 근구수가 거느린 백제군이 고구려군을 급습한 것이다. 서울에서 배천으로 가는 길은 서울→고양→파주→개성→배천(치양)이었다. 이 길 어디에 지름길이 있었을 것이다. 지름길은 대개는 험하여 고생스럽지만 빨리 갈 수 있는 이점이 있었다. 지름길로 간 백제군은 고구려군을 '급격急擊'하여 일단 승리를 거두었다. 고구려군의 의표를 찌른 것이다. 이리하여 백제군은 초반전에서 주도권을 잡았다.

　두 번째 전투는 양군의 본진끼리 붙은 본격적인 대결이었다. 전투의 구체적인 대결 과정은 근구수왕 즉위년조에서 살펴볼 수 있다. 근구수의 작전 전개에는 사기斯紀의 진언이 중요하게 작용하였다. 사기는 본래 백제인으로서 국마國馬를 관리하는 책임을 맡고 있었지만 잘못하여 국마의 발굽을 다치게 하였다. 죄를 받을까 봐 두려워 사기는 고구려로 도망갔다. 고구려는 그를 버리지 않고 등용하였다. 그래서 그는 이번 백제 공격에 종군할 수 있었다. 그러나 사기는 고구려군의 군사 정보를 많이 알아낸 뒤 몰래 고구려 진영을 빠져나와 백제 진영으로 왔다. 그리고 근구수에게 다음과 같이 진언하였다.

> 고구려의 군사가 비록 많기는 하나 모두 숫자만을 채운 허위의 군사[疑兵]일 뿐입니다. 날래고 용감한 자들은 오직 붉은 깃발의 부대뿐입니다. 만일 먼저 이를 깨뜨리면 그 나머지는 치지 않아도 저절로 무너질 것입니다.133

　이 시기 2만의 고구려군은 그 수로 미루어 볼 때 중앙군으로만 편성할 수 없었다. 당연히 지방군도 편성되어 있었다고 보아야 한다. 사기는 붉은 깃발을 단 부대는 효용한 부대이고 나머지는 '의병疑兵' 즉 제대로 훈련되지 않은 부대라고 하였다. 효용한 부대는 중앙군이고, 나머지 부대는 지방군이었을 것이다. 사기는 이 지방군을 '의병疑兵'으로 표현하였다. 그렇다고 '의병'을 지나치게 강조하여 고구려군이 훈련도 제대로 받지 않은 군대로 이해하는 것은 타당하지 않다. 의병은 정예군이 아니라는 의미일 뿐이다. 이는 342년 모용황의 공격을 막을 때 고국원왕이 정예군[精兵]은 고무로 하여금 거느리게 하고, 자신은 약한 군졸[羸兵]을 거느렸다는 사실에서 방증이 되리라 본다.

사기의 말을 통해 고구려군의 실상을 파악한 근구수는 적기 부대를 집중적으로 공격하였다. 이 집중 공격은 성공이었다. 정예부대인 적기 부대가 깨어지자 고구려군의 사기는 크게 떨어졌고 마침내 대패하였다. 백제군의 대승은 고구려군에 대한 정확한 정보를 가지고 있었기 때문에 가능하였다. 여기에는 사람을 볼 줄 아는 근구수의 안목도 한 몫을 하였다. 죄를 지어 타국으로 도망갔다가 돌아온 자는 이중 첩자의 노릇을 할 수도 있어 그가 말하는 정보는 섣불리 믿기 어렵다. 그런데 근구수는 사기의 말을 믿었다. 이 사람이 이중 첩자가 아니라는 것을 꿰뚫어 본 것이다. 그래서 근구수는 그가 제공한 군사 정보를 최대한 활용하여 대승을 거둘 수 있었던 것이다.

패배한 고구려군은 퇴각할 수밖에 없었다. 퇴각의 방향은 수곡성 (황해도 신계) 쪽이었다. 이 퇴각로는 진군로와는 다른 길이었다. 아마도 백제군에 의해 원래의 길이 차단되었기 때문에 수곡성 방면으로 방향을 잡지 않았을까 한다. 백제군은 달아나는 고구려군을 추격하여 마침내 수곡성의 서북까지에 이르렀다. 상당히 깊숙이 고구려 영내로 들어온 것이다. 근구수가 더 진격하려 하자 장군 막고해莫古解가 간하여 말하였다.

일찍이 도가道家의 말을 들으니 '만족할 줄 알면 욕되지 않고 그칠 줄 알면 위태롭지 않다[知足不辱 知止不殆]'고 하였습니다. 지금 얻은 바도 많은데 어찌 기필코 많은 것을 구합니까?[134]

막고해가 말한 이 말은《도덕경》44장에 나온다. 막고해가《도덕경》을 인용해 건의하였다는 것은 이 시기 백제에 노자 사상이 퍼져 있었다는 것을, 근구수가 막고해의 간언을 받아들인 것은 근구수도 도가사상에 대해 일정하게 이해하고 있었음을 보여준다. 막고해의 말을 옳게 여긴 근구수는 추격하기를 중지하였다. 더 추격하였다가 퇴로를 차단당하면 더 큰 위험에 빠질 수 있기 때문이다. 이리하여 고구려군은 위험을 벗어났다.

고구려군을 더 이상 추격하지 않기로 한 태자 근구수는 돌을 쌓아 표지標識를 만들었다. 이 표석은 기념석이면서 국경선의 표시일 수도 있다. 표지 모양이 어떠하며, 세운 위치는 어디이며, 표지에 글자를 새겼는지는 자료가 없어 알 수 없다. 태자는 이 표지 위에 말을 타고 올라갔다. 그리고 좌우를 돌아다보며 다음과 같이 말하였다.

지금 이후에 누가 다시 여기에 이를 수 있을까?135

이 말은 이후 다시 이곳까지 올 가능성이 거의 없다는 뜻이다. 그만큼 백제는 고구려 영내로 깊숙이 쳐들어 갔던 것이다.《삼국사기》에는 "그곳에는 말발굽처럼 틈이 생긴 바위가 있는 데 사람들이 지금[고려]까지도 '태자의 말발자국[太子馬跡]'이라고 불렀다"고 하였다.136 이 설화는 바위에 말발굽 같은 모양이 있어서 후대에 이를 태자 근구수와 연계시킴으로써 만들어진 것 같다. 그만큼 근구수가 이곳까지 진격해 온 것은 획기적인 일이었다. 앞으로 이 지역에 대한 현장 조사에서 이러한 흔적이 찾아지기를 기대해 본다.

치양 전투에서 백제군은 5천여 명의 고구려군 머리를 베거나 포로로 사로잡았다.137 이 숫자를 그대로 받아들이면 고구려로서는 군대의 약 1/4을 잃은 셈이 된다. 이리하여 남북 대결의 제1차전은 백제의 승리로 끝났다. 근초고왕은 승리한 백제군을 환영하였다. 그리고 군대의 사기를 높이기 위해 두 가지 큰 조치를 내렸다.

하나는 포로로 잡은 고구려군을 장사將士, 즉 장수와 사병들에게 나누어 준 것이다. 전리품의 하사인 것이다. 포로를 하사받은 장사들은 이들을 노비로 삼았을 것이다. 신라의 천산 현령이었다가 백제에 포로로 잡힌 조미갑租未聞이 좌평 임자任子의 가노家奴가 된 것이[138] 그 예가 된다. 이외에 관등을 올려주거나 쌀 등 물품도 하사하였을 것이다. 비록 신라의 경우이지만 문무왕이 668년 고구려 평양성을 함락하는데 공을 세운 장사들에게 관등을 올려주거나 조租를 내려준 것이[139] 방증 사례가 될 것이다.

다른 하나는 369년 11월 한수 남쪽에서 대대적인 열병식을 연 것이다. 승리의 열병식인 것이다. 이때 열병식에 참여한 군부대들은 모두 황기黃旗를 사용하였다.[140] 황색은 오행에서 중앙을 의미한다. 중앙은 백제 왕도와 백제왕을 상징한다. 따라서 모든 군대의 깃발을 황기로 한 것은 이제 백제군은 국왕의 군대요, 백제는 천하의 중심임을 내외에 선포한 것이라 할 수 있다.

이처럼 치양 전투의 승리는 백제에 자신감을 불어넣어 주었고 승리의 기쁨을 맛보게 하였다. 이와 달리 고국원왕은 최초의 친정에서 굴욕적인 패배를 당하여 패잔병을 이끌고 철군하여야 하였다. 그래서 고국원왕은 이를 되갚기 위해 절치부심하였을 것이다.

2. 패하 전투: 2차 전초전

369년 치양 전투에서 대패한 고국원왕은 371년 다시 군대를 일으켜 백제를 공격해 왔다.[141] 이것이 패하浿河 전투이다. 이 공격은 앞서 있었던 치양 전투에서의 패배를 설욕하기 위함으로 보인다. 이 공격이 일어난 월일에 대해 아무런 기록이 없다. 그러나 이 공격에 뒤이어 겨울 10월에 근초고왕이 고구려 평양성을 공격하였다. 이에 대해서는 뒤에 다시 말할 것이다. 이로 미루어 이 공격은 371년 10월 이전에 일어났음을 알 수 있다.

패하는 패수浿水, 패강浿江으로도 표기되는데 시대에 따라 가리키는 강이 달랐다. 고조선시기에는 압록강을, 고구려 시기에는 청천강을 가리키기도 하고 대동강을 가리키기도 하였다. 그러나 이 기사에 나오는 패하는 백제와 고구려가 전투를 벌인 접경 지역에 위치하였으므로 대동강으로 볼 수 없다. 구체적인 위치를 추론하고자 할 때 주목되는 것이 《고려사》 지리지 평주조에 '저탄 일운 패강猪灘一云浿江'이라는 기사이다.[142] 《신증동국여지승람》 평산도호부조에도 《고려사》 지리지의 기사를 그대로 인용하면서 '저탄은 수안군 은진산에서 발원하여 신계현을 거쳐 부의 북쪽에 이르러 기탄岐灘이 되고, 부의 동쪽에 이르러 전탄箭灘이 되고, 저탄에 와서 그 흐름이 비로소 크게 되어 강음현으로 흘러간다'고 하였다.[143] 저탄은 오늘날 예성강이다. 저탄의 다른 이름이 패강=패하이다. 따라서 패하는 예성강이 된다.[144] 이 예성강이 《삼국사기》 백제본기에 시조 온조왕이 마한과 더불어 강역을 획정하였다는 기사[145]에 나오는 '북지패하北至浿河'의 패하이고, 본 기사의 패하이다.[146]

패하=예성강은 황해도 수안군 언진산에서 발원하여 배천군과 개성시 개풍군 사이에서 황해로 흘러드는 강이다. 길이는 187.4km이다. 전투가 일어난 곳을 보여주는 자료는 없지만 이와 관련하여 주목되는 것이 《신증동국여지승람》 평산도호부平山都護府 조에 '저탄은 부의 동쪽 25리에 있다[猪灘在府東二十五里]'고 한 기사이다. 저탄의 위치를 평산과 관련하여 언급한 것은 평산이 예성강을 대표하는 곳임을 말해 준다. 그렇다면 '패하 가에서 싸웠다'는 것은 '평산에서 싸웠다'고 볼 수 있지 않을까 한다.

평산은 본래 고구려의 대곡군大谷郡이었는데 다지홀多知忽이라고도 하였다. 신라 경덕왕 대에 와서 영풍군永豐郡으로 고쳤다. 고려 초에는 평주平州로 고쳤다.[147] 평산은 동쪽으로 금천군金川郡, 남쪽으로는 연백군延白郡, 북쪽으로는 봉산군鳳山郡·서흥군瑞興郡·신계군新溪郡과 접하고 있었다. 신라 경덕왕은 7년(748)에 평산에 대곡성大谷城을 쌓았고, 선덕왕宣德王은 3년(782)에 패강진浿江鎭을 설치하여 예성강 이북의 땅을 통치하였다. 헌덕왕은 18년(826)에 300리에 달하는 패강장성浿江長城을 축조하였다.[148] 이처럼 평산은 군사적 요충지였다. 여기에 더하여 평산은 백제가 새로이 차지한 수곡성(신계)으로 가는 길목에 있었다. 그래서 고구려는 평산을 공격하였던 것 같다. 평양에서 평산으로 오는 길은 자비령로이므로 이번의 평산 공격은 자비령로를 통해 이루어지지 않았을까 한다.

고국원왕은 이번 패하의 공격에 장수를 대신 보냈다. 이 점이 왕이 친정한 치양 전투와의 차이이다. 고구려가 공격해 오자 근초고왕은 군대를 보내 막도록 하였다. 그러나 장수가 누구이며, 군대의 규모가 얼마인지는 자료가 없어 알 수 없다. 이번 전투에서 백제군의 작전은 이전과는 달랐다. 고구려군이 쳐들어온다는 것을 알고 미리 패하 가에 군대를 매복시키고 기다렸던 것이다. 백제군은 고구려군이 미처 진을 치기도 전에 급히 공격하였다. 고구려군은 견디지 못하고 패배하였다. 백제군의 승리였다.

3. 평양성 전투와 고국원왕의 전사

1) 평양성의 위치와 백제군의 진군로

369년 치양 전투의 승리에 이어 371년 패하 전투에서도 백제는 승리를 거두었다. 이로써 백제군의 사기는 하늘을 찌를 듯하였을 것이다. 이에 근초고왕은 내친김에 371년 겨울 10월에 친히 태자와 함께 고구려 평양성 공격에 나섰다.[149] 여기에서 먼저 정리해 두어야 할 것은 근초고왕이 이때 공격한 성이 어디이냐이다. 《삼국사기》 고구려본기와 백제본기에는 근초고왕이 평양성을 공격한 것으로 나오지만 《삼국사기》 지리지와 《삼국유사》에 각각 인용된 《고전기》 그리고 《세종실록》 지리지에는 근초고왕이 '고구려의 남평양을 공취한 것'으로 나오기 때문이다.[150] 따라서 평양과 남평양의 실체와 위치를 분명히 해 두는 것이 필요하다.

《삼국사기》 지리지 한주조에 따르면 고구려 북한산군北漢山郡의 다른 이름이 평양이었다. 신라 진흥왕은 이 지역을 차지한 후 북한산주로 하였고, 경덕왕이 한양군漢陽郡으로 고쳤고, 고려시대에는 양주楊州라 하였다.[151] 이를 종합하면 고구려 북한산군(평양)=신라 북한산주=신라 한양군=고려 양주가 된다. 그 위치를 추정하는데 단서가 되는 것이 고려 태조가 지은 장의사재문莊義寺齋文에 '고구려 옛 땅에 평양이라는 명산이 있다'는 구절이다. 이 구절은 《삼국사기》 찬자인 김부식이 신라 헌덕왕 17년(825)에 김헌창金憲昌의 아들 김범문金梵

文이 반란을 일으킨 뒤 평양에 도읍하고자 북한산주를 공격한 것에 대해 '평양은 지금의 양주다'라고 하면서 그 근거로 인용한 것이다.152 이를 따르면 장의사가 있었던 곳이 평양, 곧 양주가 된다.

'남평양'이란 '평양 남쪽에 있는 평양'이라는 의미의 지명이다. 기준이 되는 평양은 오늘날의 '평양' 지역이다. '평양 남쪽의 평양'은 고구려 장수왕이 475년에 백제를 공격하여 개로왕을 죽이고 왕도 한성을 함락한 후 점령한 오늘날 서울 지역을 말한다. 이는 551년에 백제가 신라 및 가야군과 연합하여 고구려를 쳐서 한성을 차지한 후 다시 '평양'을 차지하였다는 사실에서 확인된다.153 이 시기 한성은 오늘날 서울 송파구 일대이고 '평양'은 《삼국유사》에 "남평양은 북한성"이라고 하면서 '양주楊州'라고 세주를 단 것에서154 보듯이 오늘날 서울시 종로구 일대이다.

이후 고구려 수도 평양성과 혼동되는 것을 피하기 위해 서울 종로구 일대는 '수도 평양성 남쪽에 있는 평양'이라는 의미에서 '남평양'으로 불리게 되었다. 그 시기는 남평양이 《고전기》에만 나오는 것에서 미루어 볼 때 고려에 들어와서였을 가능성이 크다.155

남평양(평양)으로 불린 종로구 일대는 475년 이전까지는 백제의 영역이었다. 이는 369년에서 371년 사이에 백제와 고구려가 공방을 벌인 곳이 예성강 유역권인 황해도의 배천, 평산, 신계지역이었다는 사실과 대동강 하류인 황주 토성리에서 4세기 중엽에서 후반으로 편년되는 백제계 토기가 수습된 사실에 의해 입증된다. 황주 토성리 출토 백제 토기에 대해서는 뒤에 다시 말할 것이다. 따라서 《삼국사기》와 《삼국유사》에 인용된 《고전기》에 근초고왕이 371년에 공격하여 빼앗은 곳을 '고구려의 남평양'이라 한 것은 잘못이다. 이 남평양은 오늘날의 평양으로 고쳐 보는 것이 옳다.

평양성 공격은 백제가 고구려를 먼저 공격한 최초의 사례이다. 또 이제까지 고구려와 싸운 곳 가운데 가장 북쪽이고 또 가장 먼 거리였다. 근초고왕이 이 공격을 단행한 데에는 치양성 전투와 패하 전투에서의 승리가 크게 작용한 것으로 보인다. 평양성 공격에는 태자도 함께 하였다. 369년 영산강 유역의 심미다례 세력을 공격할 때 함께 출동한 이후 두 번째의 공동 출동이다. 이는 근초고왕이 평양성 공격을 그만큼 중요하게 여겼음을 보여준다.

근초고왕이 직접 거느린 백제군의 진군로進軍路를 보여주는 자료는 없지만 이를 추론하는데 단서가 되는 것이 황해도 황주에서 출토된 30점의 토기 편이다. 백제 토기 편이 28점이고, 고구려 토기 편는 동체부 편 2점이다. 백제 토기가 압도적이다. 토기의 종류는 고배류, 뚜껑류, 시루류, 반류, 장란형토기, 호류 등이다. 이 가운데 완형을 알 수 있는 고배 1점은 회청색 경질로 구연이 높고 굽다리가 높은 유개각진어깨 고배류이다. 이 토기는 전형적인 백제토기 고배의 형태로서 연대는 4세기 중엽에서 후반으로 추정되고 있다.[156] 이 토기는 황주가 백제의 영역이 되었음을 보여준다. 황주는 백제가 자비령로를 통해 평양으로 가고자 할 때 꼭 통과해야 하는 거점지역이었다. 그렇다면 근초고왕은 자비령로를 택하여 평양성을 공격하지 않았을까 한다.[157]

2 전투의 전개 과정과 고국원왕의 전사

근초고왕의 평양성 공격은 고구려의 패하 공격을 물리친 직후였다.

그렇다면 고구려군이 패하를 공격하였을 때 고국원왕은 평양성에 주둔하고 있었던 것으로 보인다. 이를 추론하는데 단서가 되는 것이 개로왕이 북위에 보낸 국서이다. 여기에는 "고구려왕 쇠釗(고국원왕)가 이웃 나라와의 우호 관계를 가벼이 폐기하고 친히 군대를 거느리고 와서 신의 땅을 침략하였다"고 한 기사와 "수須(근구수왕)가 고국원왕의 목을 효참梟斬하였다"는158 기사이다. '신의 땅을 침략하였다'는 기사는 371년 패하 전투에 대응되고, '효참하였다'는 기사는 그 뒤에 일어난 평양성 전투에 대응된다. '친히 군대를 거느리고 왔다'는 것은 371년 10월 이전 고구려군이 패하를 공격할 때 고국원왕이 평양성에 머물고 있으면서 장수를 보내 패하를 공격하도록 한 것을 말한다. 근초고왕은 이를 알고 패하 전투에서 승리하자 곧바로 평양성 공격에 나섰던 것이다. 이리하여 두 맞수는 왕도를 떠나 전장戰場에서 최초로 대결을 벌이게 되었다. 역사적 사건이 벌어지게 된 것이다.

근초고왕과 태자 근구수가 거느린 군대는 정예 군사 3만이었다. 앞에서 말한 바이지만 근초고왕은 8년(353)에 담로제라고 하는 지방 통치조직을 만들고 지방관을 파견하였다. 전 국민에 대한 직접 지배가 이루어진 것이다. 이를 토대로 이른바 국민개병제를 실시하였다. 그 덕분에 근초고왕은 정병 3만이라는 대군을 동원할 수 있었다. 3만의 정병은 보병과 기병 그리고 궁수대가 주축이었을 것이다. 기병의 존재는 태자 근구수가 말을 달려 공격하였다는 기사에서, 궁수대의 존재는 고국원왕이 백제군의 화살에 맞아 죽었다는 사실에서 확인된다. 그러나 평양성을 지키는 고구려 군사의 수와 성을 지키는 장군의 이름은 자료가 없어 알 수 없다. 총사령관이 고국원왕이라는 것만 알 수 있을 뿐이다.

전쟁이 벌어진 시기는 겨울 10월이었다. 추수가 끝났기 때문에 보급도 크게 걱정하지 않아도 되었을 것이다. 양군이 전투하는 모습은 다음과 같은 기사에서 추론해 볼 수 있다. 하나는 《삼국사기》 고구려본기에 고구려가 '군대를 내어 막았다[出師拒之]'는 기사이다. 이 기사는 평양성 밖에서 전투가 벌어진 것을 보여준다. 다른 하나는 《삼국사기》 백제본기에 고구려가 '힘써 싸워 막았다[力戰拒之]'라는 표현이다. 이는 고구려가 평양성을 에워싼 백제군의 공격을 막아낸 것을 보여준다. 이처럼 양군은 성 밖에서 대결을 펼치기도 하고, 성을 둘러싸고 공성전을 펼치기도 하였던 것이다.

평양성 밖에서 대치하였을 때 양군이 대결하는 모습은 비록 후대의 일이지만 553년에 벌어진 백합야새百合野塞 전투 모습에서 추론해 볼 수 있다. 백합야새 전투 때 백제군 총사령관은 여창餘昌(위덕왕)이었고, 고구려군 장수는 목 갑옷을 입고 말을 탄 한 사람, 요징鐃(작은 징)를 꼽고 말을 탄 두 사람, 표범의 꼬리를 귀고리로 하고 말을 탄 두 사람 모두 5명이었다. 다섯 명의 고구려 장수는 고삐를 나란히 하고 진영에서 나왔다. 이들은 여창에게 "나와 더불어 예로써 문답할 자의 성명과 나이와 관등을 알고 싶다"고 하였다. 여창은 "성은 동성이고 관위는 한솔이며, 나이는 29세"라고 대답한 후 그대로 반문하니 고구려 장수도 똑같은 방식으로 대답하였다.159 이 기사는 전투하기 전에 상대편 지휘관들끼리 먼저 관등성명을 주고받는 것이 하나의 과정이었음을 보여준다. 그렇다면 371년의 평양성 전투에서도 백제군과 고구려군 지휘관 사이에도 이런 수작酬酌이 오가지 않았을까 한다.

통성명을 한 후 양군 사이에 벌어진 전투의 모습은 개로왕이 북위에 보낸 국서에서 살펴볼 수 있다. 이 국서에서 개로왕은 "신의 조상인 수須(근구수왕)는 군대를 정돈하여 번개처럼 나아가 기회에 응해 말을 달려 공격하였는데 시석矢石이 잠시 교차하는 사이에 쇠(고국원왕)의 머리를 베어 매달았다"고 하였다. 이 기사에 의하면 태자 근구수가 백제군의 선봉장이었다. '말을 달려 공격하였다'는 것은 근구수가 기병대를 이끌고 적진으로 돌진한 것을 의미한다. 이것이 1차전일 것이다. 이 전투에서 패한 고구려군은 성안으로 들어가 방어하였다. 이것이 2차전일 것이다.

공성전에는 특수한 병기를 다루는 부대들도 투입된다. 쇠뇌를 쏘는 부대弩幢, 구름사다리를 사용하는 부대雲梯幢, 충차衝車로 성문을 부수는 일을 하는 부대衝幢, 투석기로 돌을 쏘는 부대石投幢 등 이른바 특수부대이다. 신라에서는 이를 사설당四設幢이라 하였다.160 백제군도 성을 공격할 때 쇠뇌부대와 투석 부대는 멀리서 활을 쏘거나 돌을 날려 보병들이 성벽에 접근할 수 있도록 하고, 충차부대는 성문을 부수어 보병이나 기병이 성안으로 들어갈 수 있도록 하고, 운제 부대는 성벽에 구름사다리를 걸어 보병들이 성벽으로 기어 올라갈 수 있게 하였을 것이다. 이에 맞서 성안의 고구려군도 활을 쏘고, 쇠뇌를 쏘고, 성벽을 기어오르는 적군에게 돌을 던져 성벽을 넘지 못하도록 막았을 것이다. '시석이 교차하였다'는 것은 이러한 상황을 단적으로 표현한 것이다.

공성전을 하는 과정에서 고국원왕은 백제군의 화살에 맞아 죽었다. 아마도 고국원왕은 평양성의 문루에 직접 나와 군사들을 독려하다가 백제군의 화살에 맞지 않았을까 한다. 이 화살은 어쩌면 뇌내로 쏜 화살일지도 모르겠다. 화살을 맞은 고국원왕이 즉사하였는지 아니면 며칠 지나 돌아갔는지는 알 수 없지만 전사한 날자는 371년 10월

타국의 왕을 전사시킨 것은 백제로서는 처음이었다. 그만큼 자랑스러운 승리였다. 그래서 개로왕은 북위에 보낸 국서에서 '백제군이 고국원왕의 목을 효참하였다[梟斬釗首]고 하였다. 효참은 '머리를 베어서 달아매는 것'을 말한다. 그러나 '효참쇠수'는 《삼국사기》 편찬자인 김부식이 '지나친 표현[過辭]'이라 한 것에서 보듯이 과장된 자랑이었다.

평양성 전투에서 백제는 평양성은 함락하지 못하였지만 고국원왕을 죽이는 승리를 거두었다. 그리고 황주 지역을 차지하였다. 황주 토성리에서 4세기 중엽에서 후반으로 편년되는 백제계 토기가 출토된 것이 이를 입증해 준다. 이리하여 백제는 황주에서 신계로 이어지는 영역을 확보하였다. 백제 역사상 최대의 영역이었다. 반면에 평양성 전투에서의 패배와 고국원왕의 죽음은 고구려로서는 치욕이었고 또 위기였다. 평양성 전투 이후 양국의 모습은 장을 달리하여 서술할 것이다.

IV. 맞수의 능묘

1. 고국원왕릉: 천추총

고국원왕은 재위 41년 만인 371년 평양성 전투에서 백제군의 화살에 맞아 죽었다. 근초고왕도 5년 뒤인 375년에 생을 마감하였다. 재위 30년 만이었다. 겨우 5년 사이를 두고 두 영웅은 대결을 뒤로 하고 영면하였다. 이 영면의 공간이 바로 능묘이다. 여기서는 두 영웅의 능묘에 대해 추론해 두기로 한다.

국내성 시기 고구려는 장지명葬地名을 사용하여 왕호를 정하는 것이 특징이었다. 장지명과 왕호가 일치하는 최초의 왕은 제5대 모본왕慕本王이다. 모본왕은 모본원慕本原에 묻혔으므로 왕호를 모본왕이라 하였다. 모본왕이 피살되고 난 뒤 즉위한 태조왕부터 차대왕, 신대왕은 왕호와 장지명은 일치하지 않는다. 이후 제9대 고국천왕이 고국천古國川에 묻혀 왕호를 고국천왕으로 하면서부터 제15대 미천왕이 미천원美川原에 묻혀 왕호를 미천왕으로 하기에 이르기까지 장지명을 왕호로 사용하는 것이 전통이 되었다. 동천왕의 경우 장지명은 시원柴原으로 나오지만 시원은 동천왕을 따라 죽고자 한 신하들의 시신을 섶柴으로 덮어주어 생겨난 이름이므로[162] 본래 이름은 동천원東川原일 것이다. 그러면 동천왕도 장지명과 왕호가 일치한다.

고국원왕도 이 전통을 따랐지만 앞의 사례와는 다른 면이 있다. 《삼국유사》 왕력에서 보듯이 이름에 강상岡上이 들어있기 때문이다. 강상은 〈모두루묘지묵서〉에 나오는 '△(국?)강상성태왕[(△(國?)罡上聖太王]'의 국강상國岡上을 줄인 표기이다. 고국원왕은 국강상國罡上을 사용한 최초의 왕이었다. 이후 국강상은 왕의 장지명을 가리키는 데 사용되었다. 고국양왕과 광개토대왕의 장지에 국강상이 들어간 것이 이를 보여준다. 이는 고국원왕 대에 왕실의 능묘 제도가 새로 정비되었음을 의미한다.

고국원왕은 국강상에 묻혔지만 구체적으로 어느 무덤이 고국원왕의 무덤인지에 대해 다양한 견해가 나왔다. 북한 학계에서는 황해도 신원군의 장수산성이 발굴되면서 안악3호분, 이른바 동수묘冬壽墓를 고국원왕의 무덤으로 보고 있다. 그러나 안악3호분의 조영 연대는 357년이고 고국원왕의 죽음은 371년이어서 연대가 맞지 않는다. 고국원이라는 장지는 수도 국내성에 있는데 수도에서 멀리 떨어진 안악지역은 고국원이 아니다. 더구나 백제군과 싸우다가 화살에 맞아 죽은 왕의 무덤을 평양성도 아니고 적대적인 백제와 가까운 곳에 만드는 것도 이치에 맞지 않는다. 설혹 수릉壽陵으로 만들었다고 하더라도 고국원왕이 371년에 평양성 전투에서 돌아가실 것을 미리 알고 이곳에 수릉을 만들었다고 볼 수도 없다. 이런 점에서 미루어 안악 3호분은 고국원왕 무덤으로 볼 수 없다.[163] 고국원왕의 무덤은 집안지역에서 찾아야 한다.

집안 지역에서 고구려 왕실의 능묘 구역은 집안 분지 서쪽의 마선구에서 칠성산과 통구하를 거쳐 우산 산록 일대였다. 우산의 북쪽에는 산성하고분군이, 서쪽에는 만보정고분군이, 남쪽에는 우산하고분군이 위치한다. 현재 확인되는 고분의 수는 1만여 기 이상이다. 무덤 형식은 대다수가 적석총이다. 2004년 집안의 이 적석총들은 국내성지, 환도산성, 오녀산성 등과 함께 "고대 고구려 왕국의 수도와 무덤군"이란 이름으로, 같은 해에 북한의 평양과 평안남도 남포 그리고 황해도 안악에 위치한 고구려 고분들은 "고구려 고분군"이라는 이름으로 세계유산에 등재되었다.

고국원왕의 능은 왕명에 국강상이 들어있으므로 국강상 지역에 있었다. 국강상지역은 "광개토대왕비"가 있는 곳이다.[164] 이곳에 위치한 초대형 적석묘로는 천추총, 태왕릉, 장군총이 있다. 천추총에서는 권운문 와당과 연화문 와당이 함께 출토되었지만 태왕릉과 장군총에서는 연화문 와당만이 출토되고 있다. 권운문 와당은 낙랑 계통이고, 연화문 와당은 모용선비慕容鮮卑의 영향을 받은 고구려 특유의 와당이다. 시기적으로 권운문 와당이 앞선다. 무덤의 축조 기술이나 출토되고 있는 와당의 제작 시기에서 미루어 볼 때 세 무덤의 축조 순서는 천추총→태왕릉→장군총 순이 된다.[165] 이를 토대로 고국원왕의 무덤을 천추총으로 보는 견해, 태왕릉으로 보는 견해도 있고, 권운문 와당이 출토된 마선구 2100호분으로 보는 견해도 있다.[166]

천추총, 태왕릉, 장군총 가운데 축조 시기를 추정할 수 있는 능이 태왕릉이다. 태왕릉에서 출토된 청동방울에는 "신묘년 호대왕 무(?) 조령 구십육辛卯年 好大王 巫(?)造鈴 九十六"라는 명문이 있다. 발굴보고서에 따르면 이 청동방울이 출토된 곳은 '태왕릉의 남쪽에 설치한 SG1 트렌치 중간쯤의 서쪽으로 치우친 쪽인데, 태왕릉의 남쪽 변에서 2.9m 떨어진 곳'이었다.[167] 이 방울의 제작 연대인 신묘년은 391년이다.

이 청동방울의 성격에 대해 두 가지 견해가 있다. 하나는 이 청동방울은 광개토대왕이 신묘년(391)에 즉위하여 백제를 공파한 업적을 기념하기 위해 왕의 무巫가 (왕의 명에 의해) 만들었으며, 광개토대왕

태왕릉 출토 신묘명 청동방울(좌)과 명문 판독 사진(동북아역사재단)

당대에 장식으로 부착되어 사용되다가 왕이 돌아가시자 그의 능에 부장된 것으로 파악하는 것이다.[168] 이렇게 보면 이 방울이 묻힌 태왕릉은 광개토대왕릉이 된다. 다른 하나는 신묘년(391)은 광개토대왕의 즉위년이기도 하지만 고국양왕(384~391)의 사망 연대라는 점에 주목하여 광개토대왕이 부왕을 위해 이 방울을 만들어 부왕의 능에 부장한 것으로 보는 것이다. 그러면 이 방울이 나온 태왕릉은 고국양왕의 무덤이 된다.[169]

저자는 후자의 견해, 즉 태왕릉을 고국양왕의 무덤으로 보는 견해가 타당하다고 생각한다. 그러면 태왕릉보다 축조 시기가 빠른 천추총은 고국양왕보다 앞 시대의 왕릉이 된다. 고국양왕은 고국원왕의 아들이고 소수림왕의 동생이다. 소수림왕의 무덤은 소수림에 있었으므로 국강상에 위치한 천추총이나 태왕릉에 비정할 수 없다. 이런 관점에서 저자는 천추총을 고국원왕릉으로 파악하는 견해를 따르는 바이다.

천추총은 집안시구 서쪽으로 3.5km 떨어진 마선하 동쪽 언덕에 위치하고 있다. 산기슭을 따라 조성된 일반 고분과는 상당히 떨어진 경사지의 평탄한 부분에 조성되어 고대高大한 모습을 보인다. 많이 훼손은 되었지만 원래는 10단 정도의 계단식 적석총으로 추정된다. 평면은 방형이다. 1층 기단의 한 변 길이는 63m 정도이고 한 변에 5매씩 총 20매의 거대한 화강암을 버텨 놓았다. 높이는 현재 가장 많이 남아있는 곳은 10.9m, 파괴가 심한 동쪽은 7.9m 정도이다. 무덤의 정상부에 태왕릉의 집 모양 석곽과 같은 석재가 남아있다. 금제 장신구, 금동 못과 갑옷 편, 청동방울, 철제 칼과 고리, 철제갑옷, 꺾쇠 등 고급의 위신품이 수습되었다.[170] 모두 왕릉급에 해당되는

집안 천추총 전경(좌) 천추총 출토 천추만세 명문 전돌(가운데)
(고광의 선생)

유물들이다.

　'천추총'이라는 이름은 1935년 발굴조사 과정에서 '천추만세영고
千秋萬歲永固'·'보고건곤상필保固乾坤相畢'이 새겨진 전돌이 출토되어
붙여졌다.[171] 중국에서는 마선묘구 1000호묘(JYM1000)로 부른다.
천추총을 고국원왕릉으로 보면 '천추만세千秋萬歲'는 아들 소수림왕
이 비명에 돌아가신 부왕의 명복을 빌면서 벽돌에 새긴 것으로 볼
수 있다. 일종의 추복追福의 기념물인 것이다. 그렇다면 광개토대왕
이 청동방울을 만들도록 하여 아버지 고국양왕릉에 부장하도록 한
것도 이러한 추복 행위의 하나가 아니었을까 한다.

　천추총 주위에서는 격자무늬·노끈무늬·구름무늬[卷雲文] 등의 기와
편이 다량 수습되었다. 이는 천추총이 장군총이나 태왕릉처럼 지붕
에 기와를 이은 사당과 같은 시설이나 제대祭臺가 묘역에 세워졌음을
보여준다. 수습된 기와 편 가운데 '미재영락未在永樂'이 새겨진 기와
편이 있다. 영락永樂 연간의 미未는 을미와 정미가 있다. 을미년은
광개토대왕 5년(395)이고, 정미년은 광개토대왕 17년(407)이다. 이

'미재영락未在永樂' 기와 편은 광개토대왕이 할아버지의 무덤인 천추총에 설치된 시설의 기와를 수즙하거나 개와改瓦하였음을 보여준다. 그러나 이 천추총이 고국원왕의 무덤이라고 단정할 수 없다. 어디까지나 추정일 뿐이다. 고구려 역사에서 최초로 '성왕' '성태왕'으로 불린 영웅의 무덤을 확정할 수 없다는 것은 매우 아쉽다고 하지 않을 수 없다.

2. 근초고왕릉: 석촌동 3호분

백제 수도 한성이 위치한 곳은 서울 송파구 일대였다. 이 일대의 하천 주변에는 하성퇴적층이, 산록지역에는 하안단구 퇴적층이 형성되었고 그 위에 한강의 범람과 퇴적으로 충적대지 즉 자연제방이 만들어졌다.172 1970년대 후반부터 도시개발이 본격화하면서 이 일대의 원래의 지형은 거의 사라졌고, 백제의 유적으로는 풍납토성과 몽촌토성 그리고 석촌동고분 등이 남아 있을 뿐이다. 풍납토성과 몽촌토성은 왕도 한성漢城을 구성한 두 성으로서 생활 공간이고, 석촌동고분군과 가락동고분군 그리고 방이동고분군은 사후 공간이다.

석촌동고분군(사적)에는 토광묘, 즙석묘, 적석총 등이 보이고, 방이동고분군(사적)에는 횡혈식석실분이 보인다. 고분의 수는 일제시기에 290여 기가 있었음이 밝혀졌다.173 이 고분들은 시간의 선후를 가지면서 공시성共時性을 가지기도 하지만 시계열로 보면 토광묘-즙석묘-적석총-횡혈식석실분으로 축조되는 흐름을 보인다.174 현재는 조사된 고분 가운데 적석총 5기, 즙석봉토분葺石封土墳 1기, 토광묘

석촌동 12호 목관묘 발굴 모습(하)과 출토된 흑유계수호(한성백제박물관)

2기 등 총 8기가 석촌동고분공원 내에 복원, 정비되어 있다.

토광묘는 2세기 중후엽 경부터 석촌동 구릉지대에 나타나기 시작하였다. 2022년 백제 왕릉 지구인 서울 석촌동고분군 발굴 과정에서 8호 적석묘 아래에서 목관묘 여러 기가 발굴되었다. 이는 목관묘가 적석총보다 앞서 만들어졌음을 보여준다. 이 가운데 12호 목관묘의 주인은 금귀걸이와 유리구슬 목걸이로 치장했고 부장품으로는 중국제 흑유계수호, 백제 토기 항아리 등이 출토되었다.[175]

3세기 초경부터 분구묘가 축조되기 시작하였다. 가락동 1·2호분으로 대표되는 이 새로운 묘제는 지상 매장과 다장多葬 등을 특징으로 한다. 이 분구묘는 중국 양자강 유역의 토돈묘土墩墓와 관련되었을 것이라는 견해가 제시되었다.[176] 이 분구묘는 최근 인천과 김포 등 한강 하류지역에서 조사 예가 급증하고 있다.[177]

3세기 후반에 들어와 적석총이 조영되기 시작하였다. 연천 삼곶리 적석총을 비롯하여 임진강 유역, 북한강 유역, 남한강 유역에 분포하고 있는 적석총은 고구려 적석총과 계통을 같이 한다.[178] 일제시기 석촌동고분조사에서 언급된 갑총甲塚(총)은 분구묘이고 을총乙塚은 적석총이다. 석촌동의 적석총에는 석촌동 1호분의 남분처럼 할석으로 이루어진 전형적인 고구려 적석총과 같은 것도 있지만 석촌동 4호분처럼 적석을 하되 현실玄室은 토축한 백제식 적석총도 있다. 적석총은 고구려 집안의 적석총과 유사하여 백제가 고구려에서 출자하였다는 건국설화의 내용을 고고학적으로 입증해 주는 자료로 많이 논급되어 왔다.[179]

이 적석총들 가운데 근초고왕릉으로 추정되는 고분이 석촌동3호분이다. 3호분은 1984년 조사를 통해 개략적인 규모와 구조가 파악되었다. 제1단의 동서 길이는 50.8m, 남북 길이는 48.4m로서 거의 정방형이다. 단은 높이 0.9m, 너비 4.7m로 축조해 올라갔는데 3단까지만 확인되었다. 현재 복원된 높이는 4.8m이다. 제3단 상부는 삭평되었지만 제1~3단에서 확인된 단의 높이와 너비를 감안하면 전체 단수는 5단 정도로 추정된다.[180]

매장주체부의 경우 석실과 관련된 판석재들이 확인되지 않아 정연한 석실이 있었다고 보기 어렵다. 고구려 장군총의 경우 모두 7단인데 제4~6단 사이에 석실이 위치한다. 이러한 점을 감안하면 3호분의 매장 주체부는 5개의 단 가운데 제3~4단에 위치하지 않았을까 한다. 그 형태는 목곽을 안치한 다음 돌을 쌓으면서 단을 추가한 목곽석광木槨石壙이었거나 목당木堂을 안치한 다음 구조물을 깬 돌로 만든 목당석광木堂石壙에 가까운 형태였을 것이다.[181]

3호분 주변에서 금영락, 옥연석, 석추, 청자반구병 등이 출토되었다.[182] 이 가운데 연대 판정에 중요한 단서가 된 것이 청자반구병이다. 발굴조사팀에서는 이 청자반구병의 연대를 4세기 후엽 경으로 추정하였다.[183] 이와는 달리 이 청자반구병은 '永初二年'이 새겨진 남경 사가산司家山 6호묘 출토품과 유사하다는 점을 근거로 석촌동3호분의 연대를 5세기 초로 내려 보는 견해도 있다.[184] 영초 2년은 421년이다. 그러면 3호분의 축조 연대는 5세기 초가 된다. 그러나 이 반구병이 출토된 자갈돌을 깐 부분은 석촌동 3호분 N1 시굴갱 서측 장대석에서 동편으로 4.5m 가량 떨어진 곳으로서[185] 3호분 북쪽 기단 바깥쪽에 해당된다. 따라서 이 반구병은 3호분보다 시기가 늦다.[186] 그렇다면 3호분의 축조 시기는 반구병이 제작된 5세기 초 보다 빠른 것이 된다. 저자는 3호분의 축조 연대를 4세기 후엽경으로 보는 발굴자의 견해를 따른다.

3호분은 석촌동고분군의 여러 무덤 가운데 가장 규모가 크다. 또

서울 석촌동 3호분 전경(서울특별시)

축조 시기로 추정되는 4세기 후엽은 근초고왕의 사망 연대인 375년과 대략 일치한다. 근초고왕은 백제 역사상 전성기를 이룬 왕이었다. 이를 종합하면 3호분은 근초고왕의 무덤으로 비정할 수 있겠다.[187] 그러나 확정하기는 어렵다. 남정북벌하여 백제사상 최대의 영역을 확보하고, 백제 중심의 천하관을 수립하고, 강력한 중앙집권력을 확립한 일세의 영웅 근초고왕의 무덤이 어느 무덤인지 확정하지 못한 것은 유감이다. 이 모두가 서울의 급격한 도시화에 의해 대다수의 무덤이 발굴조사 없이 파괴됨으로 말미암아 출토 유물이 거의 없게 되었다는 점 때문일 것이다.

석촌동 3호분을 근초고왕릉이라고 하였을 때 정리해 두어야 할 것은 이 무덤이 왜 적석총의 형태를 띄고 있느냐이다. 적석총은 고구려 왕실과 지배층이 사용한 전형적인 무덤 형식이다. 이 시기 백제는 고구려와의 평양성 전투에서 건곤일척乾坤一擲의 대결을 벌였다. 그럼에도 백제는 대립하고 있던 고구려의 능묘 형식을 받아들여 근초고왕의 무덤을 만든 셈이 된다. 이를 어떻게 설명해야 할 것인가. 이에 대해 상대하는 세력에 대한 경쟁 관계에서 상대의 무덤을 쓸 수 있다고 보는 견해도 있다.[188] 이는 일면의 타당성이 있다. 저자는 여기에 더하여 백제와 고구려의 특수한 관계 속에서 이 문제를 정리하고자 한다.

이때 주목되는 것이 백제 개로왕이 북위에 보낸 국서에 나오는 "백제는 고구려와 더불어 부여에서 나왔다[臣與高句麗 源出夫餘]"고 한 말이다. 이 말은 백제가 고구려와 뿌리를 같이 하고 있다는 동근同根 의식을 가지고 있었음을 보여준다. 그렇지만 백제는 시조 온조왕이 고구려 2대왕인 유리왕과의 갈등 속에서 남으로 내려와 건국하였기 때문에 건국 후 고구려와 정통성 경쟁을 하였다. 그래서 왕실의 성을 부여씨扶餘氏로 하고, 고구려보다 앞서 시조 동명왕을 모시는 사당[東明廟]을 세워 부여족의 정통성을 잇고 있음을 과시하였다. 이후 중앙집권체제를 갖추고 정복적 팽창을 추구하면서 양국의 경쟁 의식은 격화되었다. 이에 백제는 군사력뿐만 아니라 정치적 명분이나 정당성에서도 고구려보다 우위에 서려 하였다. 이를 뒷받침해 준 것이 평양성 전투에서의 승리였다. 이 승리를 계기로 백제는 고구려에 대한 우월의식과 왕실의 권위와 위엄을 드러내 보이기 위해, 고구려 왕실의 능묘 형식을 받아들여 근초고왕릉을 만들되 이제까지 만들어진 백제 어느 왕의 무덤보다도 크고 또 고구려왕의 무덤과 비교하여도 뒤지지 않을 정도로 만들지 않았을까 한다. 그 결과물이 바로 고구려식 적석총 형태의 거대한 석촌동 3호분이라 하겠다.

제4부 맞수의 대결 이후

Ⅰ. 다시 체제를 정비한 고구려 소수림왕

1. 즉위와 별칭 소해주류왕

평양성 전투의 결과는 승리한 백제에게는 커다란 자부심을 주었지만 패배한 고구려로서는 아픔이고 비극이었다. 특히 고국원왕의 죽음은 고구려로서는 치욕적인 것이었다. 그래서 〈광개토대왕비〉에서는 백제를 '백잔百殘'이라 하고 백제왕은 '잔주殘主' 또는 '잔왕殘王'이라고 폄하하였고, 장수왕은 북위의 사신 소안邵安에게 '여경(餘慶=개로왕)과는 옛날부터 원수짐이 있었다'고 말하였다. 이는 고구려가 백제에 대해 품고 있는 악감정을 그대로 잘 보여준다.

고국원왕이 죽은 뒤 아들 소수림왕小獸林王이 즉위하였다. 소수림왕의 이름은 구부丘夫이다. 출생 연도와 어머니의 이름과 가계는 알 수 없다. 고국원왕 25년(355)에 태자에 책봉되었다. 371년 부왕 고국원왕이 평양성 전투에서 전사하자 왕위에 올랐다. 태자로 책봉되고 나서 16년 만이다. 즉위할 당시의 나이는 약관(20세)을 넘었을 것이다. 신장은 장대하고 웅략이 있었다.[1]

《삼국사기》고구려본기에 따르면, 소수림왕은 아무런 어려움 없이 왕위를 계승한 것으로 나온다. 그렇지만 그 이면에는 보이지 않는 갈등이 있었던 것 같다. 이를 추론하는데 단서가 되는 것이 소수림왕의 다른 칭호가 '소해주류왕小解朱留王'이라는 사실이다. 소해주류는 대해주류大解朱留를 전제로 한 것이다. 대해주류는 제3대 대무신왕大武神王의 다른 이름이다. 〈광개토대왕비〉에는 대주류왕大朱留王으로 나온다. 《삼국유사》왕력에는 대무신왕의 이름을 무휼無恤 혹은 미류味留라 하였고, 성은 해씨라 하였다.[2] '味留'는 글자 형태에서 미루어 '朱留'의 잘못된 표기라 할 수 있다. 그러면 해미류왕은 해주류왕이 된다. 한편 《해동고승전》에는 고구려 제17대 왕을 해미류왕解味留王 혹은 소수림왕이라 하였다.[3] 이 기사의 해미류왕을 소해미류왕의 '소'를 뺀 것이라고 하면 소수림왕이 되지만 그렇지 않다면 해미류왕=해주류왕은 대무신왕이므로 이를 소수림왕이라 한 것은 잘못이다. 어떤 경우이든 이 기사들은 소수림왕과 대무신왕과의 각별한 관계를 보여준다.

소해주류왕(소수림왕)과 대해주류왕과의 관계와 관련하여 먼저 정리해 두어야 할 것은 고구려 왕실의 성이다. 부체제 단계에서 고구려 왕실의 성은 둘이었다. 하나는 시조 주몽이 일컬은 고씨高氏이다. 시조 주몽은 본래 해씨解氏였지만 나라를 세운 후 독자성을 드러내기 위해 고씨高氏를 일컬었다. 고씨는 계루부桂婁部였다. 해씨에서 고씨로 고친 이유에 대해 《삼국사기》에는 나라 이름을 고구려高句麗라 한데에서 비롯된 것이라 하였고[4] 《삼국유사》에는 "본래의 성은 해씨였는데 스스로 천제의 아들로서 일광日光을 받아 태어났기 때문에 고씨라 하였다"[5]고 하였다. 성씨를 일광과 연결시킨 것은 왕실의 신성성을 드러내기 위함이었다. 다른 하나는 해씨이다. 해씨는 본래 부여족의 성씨였다. 해씨의 소속부는 소노부消奴部였다. 《삼국유사》왕력에 따르면 2대 유리왕, 3대 대무신왕, 4대 민중왕은 "성은 해씨姓解氏"로 나온다. 이는 세 왕이 해씨를 일컬었음을 보여준다. 5대 모본왕도 아버지가 해씨를 칭한 민중왕이었으므로 역시 해씨였다.

모본왕 다음에 태조왕이 즉위하였다. 태조왕의 성은 고씨였다. 태조왕이 즉위함으로써 왕실의 성은 해씨에서 고씨로 교체되었다.[6] 이는《삼국지》동이전 고구려조에 '본래는 해씨가 왕이 되었는데 점점 미약해져서 뒤에 계루부가 대신하였다'[7]고 한 것에서 입증된다. 이 기사의 '뒤'란 태조왕대를 가리킨다. 태조왕이 즉위함으로써 고구려 왕실의 성은 고씨로 확정되었다. 따라서 소수림왕의 성은 당연히 고씨였다.

고씨인 소수림왕이 즉위한 뒤 해씨 왕인 대해주류왕(대무신왕)과의 친연관계를 가지는 이름인 소해주류왕을 일컬은 것은 동천왕이 태어날 때 증조부 태조왕을 닮았다고 하여 증조부의 이름인 '궁宮'을 따라 위궁位宮이라 한 것과[8] 닮았으면서도 다르다. 닮은 점은 앞 시대 왕의 이름을 따왔다는 것이고, 다른 점은 동천왕은 성씨가 같은 조상의 왕 이름을 따왔지만 소수림왕은 성씨가 다른 왕의 이름을 따왔다는 것이다.

소수림왕이 성을 달리하는 대무신왕과의 친연관계를 가지는 별칭을 칭한 배경으로 생각해 볼 수 있는 것이 즉위할 당시의 상황이다. 선왕이 죽으면 특별한 일이 없는 한 태자가 왕위를 계승하게 되지만 소수림왕의 경우는 달랐다. 선왕이 전쟁터에서 불의에 전사하였기 때문이다. 전쟁에서 패하면 책임론이 따르기 마련이다. 왕의 불의의 죽음은 후계 구도를 복잡하게 할 수 있다. 이렇게 보면 구부는 비록 태자였지만 그의 왕위 계승은 순탄치만은 않았을 것이다. 이는 백제

성왕이 554년 관산성 전투에서 전사한 뒤 아들 여창(餘昌=위덕왕)이 왕위를 계승하고자 할 때 많은 어려움을 겪자 '출가수도出家修道하겠다'[9]는 승부수를 던진 사실에서[10] 방증이 되리라 본다.

구부는 왕위를 계승하고 부왕의 전사에 따른 위기를 잘 수습하기 위해서는 무엇보다도 지지세력을 확보하는 것이 필요하였다. 이 시기에 유력한 귀족가문의 하나가 소노부의 해씨였다. 소노부는 '전왕족前王族'이란 표현에서 알 수 있듯이 한때는 왕을 배출한 한 집단이었다. 그러나 고국천왕 사후 산상왕의 즉위 과정에서 일어난 왕위계승전에서 발기拔奇(伊夷模)를 지원하였다가 패배하여 정치일선에서 밀려나 있었다.[11] 그렇다고 하더라도 이 세력이 완전히 소멸된 것은 아니었다. 재기의 기회를 엿보고 있던 해씨 세력은 고국원왕의 전사라고 하는 위기 상황이 발생하자 앞장서서 태자 구부를 적극 지지하지 않았을까 한다. 해씨 세력의 지지는 소수림왕으로서는 큰 힘이 되었을 것이다. 이에 소수림왕은 해씨 세력과의 정치적 연대를 공고히 하려는 의도에서 왕의 이름을 해씨 왕인 대해주류왕에 연계시켜 소해주류왕으로 하지 않았을까 한다. 이는 백제의 경우 부여씨인 개로왕의 다른 표기인 '근개루왕近蓋婁王'이 해씨 왕인 개루왕의 이름 앞에 '근近'자를 붙여 이루어진 것과[12] 유사한 양상이라 하겠다.

2. 체제 정비

1) 태학의 설립과 유학 교육의 강화

즉위한 뒤 소수림왕은 왕권을 강화하고 새로운 미래를 만들어 내기 위해 지배체제를 재정비하는데 박차를 가하였다. 이를 위해 소수림왕은 먼저 태학을 설립하여 자제를 교육하였다.[13] 태학은 중국에서 국가 최고의 교육기관으로 한대漢代에 처음 설치되었다. 한 무제는 태학에 박사를 두어 유학을 교육하였다. 이후 태학은 치폐置廢를 거듭하였고 명칭도 국학國學, 국자학國子學, 태학太學, 국자시國子寺 등으로 일정하지 않았다. 그렇지만 능력이 있는 관료를 양성한다는 근본 목적에는 변함이 없었다. 이 태학은 북위의 명원제(409~432) 때에 와서 국자학-태학-사문학으로 개편되었다.[14] 소수림왕 대의 태학도 이러한 목적에서 설치되었음은 물론이다. 고구려의 태학은 우리나라에서 최초로 설치된 유학 교육기관이다.

소수림왕의 태학 설립은 인재를 양성하려는 것이 목적이었다. 부왕의 불의의 전사에 따른 후유증을 극복하고 국가 운영을 체계적으로 하기 위해서는 뛰어난 인재가 필요하였기 때문이다. 소수림의 이러한 정책에 영향을 준 것이 전진왕 부견苻堅(358~385)의 유학 교육 강화였다. 부견은 유학에 대한 공부가 깊었다. 태학에 가서 경전에 대해 문난問難할 때 박사들 대다수가 잘 응대하지 못하였다고 할 정도였다. 학관學館을 수리하여 군국郡國의 학생들을 불러 교육하였다. 한 달에 한 번은 태학에 친히 가서 공부를 권면하니 학생들이 다투어 면학하였다. 염치와 정직을 닦고 효제孝悌하면서 힘써 농사짓는 자는 모두 정려旌閭를 내려 표창하였다. 직접 학생들의 경전의 뜻 파악 능력을 살펴 우열을 가려 등급을 나누어 급제시켰다. 그리고 뛰어난 자 83명에게 벼슬을 내리기도 하였다.[15]

부견의 재위 기간은 359~385년이고, 소수림왕의 재위 기간은 371~383년이다. 13년 동안 재위 기간이 겹친다. 이 시기에 고구려는 전진과 긴밀하게 교섭과 교류를 하였다. 뒤에 다시 말하겠지만 부견이 불교 경전과 함께 승려 순도를 파견한 것이 이를 보여준다. 이 과정에서 소수림왕은 부견이 태학을 세워 유학 교육을 강화하여 국가를 융성하게 한 것을 알고 이를 본받아 태학을 설치하고 자제를 교육하지 않았을까 한다.16

전진의 경우 태학에서 유학을 가르치는 직이 박사였다. 따라서 고구려에서도 박사를 두어 유학 교육을 담당하게 하였을 것이다. 이때 설치된 박사의 칭호가 무엇인지는 자료가 없지만 고구려가 후기에 와서 국자박사, 태학박사를 둔 것에서 미루어 이때에도 국자박사와 태학박사를 두지 않았을까 한다. 그러나 아쉽게도 학반 편성이나 교과목 내용 그리고 재학 기간, 성업 이후 관료로서의 진출 과정 등에 대해서는 자료가 없어 알 수 없다.

태학을 설치하여 유학을 교육함으로써 충효사상을 근간으로 하는 유교정치사상이 확산되어 나갔다. 유학교육을 받은 인재들이 관료로 등용됨으로써 왕권은 더 강화되었다. 관청과 관청 사이에, 중앙과 지방 사이에 오가는 문서 행정을 처리하고 또 중국과의 외교 관계에서 오가는 국서를 다룰 수 있는 문장가들도 양성되었다. 이리하여 국왕에 대한 충성심은 강화되고, 국가의 행정 사무는 보다 더 체계적으로 운영될 수 있게 되었다.

2) 불교의 공인과 사상의 통합

태학을 설치하여 자제를 교육한 소수림왕의 정책에서 또 하나 주목되는 것이 불교의 공인이다. 불교가 공인되기 이전의 고구려에서는 각 지역별로 또는 정치집단 별로 토착신앙이 다양한 형태로 이어져

왔다. 족단 별로 자기 조상을 섬기는 조상 신앙이라든가, 자신의 근거지에 있는 산천에 기원하는 산천신앙 등이 그것이다. 이러한 토착 신앙은 지역별 정치집단별 개성을 강조한 것이어서 분립적인 성격이 강하였다. 중앙집권을 이룩한 고구려로서는 개별 의식과 분립성을 극복하고 국가차원의 공동체 의식을 확립하는 것이 필요하였다.

바로 이러한 시기에 전진왕 부견(357~385)이 사신과 함께 승려 순도順道를 파견해 불상과 경문을 고구려에 보내왔다.[17] 《해동고승전》에는 순도가 동진에서 왔다는 '혹설或說'을 소개하고 있지만[18] 전진으로부터 왔다는 것이 학계의 통설이다. 순도가 온 시기에 대해 《삼국사기》에는 372년이라 하였고, 《고승전》 담시전에는 고구려가 진 효무제 태원(376~396) 말 즉 396년에 불도를 처음으로 들었다고 하였다.[19] 《삼국유사》도 《고승전》을 인용하여 396년이라 하였다. 현재 학계에서는 372년으로 보는 것이 통설이다. 2년 뒤인 374년(소수림왕 4)에 부견은 승려 아도阿道를 보내왔다.[20] 이는 전진의 부견이 공식적으로 불교를 고구려에 전해주었음을 보여준다.

소수림왕은 초문사肖門寺를 창건하여 순도로 하여금 주지케 하고, 이불란사伊弗蘭寺를 창건하여 아도로 하여금 주지하게 하였다.[21] 《해동고승전》은 초문사에 대해 '원래는 성문사省門寺인데 후에 잘못하여 초문사肖門寺' 쓰여졌다'고 하면서 고기古記를 인용하여 '고려시대에 성문사는 흥국사興國寺로, 이불란사는 흥복사興福寺로 되었다'고 하였다.[22] 이에 대해 《삼국유사》를 편찬한 일연스님은 "고려시대에 흥국사와 흥복사는 평양과 개성에 있었으므로 이것은 잘못된 것"이라고 하였다.[23] 초문사와 이불란사가 지어진 곳이 고구려 수도 국내성이었다는 사실에서 미루어 보면 일연 스님의 비판은 타당하다.

소수림왕이 두 절을 지어 순도와 아도를 머물게 함으로써 고구려에서 처음으로 불교가 공인되었다. 《삼국사기》에서는 '이를 해동에서 불교의 시작[此海東佛法之始]'이라고 하였다.

새로운 종교나 신앙이 들어 올 경우 기존의 종교를 지키고자 하는 세력들과 마찰을 일으키고 갈등을 야기할 수 있다. 대표적인 사례로는 신라와 왜의 경우를 들 수 있다. 신라는 토착신앙을 신봉하는 세력들의 반대로 이차돈의 순교를 거쳐서야 불교를 공인하기에 이르렀다.[24] 왜의 경우 백제 성왕이 불경과 불상을 보내자 불교 신봉을 주장하는 소아씨蘇我氏 세력과 토착적인 국신國神을 섬기고 있던 물부씨物部氏 세력 사이에 불교의 공인을 둘러싸고 갈등이 일어났다. 이러한 갈등은 소아대신도목숙녜蘇我大臣都目宿禰가 자기 집을 희사하여 절로 삼아 시험적으로 예배하는 것으로 결론지어졌다.[25]

그러나 고구려의 경우 불교 공인 과정에서 심각한 갈등 양상은 보이지 않는다. 그 배경으로 주목되는 것이 불교가 공인되기 이전에 고구려 사회에 이미 전래되어 널리 알려져 있었다는 사실이다. 이를 보여주는 것이 이름을 알 수 없는 고구려 승려[釋亡名]가 동진의 승려 지둔支遁(314~366)과 서신을 주고받고 있었다는 사실이다.[26] 지둔은 진晉나라 승려로서 자는 도림道林이다. 《장자》와 《유마경》 등에 통달하여 지공支公 또는 임공林公으로 일컬어진 유명한 승려였다. 시에도 능해 《지둔집》을 남겼다.[27]

지둔은 366년에 입적하였으므로 고구려 승려가 지둔과 서신을 주고받은 시기는 366년 이전이다. 이때 고구려에서는 아직 불교가 공인되지 않았다. 따라서 이 기사는 불교 공인 이전에 고구려 사회에 승려가 있었고, 이 승려는 지둔과 서신을 주고받을 정도로 불교에 대한 이해가 높았음을 보여준다. 그리고 이 승려는 나라 안에서도 반드시 명성이 나고 그 명성은 흘러넘쳐 사방으로 퍼져 갔다고[28] 하였다. 이는 공인 이전에 불교가 알게 모르게 고구려사회에 널리 퍼졌음을 보여준다. 그래서 토착 신앙을 숭배하는 세력이나 도가사상을 가진 세력들의 반대 목소리는 상대적으로 적었던 것 같다. 그 결과 고구려는 심각한 내부 갈등 없이 불교를 공인할 수 있었던 것으로 보인다.

불교는 고차원적이고 보편적인 사상체계를 가지고 있을 뿐만 아니라 재래신앙도 포섭하는 포용성이 강한 종교였다. 그런데 고구려에 불교를 전해 준 전진왕 부견은 불교를 적극적으로 옹호하면서 '왕즉불王卽佛', 즉 '왕이 곧 부처'라는 이념을 발전시켰다. 왕즉불 사상은 왕은 부처와 같으므로 신도가 부처를 받들듯이 신민들은 국왕을 받들어야 한다는 의식을 가지게 하였다. 그래서 북조의 불교는 호국불교, 왕실불교의 성격이 강하였다. 고구려는 전진으로부터 불교를 받아들였을 뿐만 아니라 왕실이 불교를 수용하는 데도 주도적적인 역할을 하였다. 이처럼 왕실의 보호와 주도 아래 불교의 공인이 이루어졌으므로 고구려의 불교도 왕즉불의 성격을 강하게 지녔다고 할 수 있다. 이리하여 민은 불교를 매개로 왕의 지배를 받는다는 의식을 가지게 되었고, 이제까지 배타적 성격을 지니고 있던 지역 집단이나 족단族團들도 점차 그 배타성을 버리고 불교에 포용되어 갔다. 이리하여 불교는 왕실의 권위를 높여주는 초부족적 정신세계를 수립해 주었고 호국불교로서의 위상을 가지게 되었다.[29] 이것이 소수림왕의 불교 공인이 갖는 사상사적 의미인 것이다.

3) 율령의 반포와 일원적인 법체계에 의한 국가 운영

372년에 태학을 설립하고, 384년에 불교를 공인한 소수림왕은 국가체제 정비와 관련하여 또 하나의 중요한 조치를 취하였다. 율령律令의 반포가30 그것이다. 율령은 성문법전으로서 국가통치의 공법公法체계이고, 국가의 지배조직을 법적으로 뒷받침하는 기본 법전이다. 율령을 편찬하고[撰定] 반포하였다는 것은 중앙집권적인 일원적 지배체제가 성립되고 사회 운영의 기본 틀이 마련된 것을 의미한다. 법제사적으로는 관습법적 국가 운영에서 성문법에 의한 국가 운영으로의 이행을 의미한다. 이에 대해서는 앞에서 이미 말하였다.

율령은 흔히 율령격식律令格式을 통칭하는 말로 사용된다. '율律은 형법체계이고, '영令'은 국가 조직법 체계로서 민정법의 성격을 가진다. '격格과 '식式'은 시행 규정에 해당된다.31. 중국에서 성문법전의 효시는 전국시대의 위 문후魏文侯의 사士인 이리李悝가 찬한 《법경육편法經六篇》이다.32 이 《법경육편》의 '법法'을 '율律'로 개칭한 사람이 진秦나라의 상앙商央이었다.33 이후 율령은 춘추시대와 전국시대를 거치는 과정에서 법가적인 성격을 강하게 띠었다. 이에 대해서는 앞에서 이미 말하였다. 그러나 한 무제가 유교를 국교로 하고 모든 문물제도를 유가사상을 바탕으로 정비함에 따라 율령의 성격은 유가적인 것으로 바뀌었다.

진·한秦漢 대까지만 하여도 율이 법의 중핵을 이루고, 영이나 격식은 율에서 파생된 보조적인 법에 지나지 않았다. 그 내용에는 형벌법적인 것이 많이 포함되어 있었다.34 진晉 대에 들어와서 태시泰始 율령이 반포되면서 율과 영은 분리되어 율은 형벌법전이, 영은 비형벌적인 민정법전이 되었다.35 그 결과 율령은 유가 사상을 기본으로 하면서 율과 영이 구분되는 구조를 가지게 되었다. 이 율령이 주변국들에로 전해졌다.

중국으로부터 율령을 받아들여 반포하기 위해서는 두 가지 조건이 갖추어져야 했다. 하나는 율령의 기본 사상인 유학에 대한 이해가 있어야 한다. 다른 하나는 율령을 제정·반포하여 시행할 수 있는 중앙집권력의 강화와 그것을 뒷받침할 수 있는 지배체제가 성립되어 있어야 한다. 이에 대해서는 앞에서 이미 말하였다. 소수림왕은 율령 반포에 앞서 태학太學이라는 유교 교육기관을 설치하였다. 이는 유교에 대한 이해가 깊었고 또 확산되어 갔음을 보여준다. 미천왕 대를 거쳐 고국원왕은 중앙집권화를 진척시켜 강력한 집권국가 체제를 갖추었다. 여기에 더하여 소수림왕은 부왕의 불의의 전사로 빚어진 정치적 불안을 해소하여 왕권을 안정시켜야 하였다. 이러한 필요성에서 소수림왕은 3년(373)에 율령을 반포하였던 것이다.

이때 반포된 율령에는 형벌법뿐만 아니라 관료들의 상하 질서를 규정한 관등제, 관청과 그 내부에 설치된 관직제, 조세 수취와 관련한 조세제, 왕실 조상은 물론 하늘과 땅에 대한 제사와 관련한 제의 규정, 장례와 관련한 상장제, 교육과 관련한 학제, 음악과 관련한 악제, 공복公服이나 의관과 관련한 의복제 등 정치운영과 사회생활 전반을 규제하는 내용들이 포함된 것으로 추정된다.[36] 그러나 구체적인 법조문은 자료가 없어 알 수 없다.

율령을 반포함으로써 각종 제도들은 법제화되어 법의 뒷받침을 받게 되었다. 이전의 다원적이고 다양하였던 관습법은 일원적으로 명문화되었다. 부部 단위로 또는 지역 단위로 행해졌던 관습적인 정치 행위도 중앙의 법체계 속에서 이루어지게 되었다. 이제 고구려는 새로운 법치사회로 들어갔다. 이리하여 소수림왕은 일원적인 법체계에 따라 국가를 보다 더 체계적으로 통치할 수 있게 되었다.

3. 대외 교섭과 교류

1) 전진과 동진과의 우호관계

소수림왕 대의 대중국 관계는 5호16국의 하나인 전진前秦과의 관계와 남조 동진과의 관계로 나누어 볼 수 있다. 전진前秦은 저족이 세운 왕조이다. 본래의 국호는 진秦이었는데 동시대에 같은 이름의 나라가 여럿이어서 가장 먼저 성립한 이 국가를 전진이라고 하고, 부씨苻氏 성을 따서 부진苻秦이라고도 한다. 전진의 시작은 포홍浦洪(苻洪)부터이다. 황하 연안에서 할거 중이던 포홍浦洪은 후조後趙와 염위冉魏의 대립으로 화북이 혼란해지자 삼진왕三秦王을 일컬으면서 성을 '부苻'로 고쳤다. 이리하여 부씨는 전진 왕실의 성이 되었다.

부홍의 뒤를 이은 아들 부건苻健은 삼진왕의 칭호를 버리고 동진의 관작을 따랐다. 관중으로 진격한 부건은 351년 동진의 관작을 버리고 천왕에 올라 국호를 대진大秦이라 하였고, 352년에 황제의 자리에 올랐다. 355년 부건이 죽자 태자 부장苻萇이 왕위를 이었다. 부장은 동진 환온桓溫의 1차 북벌 때 다쳐 354년에 죽었다. 그 뒤를 태자 부생苻生이 이었지만 폭정을 하였다. 이에 부견苻堅(359~385)이 재상 왕맹王猛의 도움으로 357년 반정을 일으켜 부생을 폐위시키고 천왕 위에 올랐다. 부견의 아버지는 부건의 동생인 부웅苻雄이고 할아버지는 부홍이었다.

부견은 총민하고 베풀기를 좋아했으며, 행동거지가 규범[規矩]에 어긋남이 없었다고 한다.[37] 즉위 뒤 부견은 한족 왕맹을 중용하여 저족계 호족의 횡포를 막았으며, 관제를 정비하고, 농업을 장려했다. 종종 대학에 나와 학문을 장려했다. 수도 장안에서 각지에 뻗어나가는 도로를 정비하였다. 부견 정권의 성격에 대해 저족氐族 중심에 사로잡힘이 없이 한족漢族과 저족의 갈등, 이른바 민족 갈등을 종식시킨 범중화세계汎中華世界의 군주였다고 보는 견해와 저족을 중시하는 저족 주체 정권으로 보는 견해로 나누어지고 있다.[38]

내치를 다져 국력을 키운 부견은 370년 전연을 멸망시켰다. 373년 동진의 사천 지방을 정복하고, 376년에는 전량前涼과 대代를 멸망시켜 화북을 통일하였다. 이렇게 화북지역의 패권을 장악한 부견은 동진을 쳐서 중국대륙을 통일하려 하였다. 이때 부견은 고구려가 배후의 위협이 되지 않도록 하기 위해 고구려에 우호적인 입장을 취하였다. 이는 동일한 야망을 품은 전연의 모용황이 고구려를 위협세력으로 보고 대군을 동원하여 공격한 것과는 정반대의 양상이다. 이리하여 고구려는 전진으로부터 불교를 받아들여 공인하고 왕권 강화의 정신적 지주로 하였다. 부견이 태학을 세워 유학 교육을 강화한 것을 본받아 고구려도 태학을 설치하고 자제를 교육하여 국왕에 충성하는 관료군을 양성하였다.

이후 고구려와 전진과의 관계를 보여주는 것이 소수림왕이 7년 (377) 11월에 남으로 백제를 정벌하면서 동시에 전진에 사신을 파견해 조공한 사실이다.[39] 이 시기 백제도 전진과 교섭과 교류를 하였다. 백제왕에게 동호부를 준 것이 그 예가 된다. 이에 대해서는 뒤에 다시 말할 것이다. 이로 미루어 고구려는 전진이 백제를 편들지 않도록 하려는 의도에서 사신을 파견한 것으로 보인다.

한편 소수림왕 대에 고구려와 동진과의 관계는 율령 반포 사실을 통해 그 편린을 추론해 볼 수 있다. 이 시기 동진에서는 진 무제晉武帝 태시 4년(268)에 반시頒示된 태시률泰始律이[40] 사용되고 있었다. 고구려는 동진이 시행하고 있던 태시율령을 토대로 하여 율령을 만들어 반포하였다.[41] 이는 고구려와 동진 사이에 교섭과 교류가 있었음을 보여준다. 이렇게 고구려가 전진 및 동진과 교섭과 교류를 한 것은 소수림왕이 다면 외교를 행하였음을 보여준다.

2) 신라와의 관계

《삼국사기》소수림왕본기에는 신라와의 관계를 보여주는 기사는 하나도 없다. 그러나 양국 사이에 접촉이 전혀 없었던 것은 아니었다. 이를 추론하는데 단서가 되는 것이 《자치통감》 태원 2년(377)조에 "고구려, 신라, 서남이 모두가 전진(前秦: 苻秦)에 사신을 보내 공물을 바쳤다"는 기사이다.[42] 이 기사는 신라와 중국 왕조와의 교섭을 보여주는 최초의 사례이다.

지정학적인 조건에서 볼 때 377년에 신라 사신이 육로로 중국 왕조로 가려면 고구려의 도움을 받아야 하고, 해로를 이용하려고 하면 백제의 도움을 받아야 하였다. 이때 신라가 어느 나라의 도움을 받았느냐를 단정하기는 어렵지만 같은 해에 신라와 고구려가 각각 전진에 사신을 보낸 사실에서 미루어 볼 때 고구려의 도움을 받았을 가능성이 크다고 하겠다.

이 시기 신라가 고구려의 도움을 받게 된 배경에는 백제와의 관계가 작용하였다. 이보다 앞서 신라는 백제 근초고왕이 369년에 남방 경략을 한 이후 '약위형제約爲兄弟'의 관계를 맺어 백제 쪽으로 기울었다. 그러나 373년에 양국 관계에 변화를 가져오는 사건이 발생하였다. 백제의 독산성 성주가 300명을 데리고 신라로 망명한 것이다. 신라 내물왕은 독산성주의 망명을 받아들인 뒤 그를 송환해 달라는 백제 근초고왕의 요구를 받아들이지 않았다.[43] 이 사건을 계기로 백제와의 관계가 소원해지자 신라는 고구려 쪽으로 기울어졌다. 그 결과 신라는 고구려의 도움을 받아 전진에 사신을 파견할 수 있었던 것으로 보인다.

이후 얼마 지나지 않아 고구려와 신라 사이의 우호 관계에도 변화가 생겼다. 이를 추론하는데 단서가 되는 것이 《태평어람》에 신라가 382년에 사신을 파견하여 미녀를 보냈다는 기사 다음에 '신라가 백제의 동쪽에 있다'고 한 기사이다. 이 기사는 신라의 위치를 말할 때 백제를 기준으로 하고 있다. 이는 신라 사신이 백제의 안내를 받았음을 보여준다. 이에 대해서는 뒤에 다시 말할 것이다. 5년 전에 고구려의 도움을 받았던 신라가 이제 백제의 도움을 받은 것이다. 여기에는 고구려와의 사이에 무언가 좋지 않은 일이 발생하였기 때문일 것이다. 그 사건이 무엇인지는 자료가 없어 알 수 없다.

그러나 신라는 언제까지 고구려에 등을 돌릴 수는 없었다. 고구려의 국력이 강성하였기 때문이다. 이에 신라 내물왕은 382년(내물왕 37, 소수림왕 12)에 이찬 대서지大西知의 아들 실성實聖을 인질로 보냈다.[44] 고구려의 강성함을 인정하고 확실히 고구려 편에 선 것이다. 그 결과 〈광개토대왕비〉에 보듯이 400년에 백제를 매개로 한 가야와 왜 연합군이 신라를 공격하여 위기에 빠뜨리자 광개토대왕이 보기步騎 5만을 보내 신라를 구원해 주었다. 이후 신라왕은 직접 고구려에 가서 조공 등의 일을 의논하는 등45 친고구려 입장을 취하였다. 고구려와의 이러한 우호관계는 신라 눌지왕이 고구려의 간섭에서 벗어나기 위해 18년(434)에 백제와 이른바 제라濟羅동맹을 맺을 때까지46 유지되었다.

4. 소수림에 묻힌 소수림왕

앞에서 말한 것처럼 소수림왕은 유학 교육을 통해 국왕에 대한 충성심이 높은 관료를 양성하고, 불교의 공인을 통해 여러 사상을 통합하고, 율령의 반포와 실행으로 국가 운영의 질서를 확립하였다. 이는 중국에서 진시황이 천하를 통일하면서 통일된 천하를 효율적으로 다스리기 위해 도량형을 통일하고, 문자를 통일하고, 사상을 통일하고, 법을 통일한 것과 같은 맥락이라 하겠다. 대해주류왕(대무신왕)과 연결되는 소해주류왕을 일컬으면서 해씨 세력을 자신의 지지세력으로 끌어넣는 권도權道를 발휘하기도 하였다. 이 또한 능력이라 하지 않을 수 없다. 소수림왕의 왕권 강화와 체제정비는 이후 광개토대왕, 장수왕 대에 고구려가 전성기를 누릴 수 있는 토대가 되었다.

소수림왕은 재위 14년인 384년 11월에 죽었다. 그리고 소수림小獸林에 묻혔다. 왕의 시호인 소수림왕은 장지 이름에서 따온 것이다.47 그러나 장지인 소수림의 위치가 어디인지 알 수 없고, 부왕 고국원왕이 묻힌 국강상에 무덤을 만들지 않은 이유도 알 수 없다. 소수림왕의 무덤에 대해 우산 992호묘로 보는 견해,48 마선구 2,100

호묘 보는 견해,[49] 천추총으로 보는 견해,[50] 태왕릉으로 보는 견해[51] 등이 제시되었지만 모두 추정일 뿐 단정할 수 없다. 이 또한 아쉬움이라 하지 않을 수 없다.

II. 전성기를 구가한 백제 근초고왕

1. 고구려에 대한 대비

1) 한산으로의 이도

371년 고국원왕은 평양성 전투에서 전사하였다. 고구려는 왕의 전사라는 큰 충격을 받았지만 언제든지 백제에 보복 공격을 해 올 수 있는 강대한 나라였다. 이를 모를 리 없는 근초고왕은 평양성에서 회군한 뒤 고구려의 보복 공격에 대한 대비책을 마련하였다. 그 방법의 하나로 도읍을 옮겼다. 옮긴 도읍지에 대해《삼국사기》백제본기에서는 한산漢山이라 하였다.[52] 그러나《삼국사기》지리지에 인용된《고전기》에는 근초고왕이 고구려의 남평양을 취하고 한성에 도읍한 것으로,[53]《삼국유사》에 인용된《고전기》에는 "북한성으로 도읍을 옮겼다"고[54] 하였다. 이 가운데《삼국사기》지리지에 인용된《고전기》의 한성은 백제 도성이므로 이도라고 할 수 없다. 이《고전기》의 "도한성都漢城'은 '도한산都漢山'으로 고쳐보는 것이 타당할 것이다.

《삼국유사》에 인용된《고전기》의 북한성에 대해 일연스님은 "지금의 양주今楊州"라고 세주를 달았다. 양주는 본래 고구려의 북한산군이었다. 신라 진흥왕이 553년에 이곳을 차지한 후 북한산주를 설치하고 군주를 파견하였다. 통일 이후 경덕왕이 한양군으로 고쳤는데, 고려 초에 이 한양군을 양주로 고쳤다.[55] 양주의 주치는 신라 무열왕이 (북)한산주에 장의사莊義寺를 개창하였다는 사실과[56] 김정호의《대동지지》권1 한성부조에 고려시대 양주의 주치를 조선시대의 '중부 경행방 한양동[今中部慶幸坊漢陽洞]'이라 한 기사에서 살펴볼 수 있다. 장의사는 현재 당간지주가 남아있는 서울특별시 종로구 부암동 창의문 즉 자하문 밖 일대에 위치하였다. 경행방은 현재의 서울특별시 종로구 경운동을 중심으로 하여 운니동·익선동·낙원동·돈의동 일대에 해당한다.[57] 이를 종합하면 고려시대 양주의 주치는 현재의 서울시 종로구 일대가 된다.

근초고왕이 평양성에서 회군한 후 도읍을 옮긴 목적은 고구려의 보복 공격에 대비하기 위함이었다. 그러려면 상대적으로 안전한 곳으로 도읍을 옮겨야 한다. 북한성으로 도읍을 옮기는 것은 오히려 고구려 쪽에 더 가까운 곳으로 옮기는 것이 된다. 이는 사리에 맞지 않는다. 따라서 북한성으로 보는 견해는[58] 받아들이기 어렵다. 그렇다면 근초고왕의 이도지移都地는《삼국사기》백제본기와《세종실록》지리지[59]처럼 한산(남한산)으로 보는 것이 타당하다. 이와는 달리 한산의 위치를 몽촌토성으로 보는 견해가 있다.[60] 그러나 몽촌토성(남성)은 풍납토성(북성)과 함께 왕도 한성을 구성한 성이었다. 또 한산은 '큰 산'이라는 의미를 가지는데 몽촌토성이 자리한 야트막한 산을 한산으로 부를 수 없다. 따라서 몽촌토성은 근초고왕이 이도한 한산이 될 수 없다.

남한산은 자체가 천혜의 방어 요새였다. 그래서 신라 문무왕은 13

년(673년)에 한산주漢山州에 주장성晝長城(日長城)을 쌓아[61] 전략 요충지로 삼았다. 2002~2003년에 이루어진 남한산성 내 발굴조사에서 백제시대 주거지 2개소와 저장용 구덩이 8개소 등이 확인되었고, 다량의 백제토기편이 출토되었다.[62] 이러한 고고학적 발굴 성과와 남한산이 가지는 전략적 중요성 등에서 미루어 볼 때 근초고왕도 이곳을 주목하고 만일의 사태에 대비하여 일시적으로 이곳으로 도읍을 옮기지 않았을까 한다.[63] 그러나 이곳이 백제의 왕도였음을 확실하게 보여주는 성곽 시설 등은 아직 확인되지 않았다. 앞으로의 발굴조사에서 성곽 유적이 확인되기를 기대해 본다.

남한산성이 근초고왕의 이도지移都地라고 하였을 때 이를 방증해주는 자료의 하나가 남한산성 안에 있는 숭렬전崇烈殿이다. 숭렬전은 백제 시조 온조왕의 위패를 봉안하고 제사를 드리던 시설이다. 현재 경기도 유형문화재로 지정되어 있다. 병자호란 때 청군이 서울 근교까지 내려오자 조선 인조는 14년(1636) 세자와 함께 남한산성으로 들어가 농성전을 펼쳤다. 이때 신하들이 '온조가 이곳에 도읍을 정했기에 반드시 신神이 있을 것인데, 예로부터 군사작전을 펼치면 주둔지에서 그 지방의 신에게 제사를 지냈다며 온조에게 제사를 드리십시요'라고 청하였다. 인조는 그 청을 받아들여 16년(1638)에 새로이 사당을 세워 위판을 '백제시조왕묘百濟始祖王廟'라 하였다. 그리고 청나라 군대와 싸우다가 군중軍中에서 죽은 이서李曙(1580~1637)를 영의정으로 추증하고 배향하도록 하였다. 정조는 19년(1795)에 광주판관 이시원李始源의 청을 받아들여 온조왕의 사당을 숭렬전崇烈殿으로 바꾸었다.[64]

온조왕사(숭렬전)는 백제시대의 사당이 아니라 조선 인조 대에 세운 것이어서 사료적 가치는 없다. 다만 숭렬사의 건립과 관련하여 흥미로운 것은 인조와 신하들이 '온조왕이 남한산성에 도읍하였다'고 보았다는 사실이다. 이러한 인식 형성에는 무언가 근거가 있었을 것이다. 그 근거가 바로 근초고왕이 한산=남한산성으로 이도하였다는《삼국사기》의 기록이 아닐까 한다. 그렇다면 조선 인조 대의 '남한산성=한산=백제 왕도'라는 인식은 근초고왕이 '한산으로 이도하였다[移都漢山]'는 한산이 남한산성임을 방증해 주는 자료가 될 것이다.

2) 청목령 축성

남한산으로 도읍을 옮긴 것은 북방의 방어선이 뚫렸을 때를 대비하기 위함이었다. 왕도를 안전하게 하려면 무엇보다도 국경지역의 방어를 튼튼히 하는 것이 필요하였다. 이에 근초고왕은 28년(373)에 청목령靑木嶺에 축성하였다.[65] 그 위치에 대해《신증동국여지승람》은 송악을 온조왕이 말갈의 공격을 막기 위해 지킨 청목산으로 보고, 왕창근王昌瑾 경문鏡文을 인용하여 "두 용이 나타났는데 한 마리는 청목에 몸을 감추었다"고 하면서 '청목은 소나무[松]이니 송악을 말한다'고 하였다.[66] 안정복은《동사강목》에서 개성 북쪽의 금천과의 경계인 청석동靑石洞(현재의 경기도 개풍군 영남면 천마산)으로 추정하였다.[67] 이와는 달리 영평永平 지역으로 보는 견해도[68] 있다. 저자는 청석동으로 보는 견해를 따른다.

청목령은 온조왕 대에 백제군이 말갈과 싸우다가 패배하자 청목산에 의거하여 스스로를 지켰다는[69] 기사에서 보듯이 초기백제시기부터 북쪽의 요충지였다. 그래서 근초고왕도 이곳을 중시하여 새로이 성을 쌓아 고구려의 압박에 대비하였던 것이다. 그러나 청목성이 구체적으로 어디에 위치하였는지 그리고 현재 어떤 형태로 남아있는 지는 자료가 없어 알 수 없다.

이후 청목령은 백제의 관방으로서 중요한 기능을 하였다. 진사왕은 2년(386)에 15세 이상인 자들을 동원하여 청목령에서 시작하여 북으로 팔곤성을 거쳐 서쪽으로 바다에 이르는 관방을 설치하였다.[70] 이 관방의 출발점이 청목령이었다. 아신왕은 4년(395)에 고구려와 패수에서 싸웠다가 패배하자 이에 대한 보복 공격을 하기 위해 한수를 건넌 후 도착한 곳이 청목령이었다.[71] 개로왕은 15년(469)에 장수를 보내 고구려의 남쪽 변경을 공격한 후 쌍현성을 수즙하고, 청목령에 대책大柵을 설치하고 북한산성의 사졸들로 하여금 지키게 하였다.[72] 이처럼 청목령은 왕도 한성을 방어하는 요충지였다. 이 곳에 성을 쌓아 본격적으로 관방으로 활용한 왕이 바로 근초고왕이었다.

2. 국제적 위상의 고양

1) 동진과의 교섭과 진동장군 영낙랑태수

한성기 및 웅진기의 백제와 중국 왕조와의 관계는 동진 및 송·제·양, 이른바 남조와의 관계와 16국 및 북위, 이른바 북조와의 관계로 나누어 볼 수 있다. 백제와 동진과의 교섭에 대해 종래에는 372년에 근초고왕이 동진에 사신을 보낸 것을 그 시작으로 보았다. 그런데 〈칠지도〉 명문에는 '태화4년泰和四年'이 나온다. 태화는 동진 폐제(廢帝) 해서공(海西公)의 연호로서 366~370년까지 사용되었다. 태화 4년은 369년(근초고왕 24)이다. 백제가 동진의 연호를 사용하였다는 것은 동진과의 교섭이 있었다는 것을 전제로 해야 한다. 연호의 사용은 교섭의 결과물이기 때문이다. 그렇다면 백제는 369년 이전에 이미 동진과 교섭을 가졌다고 할 수 있다.

이후 근초고왕은 372년에 동진에 사신을 보냈다.[73] 그 시기는 평양성 전투에서 승리를 거둔 이듬해이다. 근초고왕은 이런 승리감으로 동진에 사신을 보냈던 것이다. 동진은 근초고왕에게 진동장군영낙랑태수鎭東將軍領樂浪太守를 수여하였다.[74] 동진이 백제왕을 책봉한 것은 이것이 최초이다.

책봉으로 받은 작호는 진동장군이라는 장군호와 낙랑태수라는 태수호이다. 중국에서 장군호제는 본래 군사적 성격보다는 관직의 고하를 표시하는 것이 주된 기능이었다. 한대漢代의 장군직은 종류도 많지 않고 또 상설된 것도 아니었지만 위진대魏晉代를 거치면서 그 수가 다소 증가되었다. 남북조시대가 되면 상당수의 새로운 장군직이 신설되어 그 수가 급증함으로 말미암아 관제로 정비하여 체계화했다.[75] 이리하여 장군직은 남북조시대 관제의 특징 가운데 하나가 되었다. 중국 왕조는 이 장군호를 책봉관계를 맺은 주변 여러 나라의 왕이나 그 신하들에게 사여하였다. 국내의 질서 체계를 외교적 관계에로 확대한 것이다. 동진이 근초고왕에게 장군호를 사여한 것도 그 일환이었다.

근초고왕이 받은 진동장군은 사진四鎭(진동·진서·진남·진북)장군의 하나로서 정3품이다. 중국의 경우 5품 이상의 장군호를 받은 장군들은 '군사를 거느리고 장군부를 열었다[領兵開府]'. 이 장군부에 장사, 사마, 참군 등의 관리를 두었다. 이를 부관府官이라 한다.[76] 근초고왕도 3품의 진동장군호를 받은 후 막부幕府를 열고 장사나 사마와 같은 부관을 두었을 것이다. 이는 전지왕[餘映]이 424년에 부관인 사마 장위張威를 송에 파견한 것에서[77] 방증이 된다. 이후 부관 설치는 개로왕과 동성왕 대에로 이어졌다.[78] 참고로 고구려 광개토대왕도 장사, 사마, 참군 등 부관을 설치해 운영하였다.[79]

낙랑태수호는 낙랑군과 연관된다. 낙랑군은 서기전 108년에 한무제가 위만조선을 멸망시키고 설치한 한4군의 하나였다. 400여 년간 존재한 낙랑군은 313년에 고구려에 병합되어 고구려의 영역이 되었다. 이후 백제 근초고왕은 371년 겨울 평양성 전투에서 고국원왕을 전사시키는 승리를 거두면서 황주지역을 영역으로 확보하였다. 낙랑군 지역의 일부를 차지하게 된 것이다. 근초고왕은 이를 강조하였고, 동진은 그 주장을 받아들여 근초고왕에게 낙랑태수호를 수여하였다. 이는 전연이 고국원왕을 낙랑공으로 책봉한 것에 대응된다. 이렇게 보면 동진이 근초고왕에게 영낙랑태수호를 수여한 것에는 고구려를 견제하려는 의도도 있었다고 하겠다.[80] 그 결과 근초고왕은 백제의 역대 왕 가운데 낙랑이 들어간 작호를 받은 최초의 왕이 되었다.

진동장군호와 낙랑태수호를 받음으로써 근초고왕은 이제 당당히 국제무대에서 두각을 나타냈었다. 동시에 동진의 선진적인 문물을 직접 받아들이면서 문화 수준을 높였다. 태시율령泰始律令을 토대로 율령을 반포한 것과 동진의 도량형을 받아들여 칠지도를 1척=25cm의 자로 만든 것이[81] 이를 보여준다. 풍납토성 경당지구 196호 유구에서 출토된 중국제 시유도기 28점과 전문도기 5점을 비롯하여[82] 몽촌토성과 왕실의 능묘구역인 석촌동고분군에서 출토된 전문도기와 시유도기 등은 동진과의 문물교류를 보여주는 물적 증거이다.

2) 전진과의 교섭과 백제왕동호부

동진(317-420)이 강남에 자리를 잡고 있을 때 화북지역에는 전조前趙(304-329), 전연前燕(337-370)을 비롯하여 전진前秦(351-385) 등이 성립하여 성쇠를 거듭하고 있었다. 이른바 5호16국시대(304-439)가 전개된 것이다. 15호6국시대는 백제로서는 비류왕(304-344)에서 근초고왕(346-375)을 거쳐 비유왕(427-454) 전반기에 해당된다. 백제는 5호16국 가운데 진전과는 교섭과 교류를 하였을 가능성이 높다. 이를 추론하는데 단서가 되는 것이 둘이다.

하나는《태평어람》에 신라왕 누한樓寒이 382년에 사신 위두를 전진에 보내 미녀를 바쳤다고 하면서 "신라국은 백제의 동쪽에 있다"고 한 기사이다.[83] 이 기사는 신라 사신 위두衛頭와 전진왕 부견苻堅(359~385) 사이에 오간 대화의 다음에 나온다. 누한은 신라 내물왕(356~402)을 말한다. 이 시기에 신라가 전진에 사신을 보내기 위해서는 지리적인 조건 때문에 육로로 가려면 고구려의 도움을 받아야 하였고, 해로로 가려면 백제의 도움을 받아야 하였다. 지금까지의 연구에서는 내물왕은 고구려의 도움을 받아 사신 위두를 전진에 파견한 것으로 보아왔다. 이 견해대로라면 신라의 위치를 말할 때 당연히 고구려를 기준으로 하여 '고구려의 남쪽'에 있다고 해야 하였을 것이다. 신라에 대한 소개를 고구려가 하였을 것이기 때문이다. 그런데 이 기사는 백제를 기준으로 신라의 위치를 말하고 있다. 이는 신라가 백제의 도움으로 전진에 사신을 파견하였음을 보여준다. 그렇다면 백제는 382년 이전에 이미 전진과 교섭과 교류를 하고 있었다고 보아야 할 것이다.[84]

다른 하나는 백제왕동호부百濟王銅虎符이다. 이 호부에는 "천왕이

조서를 내려 백제왕에게 주는
호부 제△[天王詔與百濟王銅虎符
第△]"라는 전서篆書 반문半文과
백제왕百濟王이 새겨져 있다.[85]
'천왕'은 한족 왕조에는 보이지
않고 16국의 지배자들만 사용하
였다. 흉노의 근준靳準이 318년
에 한천왕漢天王을,[86] 전진의 부
건苻健이 351년에 천왕대선우天
王大單于를,[87] 부견苻堅이 357년
에 대진천왕大秦天王을[88] 일컬은
것이 그 예이다.

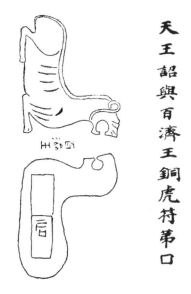

백제왕동호부 그림과 명문(방선주 논문)

16국 가운데 이 호부를 백제왕에게 내려준 천왕이 어느 나라 천왕
이냐를 추론하는데 단서가 되는 것이 부견의 4촌인 부락苻洛이 379
년에 일으킨 반란이다. 부락은 부견이 자신의 용맹함과 공로를 꺼려
변방의 직으로 돌리자 379년에 스스로 대장군대도독진왕을 일컬으
면서 거병하여 반란을 일으켰다. 그리고 사자使者를 선비, 오환, 고구
려, 백제, 설라薛羅, 휴인休忍 등의 나라에 보내어 군사지원을 요청하
였다.[89] 이는 부락이 백제의 존재를 알고 있었음을, 바꾸면 말하면
백제가 전진과 교섭하고 있었음을 말해준다. 이로 미루어 백제는
379년 이전에 전진과 교섭하였다고 할 수 있다. 이때가 전진왕 부견
대이다. 따라서 이 호부를 내려준 왕은 전진왕 부견이고 이를 받은
백제왕은 근초고왕으로 볼 수 있겠다.[90]

백제는 전진과 교섭과 교류를 하면서 16국의 문화를 받아들였다.

이를 보여주는 것이 두 가지이다. 하나는 좌현왕, 우현왕과 같은 16국의 정치제도를 받아들인 것이다. 좌현왕·우현왕은 한족漢族 왕조에는 보이지 않고 흉노 등 북방민족이 사용한 관호官號이다.[91] 흉노에서는 최고지배자를 탱리고도선우撐犁孤塗單于라 하였는데[92] 이 선우 아래에 좌우현왕左右賢王과 좌우곡려왕左右谷蠡王이 있었다. 이를 사각四角이라 하였는데 모두 선우의 자제들이 맡았다.[93] 좌현왕·우현왕제는 고구려나 신라에는 보이지 않는 백제만의 특징이다. 백제왕이 신하들에게 좌현왕과 우현왕을 수여한 것은 현재의 자료에는 개로왕 대에만 보이지만[94] 그 단초를 열어준 것은 전진과의 교섭과 교류를 시작한 근초고왕 대로 보아야 할 것이다.

다른 하나는 백제는 토성을 쌓을 때 이른바 증토축성법烝土築城法을 사용한 것이다.[95] 증토축성은 토성을 축조할 때 석회를 사용하여 성벽을 매우 단단하게 한 것을 말한다. 이때 석회를 물과 반죽하면 김이 나왔기 때문에 흙을 찐다는 의미로 증토축성이라 하였다. 이 증토축성은 유목민족이 토성을 쌓을 때 사용한 기술이다. 대표적인 사례로는 대하大夏의 혁련발발赫連勃勃이 쌓은 수도 통만성統萬城을 들 수 있다. 혁련발발은 질간아리叱干阿利에게 통만성 축성 책임을 맡겼다. 이때 그는 송곳을 찔러 1촌이라도 들어가면 축성한 사람을 죽였다고[96] 할 정도로 단단한 토성을 축조하였다. 이 증토축성 기술을 백제가 사용한 것이다. 몽촌토성에 증토축성의 흔적이 확인되는 것이[97] 이를 말해준다. 이러한 기술 도입의 단초를 근초고왕이 열었던 것이다.

이처럼 근초고왕은 372년에 동진에 사신을 보내 '진동장군영낙랑태수'라는 작호를 받았고, 이후 어느 시기에 전진에도 사신을 보내

동호부를 받았다. 이리하여 근초고왕은 고대동아시아의 국제무대에도 두각을 나타내고 왕의 위상을 높였다. 또 동진은 물론 전진으로부터 정치제도와 기술, 문화 등을 받아들였다. 모두가 다변외교의 결과물이었다. 근초고왕대부터 시작된 다변외교는 이후 백제 외교의 기본 방향이 되었다. 이를 통해 백제는 문화의 내용을 보다 다양하게 하면서 문화 수준을 더 높일 수 있었다.

3. 독자적 천하관 표방

근초고왕은 즉위 후 '초고왕肖古王'에 '근近'자를 붙인 왕호를 사용한 것에서 보듯이 초고왕계의 왕위계승권을 확립하였다. 왕비족인 진씨 세력과 연대하여 지배 세력을 재편제하고, 14관등제를 실시하여 귀족관료들의 상하 위계질서를 확립하였다. 지방 통치조직인 담로제를 실시하여 지방에 대한 중앙의 통제력을 강화하였다. 박사를 설치하여 유학교육을 실시하고 유교정치이념을 강조하였다. 율령을 반포하여 일원적인 법체계를 확립하였다. 남으로는 영산강 유역 일대를, 북으로는 황주와 수곡성(황해도 신계)으로 이어지는 지역까지를 영역으로 하여 최대의 영토를 확보하였다. 이른바 전성기를 구가하였다. 이 과정에서 백제 중심의 독자적인 천하관을 표방하였다. 이를 보여주는 사례는 셋이다.

첫째, 백제 중심의 연맹체에서 이탈한 영산강 유역의 침미다례 세력을 '남만南蠻'으로 불렀다.[98] 남만은 동이東夷, 서융西戎, 북적北狄과 함께 중국적 천하관에서 나온 것으로서 중국이 주변국들을 오랑캐로 인식하여 부른 명칭이다. 이를 사이관四夷觀이라 한다. 백제가 신미국(심미다례)을 '남만南蠻'으로 부른 것은 중국적 사이관을 빌려 주변국들을 오랑캐로 인식한 백제의 천하관을 보여주는 것이다. 주변국들을 이적夷狄으로 보는 천하관을 가지게 되면 주변 여러 나라와의 관계를 설정할 때도 조공·책봉의 원리가 활용되었다. 〈충주고구려비〉에 의하면 고구려는 신라의의 관계를 '여형여제如兄如弟'로 표현하면서 신라를 조공국으로 관념하여 신라왕과 그 신하들에게 의복을 하사하였다.[99] 이를 원용하면 백제가 369년에 가야제국에 대한 군사적 시위를 한 후 맺은 부형-자제 관계도[100] 조공 관계라고 할 수 있지 않을까 한다.

둘째, 근초고왕은 369년 9월 치양을 공격해 온 2만의 고구려군을 격파하여 5천 명을 죽이는 대승을 거두자 그해 11월에 한수(한강)의 남쪽에서 크게 열병하였다. 이때 모든 깃발을 황색으로 하였다.[101] 오행사상에서 황색은 중앙을 상징한다. 이를 통해 근초고왕은 백제군은 국왕의 군대이며 백제가 천하의 중심국임을 과시하였다.

셋째, 칠지도七支刀에 새겨진 금상감 명문이다. 칠지도는 현재 일본 나라현의 석상신궁石上神宮에 보관되어 있다. 백제는 이 칠지도를 동진 태화 4년(369년, 근초고왕 24)에 만들어 372년(근초고왕 27)에 칠자경七子鏡 1면과 함께 왜에 보냈다.[102] 이 칠지도는 실물이 현재까지 전해져오고 있고 또 문헌 기록과도 일치하는 희귀한 유물이다.

이 칠지도의 성격에 대해 일제시기 일인사학자들은 칠지도의 앞면에 새겨진 "의공공후왕宜供供侯王"의 '공供'이 '드리다' 또는 '바치다'의 뜻이 있다는 점을 강조하여 백제왕이 왜왕에 바쳤다고 보았다. 이것이 이른바 '헌상설'이다.[103] 그러나 헌상설은 성립할 수 없다.

일본 석상신궁 소장 칠지
도(좌)와 근강정 출토 오
령경(우)

이를 입증해 주는 것이 뒷면에 나오는 "백
제왕세자기생성음百濟王世子奇生聖音 고위왜
왕지조故爲倭王旨造 전시후세傳示後世"이다.

이 구절의 '기생성음奇生聲音'의 '기奇'는
주어로서 백제 왕세자, 즉 근구수의 이름인
'구수仇須' 또는 '귀수貴須'의 줄인 이름이다.
'생'은 동사이다. '성음'은 불교를 가리킨다
고 보는 견해도 있지만104 '윗분의 말씀'을
높여 부른 용어이다. '왜왕지조倭王旨造'의
'지旨'에 대해 '왜왕의 뜻'으로 보는 견해도
있지만 왜왕의 이름으로 보는 것이 타당하다. 그러면 이 문장은 '백제
왕세자인 기가 (칼을 만들라는) 말씀을 하셨으므로(성음을 내었으므로)
그 까닭으로 왜왕인 지를 위해 이 칼을 만들었다'고 해석할 수 있
다.105 이렇게 해석하면 이 칼을 만들도록 한 사람은 백제 왕세자인
'기奇'이고, 이 칼을 받는 사람은 왜왕 '지旨이다. 왜왕에 대응되는
존재는 백제의 왕세자이다. 그러면 백제왕은 왜왕보다 상위의 존재가
되며 이 칼은 백제왕이 왜왕에게 하사한 것이 된다. 이는 '후세에
전하여 보이라[傳示後世]'는 구절 역시 윗사람이 아랫사람에게 하는
문구라는 점에 의해서도 뒷받침되리라 본다.

칠지도의 하사와 연동되는 것이 본 명문의 전면에 나오는 "의공공
후왕宜供供侯王"의 '후왕侯王'이다. '후왕'은 '제후왕'을 말한다. 제후
왕은 한 무제가 중앙집권체제를 확립한 뒤 천자의 아들을 명목적으
로 지방의 왕으로 건봉建封하면서 생겨났다. 이후 후왕은 후대로 갈
수록 실질적 의미는 점차 없어지고 단순히 고귀한 특권적 지위에

있는 자에게 수여한 명예직으로 바뀌었다.106 이 점을 강조하여 칠지도의 후왕을 길상구吉祥句의 하나로서 자손이 잘되기를 바라는 형식적인 성격의 문투로 보아야 한다는 견해도 있지만107 제후적 존재를 가리키는 것은 분명하다. 후왕은 신하로서는 올라갈 수 있는 최고의 명예적 지위였다.

이 후왕을 뒷면에 나오는 왜왕과 연결시켜 보면 왜왕은 바로 후왕, 즉 제후왕이 된다. 이는 근초고왕이 왜왕을 제후왕으로 인식하였음을 보여준다. 그렇다면 근초고왕은 주변국의 왕을 제후왕으로 거느린 천하의 중심이 되는 왕임을 표방하면서 '대국의 왕', 즉 '대왕'과 같은 존재로 군림하였다고 할 수 있다. 아신왕이 대왕으로 불린 것이108 이를 방증해 준다. 이후 대왕으로서의 백제왕은《송서》백제전과《남제서》백제전에서 보듯이109 신하들에게 왕호나 후호를 사서私署한 뒤 중국 왕조로부터 정식 제수를 받는 왕·후호제를 실시하였다.110 왕·후호제는 삼국 가운데 백제에서만 실시된 제도이다. 그 바탕이 된 것이 바로 근초고왕 대의 천하관이었다.

III. 수성의 군주, 백제 근구수왕

1. 진씨왕비

근초고왕의 뒤를 이어 근구수왕(375~384)이 즉위하였다. 이름은 귀수貴須였고 줄여서 수須라고 하였다. 칠지도 명문에는 '기奇'로 나온다. '奇'는 '貴須'의 축약형이라 할 수 있다. 근구수왕이란 왕명은 제6대 '귀수왕' 앞에 '근'자를 붙인 것으로 '귀수왕을 잇는다'는 의미를 가진다. 이는 아버지 근초고왕이 제5대 '초고왕' 앞에 '근'자를 붙여 초고왕과의 친연관계를 강조한 것과 같다.

근초고왕은 고이왕계인 계왕이 재위 3년 만에 죽자 왕위에 올라 초고왕계가 왕위를 계승할 수 있는 단초를 열었다. 그 뒤를 아들 근구수왕이 이었다. 현재의 자료에 의하면 근구수왕의 즉위 과정에는 정치적으로 큰 어려움은 없었다. 정상적으로 왕위에 오른 것이다.

근구수왕은 진씨 출신의 아이阿尒부인을 왕비로 삼았다. 이는 즉위 2년(376)에 내신좌평으로 임명한 진고도眞高道가 왕구王舅였다는111 사실에서 알 수 있다. 舅는 외삼촌의 의미도 있고, 장인의 의미도 있다. 그런데 내신좌평은 대개 왕의 동생이나 왕의 장인이 임명되었다. 그렇다면 진고도는 왕의 장인이고 따라서 아이阿尒부인은 진고도의 딸이 된다.

근구수가 아이부인을 맞이한 시기를 추론하는데 단서가 되는 것이 아들 침류왕이 돌아갔을 때 손자 아신阿莘이 유소幼少하였다는 사실이다.112 유소는 15세 이하를 말한다. 침류왕은 385년에 죽었으므로 아신의 출생 시기는 늦어도 370년경이 된다. 370년에 침류왕의 나이를 결혼 적령기인 20세 정도로 보면 침류의 출생 연도는 350년(근초고왕 5) 무렵이 된다. 이때 근구수는 아이부인과 결혼하여 침류를 낳았을 것이다. 이로 미루어 근초고왕은 재위 5년(350)을 전후하여 진고도의 딸을 아들 근구수의 부인으로 삼은 것 같다.

진씨는 근초고왕의 왕비를 배출한 데 이어 근구수왕의 왕비도 배출함으로써 왕권을 지지하는 든든한 배경이 되었다. 이후 진씨는 아신왕이 삼촌 진사왕辰斯王을 제거하고[113] 왕위에 오를 때 핵심적인 구실을 하여 아신왕의 왕비까지 배출하였다. 그래서 근초고왕~아신왕 대까지를 진씨왕비족시대로 부른다.[114] 이리하여 이 시기 백제의 정치 운영은 왕족 부여씨와 왕비족 진씨 중심으로 이루어지게 되었다.

2. 국정운영의 기본 방향

근구수왕은 태자 시절부터 부왕을 도와 군사를 지휘하였다. 369년 3월 백제가 영산강 유역의 심미다례 세력을 공격할 때 근구수는 부왕과 함께 군대를 거느리고 출동하였다. 369년 9월 근구수는 고구려 고국원왕이 보기 2만을 거느리고 치양을 공격해 오자 이를 맞아 싸워 5천여 명의 머리를 베거나 포로로 잡는 전과를 올렸다. 그리고 퇴각하는 고구려군을 추격하여 수곡성(황해도 신계)까지 영역으로 확보하였다. 371년 10월에는 부왕과 더불어 정병 3만의 거느리고 평양성을 공격하여 고국원왕을 전사시켰다. 이에 대해서는 앞에서 이미 말하였다.

즉위한 뒤 근구수왕이 추진한 국정운영의 기본 방향은 진씨세력을 국정운영의 동반자로 하여 정치질서를 안정시키는 것이었다. 장인 진고도眞高道를 내신좌평에 임명하여 내정을 위임하고 군사권은 왕 스스로가 관장한 것은 이러한 방향에서 나온 것이다. 그래서 근구수왕은 3년(377)에 친히 3만의 군대를 거느리고 고구려 평양성을 공격하였던 것이다. 이에 대해서는 뒤에 다시 말할 것이다. 이는 근초고왕의 정치 운영 모습과 비슷하다. 이리하여 근구수왕은 부왕 근초고왕이 이루어 놓은 업적을 잘 지켜나가는 수성의 군주가 되었다. 그 배경에는 든든한 지지세력이 되어 준 진씨의 구실이 컸다고 할 수 있다.

수성의 군주로서 근구수왕이 이룩한 이러한 업적은 후대 왕들의 본보기가 되었다. 개로왕이 북위에 보낸 국서에서 태자 시절의 근구수가 평양성을 공격하여 고구려 고국원왕을 죽인 것에 대해 '신의 선조 수須(근구수왕)께서 고구려왕 사유의 목을 효참梟斬하였다'고 자랑한 것과[115] 사비도읍기에 성왕이 19년(541)애 가야의 여러 수장들을 불러들여 개최한 '사비회의'에서 초고왕(근초고왕)과 귀수왕(근구수왕)이 가야제국의 여러 한기旱岐들과 '부형-자제' 관계를 맺은 것을 자랑스럽게 회고한 것이[116] 이를 잘 보여준다.

3. 삼교포함 사상

한국고대사에서 중앙집권체제를 뒷받침해 준 사상이 유교, 도교, 불교이다. 이를 삼교三敎라고 한다. 삼교는 국가 운영의 정신적 기반이 되었다. 삼국은 삼교의 어느 하나에 치우치지 않으면서 삼교가 서로 보완작용을 하도록 하였다. 이를 삼교포함三敎包含이라 한다. '삼교 포함'은 최치원이 〈난랑비서〉에서 '풍류도風流道'를 설명하면서 "나라에 현묘玄妙한 도가 있으니 풍류風流라 한다. …실로 이는 삼교三敎를 포함하고 뭇 백성들과 접接하여 교화한다"[117]고 한 말에 나온다. 신라의 풍류도風流道는 진흥왕이 화랑도를 창설하면서 강조한 풍월도風月道의 다른 표현이다. 풍월도는 진흥왕이 일심으로 불교를 믿었고, 천성적으로 신선神仙을 숭상했으며, 효제충신孝悌忠

信을 나라를 다스리는 대요大要로 삼았다고[118] 한 것에서 보듯이 삼교를 포함하였다.[119]

백제에서 삼교 포함과 관련하여 주목되는 것이 근구수왕의 사상이다. 근구수왕은 태자 시절 도가사상에 관심을 가지고 있었다. 이를 보여주는 것이 두 가지이다. 하나는 장군 막고해莫古解가《도덕경》의 "족함을 알면 욕되지 않고 그칠줄 알면 위태롭지 않다[知足不辱 知止不殆]"라는 구절을 인용하여 더 이상 추격하지 말 것을 간하자 근구수왕이 간언을 받아들인 것이다. 이에 대해서는 앞에서 이미 말하였다. 이 시기 동진에서는 청담淸談 사상이 풍미하고 있었다. 청담사상은 노장사상에 기초해 세속적 가치를 초월한 정신적 자유를 강조하고, 명분과 형식에만 집착하는 유학을 비판하며 3현三玄(《도덕경》,《장자》,《주역》)을 기초로 하여 철학적이고 예술적인 논의를 중시하는 풍조였다. 이로 미루어《도덕경》은 동진을 통해 백제에 들어왔을 가능성이 크다.[120]

다른 하나는 칠지도七支刀(七枝刀)이다. 이 칼은 줄기에 가지가 여섯 개 붙은 모양이고 이름은 '칠지도七支刀'이다. 이 칠지도는 칠자경七子鏡과 함께 백제가 왜에 보냈다. 칠지도와 칠자경은 이름에서 보듯이 '칠七'이 강조되고 있다. 7자의 강조는 도가사상과 깊은 관련을 갖는다.[121] 근구수왕이 '七支'와 '七子'의 형태로 칼과 거울을 만들도록 한 것은 도가사상에서 나온 것이라 할 수 있다. '선세 이래로 이러한 칼은 없었다'고 한 구절이 이를 방증해 준다.

한편 근구수왕이 유교사상을 강조하였음을 직접적으로 보여주는 자료는 없지만 이를 추론하는데 단서가 되는 것이 부왕인 근초고왕의 유학사상 강조였다. 근초고왕은 유교정치이념을 국가운영의 기본

원리로 하였다. 그래서 박사 고흥高興으로 하여금 역사서인《서기》를 편찬하게 하고, 또 유교의 '인仁'을 종지로 하는 율령을 반포하였다. 박사 왕인을 파견하여《논어》와《천자문》을 왜에 전해주었다. 근구수는 태자 시절 부왕과 전장을 누비면서 부왕과 호흡을 맞추었다. 따라서 근구수왕도 즉위 뒤 유교이념을 중시하였을 것이다.

백제에서 불교는 침류왕이 원년(384)에 동진에서 온 호승胡僧 마라난타摩羅難陀를 왕궁으로 맞아들이고 한산에 불사를 세우고 20명을 승려로 삼음으로써[度僧] 공인되었다.[122] 따라서 근구수왕 대에 불교는 아직 공인되지 않았다. 그렇지만 왕실에서는 공인 이전에 불교를 알고 있었다. 이와 관련하여 주목되는 것이 근구수왕 왕비의 이름 아이阿尒부인이다.[123] 아이는 범어에서 여승을 가리키는 아니阿尼와 연결된다고 한다.[124] 아이부인이 불교적 성격의 이름을 가졌다면 아이부인은 불교신자라고 할 수 있다. 이로 미루어 공인 이전에 불교가 이미 백제 사회에 들어와 있었고 마침내 왕실에까지 전해졌다고 할 수 있다.[125] 이는 신라의 경우 불교가 공인되기 이전인 소지왕(479~500) 대에 내전內殿(대궐)에 분수승焚修僧이 있었고 이 분수승이 궁주宮主와 밀통까지 하였다는 사실에서[126] 방증이 되리라 본다. 아이부인이 불교 신앙을 가진 것이 왕비가 되기 이전인지 아니면 이후인지는 분명히 하기 어렵지만, 어느 경우이든 근구수왕이 용인하거나 묵인하여야만 가능하였다. 이렇게 보면 근구수왕도 불교에 대해 일정하게 관심이 있었다고 할 수 있다.

이처럼 근구수왕은 유교뿐만 아니라 도가사상에 깊은 관심이 있었고 또 불교에 대해서도 알고 있었다. 그렇다고 하여 어느 한 사상에 경도된 것은 아니었다. 삼교를 통해 국가 운영을 조화롭게 하려고 하였던 것 같다. 따라서 근구수왕의 사상은 삼교를 포함한 것이라고 할 수 있다. 이는 백제에서 삼교 포함의 시초라고 하겠다. 그러나 근구수왕의 불교에 대한 관심은 왕실 구성원으로부터 반발을 불러 일으켰다. 이에 대해서는 뒤에 다시 말할 것이다.

4. 동진 및 16국과의 관계

백제와 동진과의 교섭과 교류는 근초고왕[餘句]대에 시작되었다. 근초고왕은 372년에 동진에 사진을 파견하여 '진동장군영낙랑태수鎭東將軍領樂浪太守'의 작호를 받았다. 이에 대해서는 앞에서 이미 말하였다. 근구수왕도 즉위 후 부왕 근초고왕이 물꼬를 터놓은 동진과의 우호관계를 유지하였다. 그래서 379년에 동진에 사신을 보냈다. 그러나 이 사신은 해상에서 악풍을 만나 도달하지 못하고 돌아왔다.[127]

이후 근구수왕은 다시 동진에 사신을 보냈다. 이를 보여주는 자료가 《양서》 백제전에 '진 태원 중에 백제왕 수須가 동진에 사신을 파견하여 포로[生口]를 보냈다'는[128] 기사이다. 이 기사의 백제왕 수는 근구수왕이다. 태원은 동진 효무제의 연호로서 376~396년까지이며, 근구수왕의 재위 기간(375~384)에 해당한다. 사신을 보낸 연대는 《진서》 제기帝紀에 "태원 7년382에 동이東夷 5국이 사신을 보내 방물을 바쳤다"는 기사에서 추론해 볼 수 있다.[129] 이 기사에는 다섯 나라의 이름이 나오지 않지만 4세기 후반의 동이라고 하면 백제가 당연히 포함되었을 것이다. 그렇다면 379년 이후 근구수왕이 동진에 사신을 다시 보낸 시기는 382년으로 보아도 좋을 것이다.

동진은 주변국이 사신을 보내서 방물을 바치면 그에 대한 반대급부로 작호를 주고 또 회사품을 내렸다. 근구수왕도 동진으로부터 책봉을 받았을 것이다. 그 책봉호는 부왕인 근초고왕이 진동장군호를 받은 사실에서 미루어 진동장군호가 아니었을까 한다.[130] 이후 백제왕은 동진으로부터 '사지절使持節 도독都督'에 '장군호'와 '왕호'를 갖춘 작호를 받았다. 여휘餘暉(진사왕)가 태원 11년(386)에 사지절 도독 진동장군 백제왕使持節都督鎭東將君百濟王을 최초로 받은 것이[131] 이를 말해 준다.

근구수왕 대에 5호16국과 교섭과 교류를 하였음을 보여주는 직접적인 자료는 없다. 그렇지만 다음과 같은 자료를 통해 대략적인 모습은 추론해 볼 수 있다. 하나는《태평어람》에 신라왕 누한樓寒이 382년에 사신 위두를 전진에 보내 미녀를 바쳤다고 하면서 "신라국은 백제의 동쪽에 있다"[132]고 한 기사이다. 누한은 신라 내물왕(356~402)이다. 이때 신라 사신 위두는 백제 사신의 안내를 받아 전진으로 갔다. 이에 대해서는 앞에서 이미 말하였다. 신라가 사신을 보낸 382년은 근구수왕 8년이다. 따라서 이 기사는 근구수왕 대에도 전진과의 교섭이 이루어진 것을 보여준다.

다른 하나는 4세기 2/4분기~3/4분기에 축조된 대형 목곽묘인 김해 대성동 91호분과 88호분이다. 여기에서는 로만글라스·용문금동대단금구와 진식대금구·금동용문운주·운모 등 일괄 유물이 출토되었다.[133] 이 일괄 유물은 삼연三燕과 연결되는 유물이다. 삼연은 전연前燕(337~370), 후연後燕(384~407), 북연北燕(407~436)을 말한다. 이러한 유물들은 서진에서 제작되어 전연으로 들어온 후 서해안 루트를 통해 김해지역의 가락국(구야국, 금관가야)에 유입되었을 가능성이 크다고 한다.134 지리적으로 볼 때 이 시기에 김해의 가락국이 삼연과 직접 교섭과 교류를 하였다고 보기 어렵다. 육로로는 고구려의 도움을 받아야 하고, 해로로는 백제의 도움을 받아야 하였기 때문이다. 이때 가락국이 고구려의 도움을 받았는가 아니면 백제의 도움을 받았는가는 가락국과 고구려, 가락국과 백제의 관계에서 추론해 볼 수밖에 없다.

〈광개토대왕비〉에 따르면 400년 전쟁 때 김해의 가락국, 즉 임나가라任那加羅는 왜와 함께 신라를 공격하였다. 이때 광개토대왕이 보기 5만을 보내 신라를 도와줌으로 말미암아 이 공격은 실패하였다. 이 과정에서 고구려군은 임나가라의 종발성從發城에까지 이르렀다. 이 사건은 4세기 후반에 가락국과 고구려가 대립적인 관계에 있었음을 보여준다. 이와는 달리 가락국은 근초고왕이 369년에 남방 경략을 단행한 이후 백제와 긴밀한 관계가 있었다. 이에 대해서는 앞에서 이미 말하였다. 이로 미루어 이 시기에 가락국은 백제를 매개로 전연이나 후연과 교섭을 하지 않았을까 한다. 이는 거꾸로 백제가 삼연과 먼저 교섭과 교류를 하였음을 시사해 준다. 다만 이를 입증해 줄 수 있는 문헌 기록이나 유물은 백제에서 아직 확인되지 않았다. 앞으로 고고학적 발굴을 통해 이런 자료들이 출토되기를 기대해 본다.

5. 아름답지 못한 최후

근구수왕은 태자 시절 때부터 국정운영에 깊숙이 관여하였고 특히 군사 방면에서 탁월한 능력을 발휘하였다. 즉위하고는 진씨세력의 지지를 받으면서 왕권의 기반을 다지고 왕실의 위상을 높였다. 이리하여 근구수왕은 수성의 군주로서 자리매김하였다. 그러나 근구수왕의 마지막은 아름답지 못하였다. 이를 보여주는 것이 근구수왕의 죽음에 앞서 일어난 괴변怪變이다.

《삼국사기》에 따르면 근구수왕 10년(384) 봄 2월에 해무리가 3겹으로 생기고 또 궁궐 안의 큰 나무가 저절로 뽑혔으며, 그 2달 뒤에 왕이 죽었다고 한다.[135] 해는 왕을 상징한다. 이 해가 세 겹의 해무리로 둘러싸였다는 것은 왕이 특정 세력들에 둘러싸인 것을 보여준다. 특정 세력이란 동생 진사辰斯 세력을 말한다.

앞에서 말한 바와 같이 근구수왕은 도가사상에도 관심을 가지고 있었지만 불교에도 관심을 가졌다. 그러나 동생 진사辰斯는 도가사상에 심취하였다. 그가 즉위한 뒤 7년(391)에 못을 파서 산을 만들고 여기에 기이한 짐승을 기르고 이상한 화초를 심었다는 것이[136] 이를 보여준다. 천지조산穿池造山은 바로 도교적 원지園池, 기이한 짐승과 이상한 화초는 도교적 이상세계를 말하는 것이기 때문이다.[137] 그래서 진사는 형 근구수왕의 친불교적인 입장에 반발하지 않았을까 한다. 이로 말미암아 근구수왕 말년에 백제 지배층 내부에서는 불교 신앙을 강조하는 왕비 세력과 도가사상을 강조하는 동생 진사 세력이 대립하였을 가능성이 크다.

이 대립 과정에서 대세는 점차 진사 쪽으로 기울어졌다. 진사 세력을 상징하는 해무리가 왕을 상징하는 해를 3겹으로 둘러쌓았다는 것이 이를 보여준다. 이러한 대립과 갈등의 최종 상황을 예조해 주는 것이 '궁궐 안의 큰 나무가 저절로 뽑혔다'는 징후이다. '궁궐 안의 큰 나무'는 왕을 상징하는 것이고, 이 나무가 '저절로 뽑혔다'는 것은 왕이 정상적으로 죽지 않을 것을 미리 알려준 것이다. 이 예조대로 근구수왕은 두 달 뒤에 죽었다. 비극적으로 생을 마감한 것이다. 그 결과 아들 침류왕이 비록 뒤를 이어 불교를 공인하였지만 그 이듬해에 죽었고, 왕위는 손자 아신이 아닌 동생 진사에게로 넘어갔다. 진사가 조카의 왕위를 빼앗은 것이다.[138] 수성을 이룬 군주의 마지막은 이처럼 아름답지 못하였다. 동시에 석촌동의 어느 무덤이 근구수왕의 무덤인지 비정조차 할 수 없다. 이 또한 안타까운 대목이라 하겠다.

IV. 다시 불붙은 공방전

1. 수곡성을 둘러싼 공방전

371년 평양성 전투에서 고국원왕이 전사한 이후 백제와 고구려는 각각 이후의 상황에 대비하는 전략을 짰다. 근초고왕은 승리를 만끽하면서도 차후에 있을 고구려의 공격에 대비하여 한산(남한산)으로 수도를 옮기고, 청목령에 축성하였다. 이와 달리 고구려 소수림왕은 태학을 설립하고, 불교를 공인하고, 율령을 반포함으로써 부왕의 전사에 따른 위기를 극복하여 체제를 안정시켰다. 그리고 백제에 대한 복수를 도모하였다. 이리하여 고구려와 백제 사이에 또 다시 공방전이 벌어지게 되었다.

375년(소수림왕 5, 근초고왕 30) 소수림왕은 수곡성을 공격하였다.[139] 수곡성은 본래는 고구려의 성이었지만 369년 치양 전투에서 패배하여 백제에게 빼앗긴 곳이다. 백제 왕자 근구수는 퇴각하는 고구려군을 이곳까지 추격하고서는 돌을 쌓아 백제의 영역임을 표시하였다. 이 수곡성은 백제가 방원령로를 통해 평양성으로 진군하고자 할 때 거쳐야 하는 길목이기도 하였다. 때문에 백제가 수곡성을 차지하고 있는 것은 고구려에게는 매우 위협적인 것이었다. 소수림왕은 이러한 위험을 제거하고 잃어버린 땅을 되찾기 위해 수곡성을 공격하였던 것이다.

근초고왕은 군대를 보내 막도록 하였다. 이때 얼마의 군대를 보냈는지는 자료가 없어 알 수 없다. 고구려군은 저항하는 백제군을 물리치고 수곡성을 함락하였다.[140] 고구려로서는 평양성 전투의 치욕을 되갚으면서 동시에 실지를 회복한 셈이 되었지만 백제로서는 타격이 컸다. 이에 근고초왕은 수곡성을 되찾기 위해 375년에 또 대군을 일으키려 하였다. 그러나 때마침 흉년이 들어 백성들이 굶주리는 상황이 되자 출병을 못하였다.[141] 민생의 어려움을 그대로 두고 볼 수 없었기 때문이다. 375년 겨울 11월 근초고왕은 돌아갔다. 재위 30년 만이다. 수곡성을 회복하지 못한 채였다. 반면에 소수림왕은 수곡성 전투에서 승리함으로써 군사들의 사기는 높아지고 또 왕의 위상도 높아졌다. 평양성에 대한 위험도 제거하였다. 이것이 수곡성 전투의 승리가 고구려에 주는 의미라 하겠다.

2. 백제 북쪽 경계에서의 전투

수곡성에 대한 공격에서 성공을 거둔 소수림왕은 이듬해인 376년

(소수림왕 6, 근구수왕 2) 11월에 백제 북쪽 변경[北鄙]을 공격하였다.[142] 전투가 벌어진 북비는 백제가 고구려로부터 빼앗은 곳일 가능성이 크다. 이 시기 백제가 고구려로부터 빼앗은 곳으로서 지명을 알 수 있는 곳이 수곡성과 황주이다. 황주가 백제의 영역이 된 것은 이곳에서 출토된 백제 토기에 의해 밝혀졌다. 이에 대해서는 앞에서 이미 말하였다. 위치에서 미루어 수곡성은 동북쪽의 북비가 되고, 황주는 서북쪽의 북비가 된다. 수곡성은 한 해 전에 되찾았으므로 376년의 북비는 황주가 아닐까 한다. 그렇다면 375년의 수곡성 공격과 376년 북비로 추정되는 황주 공격은 고구려의 실지 회복을 위한 공격이라 하겠다.

376년은 근초고왕이 돌아가신 만 1년이 되는 해이다. 어쩌면 고구려는 백제가 상중인 틈을 이용하여 황주로 추정되는 북비를 공격하였을지도 모르겠다. 근구수왕은 곧장 군대를 파견하여 막도록 하였다. 이 전쟁의 승패를 보여주는 자료는 없다. 다만 고구려가 성을 함락하였다는 기사가 없는 것에서 미루어 백제군은 고구려군을 격퇴한 것으로 보인다. 그러나 백제가 황주지역을 지켜냈는지는 자료가 없어 알 수 없다.

3. 제2차 평양성 공방

수곡성 전투와 황주로 비정되는 북비에서 벌어진 전투는 고구려의 선제공격으로 이루어졌다. 근구수왕으로서는 일방적으로 당한 셈이었다. 이에 반발하여 근구수왕은 377년 10월 직접 3만의 군대를 거느리고 고구려 평양성 공격을 단행하였다.[143] 선제공격을 시도한 것이다. 이를 제2차 평양성 공격이라 할 수 있다.

377년 10월 평양성 공격은 371년 겨울 10월의 평양성 공격과 여러 면에서 닮은 점이 있다. 첫째, 공격한 달이 동일하다. 두 공격 모두 10월에 이루어졌다. 둘째, 고구려 고국원왕이 369년에 친히 치양을 공격하였고 그 이듬해에 또 패하를 공격해 오자 이에 대응해 근초고왕은 371년에 고구려의 평양성을 공격하였다. 377년의 경우에도 고구려가 먼저 수곡성을 공격하고 또 북쪽 변경을 공격하자 근구수왕이 그것에 대한 반격으로 평양성을 공격하였다. 고구려의 선제공격에 대한 대대적인 반격이라는 점이 동일하다. 셋째, 371년 평양성 공격 때 근초고왕이 직접 군대를 거느리고 갔다. 377년의 평양성 공격에도 근구수왕이 직접 출정하였다. 왕의 친정이 공통이다. 이는 백제가 그만큼 평양성 공격에 무게를 두었음을 보여준다. 넷째, 371년 평양성 공격 때 근초고왕은 정병 3만을 동원하였다. 이번의 평양성 공격 때도 근구수왕은 역시 3만의 군대를 동원하였다. 동원한 군대의 규모가 같다는 것도 닮았다.

백제의 공격에 대응해 소수림왕이 직접 군대를 거느리고 전장에 나갔다는 기록은 없다. 따라서 별도의 지휘관을 보내 백제의 공격을 막도록 한 것 같다. 고구려군의 규모는 백제군의 규모가 3만인 점을 고려하면 이에 버금가는 규모였을 것이다. 이 공방전에서 백제군이 평양성을 함락하였다는 기사는 없다. 고구려는 이번에도 평양성을 지켜냈던 것이다.

4. 소강상태

평양성 공격에서 성과를 거두지 못한 백제군이 물러가자 소수림왕은 같은 해(377) 11월에 백제에 대한 공격을 단행하였다.[144] 평양성 공격에 대한 보복 공격이었다. 그러나 전투가 벌어진 곳이나 전투의 진행 과정, 양국의 지휘관, 군사의 규모 그리고 전쟁의 승패 역시 자료가 없어 알 수 없다. 이 전쟁에서 고구려 역시 큰 전과를 거두지 못하였다.

이처럼 양국은 376년 이후 377년 11월에 이르기까지 몇 차례에 걸쳐 공격과 방어를 되풀이하였지만, 어느 한쪽이 결정적인 승리를 거두지 못하였다. 이리하여 고구려와 백제는 호각지세互角之勢를 이루게 되었다. 이후 두 나라 사이에는 더 이상 공방전이 없었다. 일시적이지만 소강상태로 들어간 것이다. 여기에는 양국의 국내 상황과 주변국과의 관계 등이 일정하게 작용하였다.

고구려의 경우 378년(소수림왕 8)에 기근이 들어 백성들이 서로 잡아먹는 상황에까지 이르렀다. 민생이 큰 어려움에 빠진 것이다. 이러한 상황에서 이해 9월에 거란이 북변을 침공해 왔다.[145] 거란은 내몽골 흥안령興安嶺 기슭의 송막松漠 지방에서 발흥한 민족이다. 〈광개토대왕비〉에는 '비려碑麗'로, 《진서》에는 '비리裨离'로, 《요사》에는 '비리陴离'로 나온다. 그 계통에 대해 여러 설이 있지만 우문宇文, 고막해庫莫奚와 함께 선비鮮卑에서 나온 것으로 보는 설이 유력하다.[146] 거란족들의 생업은 유목이 위주였지만 점차 농업을 병행하였다.[147] 거란이 무슨 이유로 고구려를 공격하였는지는 알 수 없다.

이 공격은 거란의 고구려에 대한 최초의 공격이었다. 이 공격으로 고구려는 8개 부락이 함락되고, 1만여 명이나 되는 백성들이 포로로 잡혀갔다. 고구려로서는 큰 피해를 입었다. 이는 광개토대왕이 즉위한 해(391) 9월에 북으로 거란을 정벌하여 남녀 500명을 포로로 잡은 뒤 거란을 타일러 이들이 붙잡아간 백성 1만 명을 데리고 왔다는 사실에서[148] 확인된다. 이로 말미암아 고구려는 북방에 대한 방비를 게을리할 수 없게 되었다. 여기에 기근에 따른 민생고도 더해졌다. 이리하여 고구려는 백제에 대한 공격을 더 이상 추진하기 어렵게 되었다.

한편 백제에서도 379년(근구수왕 5) 4월에 흙비가 하루 종일 내리는 이상 현상이 일어났다. 흙비는 농사에 큰 지장을 주었을 것이다. 380년(근구수왕 6)에는 역질이 크게 유행하였다. 이로 말미암아 많은 민들이 사망하였을 것이다. 여기에 더하여 깊이가 5장, 가로와 넓이가 각각 3장이나 되게 땅이 찢어졌다가 3일 만에 합쳐지는 기이한 현상도 나타났다.[149] 땅 꺼짐 현상은 길조가 아님은 물론이다. 381년(근구수왕 7)에는 봄부터 6월까지 비가 오지 않아 백성들이 굶주려 심지어 자식을 파는 자들까지 나타났다. 근구수왕은 관곡官穀을 내어 몸값을 갚도록 하는 조치를 내렸지만[150] 민의 생활은 매우 비참하였다. 이처럼 연이은 자연재해로 말미암아 근구수왕도 군대를 일으키기가 어려웠다. 그래서 378년 이후부터 양국 사이에는 전쟁이 없는 소강상태가 유지되었다.

그러나 이러한 소강상태는 소수림왕도 죽고 근구수왕도 죽은 이후인 386년(진사왕 2, 고국양왕 3)에 고구려 고국양왕이 백제를 다시 공격하면서[151] 깨어졌다. 고국양왕의 뒤를 이은 고구려 광개토대왕은 즉위하면서 사방척경四方拓境을 추진하였다. 그래서 광개토대왕은 396년 백제를 공격하여 58성·700촌을 함락하고, 백제 아신왕으로부터 '무릎을 꿇고 스스로 맹서하는跪王自誓' 항복 의례를 받았다.152 이에 따라 힘의 균형추는 고구려 쪽으로 기울어졌다. 그 결과 고국원왕과 근초고왕이라는 두 영웅이 대결하면서 이루었던 팽팽한 세력 균형 관계는 소수림왕과 근구수왕 대까지는 유지되었지만 이후 점차 고구려의 우위라는 새로운 관계로 들어가게 되었다.

맺는 글_평양성과 평양성 전투의 역사적 의미

1. 평양성에 대한 인식

고국원왕과 근초고왕의 맞대결을 정리하면서 새삼스럽게 떠오른 질문은 왜 평양성에서 맞수가 대결을 펼쳤을까? 평양성이 한국고대사에서 차지하는 위상은 무엇일까? 하는 것이었다. 한국고대사에서 볼 때 평양은 유서 깊은 도시이면서 선진문화가 꽃핀 도시였다. 그 시작은 고조선의 수도가 되면서부터였다. 《삼국유사》에서는 단군이 세운 조선의 수도를 평양이라 하였다.[153] 《삼국사기》 편찬자도 평양을 '선인 왕검이 자리한 곳', 즉 '선인 왕검의 수도인 왕험王險'이라고 특별히 주석을 달았다. 이는 평양성의 역사성을 보여준다.

한편 《삼국사기》 편찬자인 김부식은 '논왈論曰'에서 현도와 낙랑은 조선의 땅이라는 것과 조선의 땅은 기자의 교화가 펼쳐진 곳, 즉 예의가 있는 곳이고, 농사와 직조가 잘 행해진 곳이며, 법금이 잘 시행된 곳이었으며, 그래서 공자도 이곳에 와서 살려고 하였다는 점을 강조하였다.[154] 이 조선의 땅의 중심지가 바로 평양이었다.

서기전 108년 한 무제는 위만조선을 멸망시킨 후 낙랑군樂浪郡을 설치하였다. 군치가 바로 평양이었다. 이후 낙랑군에는 중국 본토의 선진 문물이 들어왔고, 이 선진 문물은 낙랑군을 통해 주변국으로 퍼져 나갔다. 이제 낙랑군은 중국 왕조와 한반도와 일본열도를 연결하는 거점으로서 선진 문물 교류의 창구였다. 그 창구의 중심에 평양이 있었다.

이처럼 평양은 고조선의 중심지로서 오랜 역사의 도시이고, 교화가 행해진 문명의 도시이고, 공자도 와서 살고 싶어 한 이상향으로 인식되었다. 400여 년간 존속한 낙랑군의 치소로써 경제적 문화적 번영을 누린 도시였다. 그 결과 평양을 차지하는 것, 즉 평양으로 대변되는 낙랑을 차지하는 것은 고조선의 역사의 정통성을 잇는 것이고, 기자로 상징화된 선진 문화를 향유하는 것이고, 낙랑군의 선진 문명을 차지한다는 의미를 가지는 것으로 인식되었다. 이렇게 확대된 인식이 이후 어떻게 전개되었는가를 몇 가지로 정리해 두기로 한다.

2. 고구려의 부도 평양성

313년 고구려 미천왕은 배후에서 남방을 위협하는 낙랑군을 멸망시켰다. 400년간 존속한 낙랑군의 군치로서 경제적 문화적 번영을 누린 도시 평양은 이제 고구려의 영역이 되었다. 미천왕은 낙랑 고지를 효율적으로 지배하기 위해 평양성을 축조하였고, 고국원왕은 334년에 평양성을 증축하여 남진의 거점성으로 하였다. 이에 대해 앞에서 이미 말하였다.

이후 평양성의 위상에 새로운 변화가 생겼다. 고국원왕이 13년 (343) 7월에 '목멱산 동쪽에 있는 평양동황성平壤東黃城으로 이거移居'한 것이다.155 이에 대해《삼국사기》지리지 편찬자는 세주에서 '이것이 맞는지 아닌지를 잘 모르겠다'고 하였다.156 이 세주를 근거로 '고국원왕의 이거' 기사는 후대에 이 성터가 '과거 고구려의 고국원왕이 내려와 머물렀던 곳'이라는 식으로 생겨난 전승을 채록한 것이어서 사실이 아닌 것으로 보는 견해도 있다.157 그러나《삼국사기》지리지 편찬자의 의견을 기준으로 본문의 기사를 판단할 필요는 없다.158 따라서 평양동황성으로의 이거는 사실로 보는 것이 타당하다.

이 기사의 이거는 천도遷都 또는 이도移都와는 다르다. 천도나 이도는 왕의 거처인 궁실과 왕실 조상의 신주를 모신 종묘를 함께 옮기는 것을 말한다.159 반면에 이거는 거처의 이동이라는 일반적인 상황을 가리키지만 피난과 같은 특수한 상황 하에서 궁성의 이동에도 사용되는 용어이다.160 즉 왕의 이거는 궁성의 이동을 말한다. 따라서 고국원왕의 평양동황성 이거는 궁성의 이동이라 할 수 있다.

평양동황성은 '평양의 동황성'으로 읽을 수도 있고, '평양 동쪽의 황성'으로 읽을 수도 있다. 전자로 읽으면 '동황성'은 고유명사로서 성 이름이 되고, 후자로 읽으면 '황성'이 고유명사가 된다. 이 가운데 황성에 대한 기록은 종종 나온다.《삼국사기》에 안장왕이 11년(529)에 "황성의 동쪽에서 사냥하였다"는 기사와161《신증동국여지승람》에 "목멱산에 황성의 옛터가 있다"고 한 기사가162 그것이다. 그렇지만 '동황성'을 보여주는 자료는 없다. 따라서 '평양동황성'은 '평양 동쪽의 황성'으로 보는 것이163 타당하다.

황성黃城의 '황黃'은 음양오행사상에 의하면 중앙을 의미한다. 고구려가 5부 가운데 내부內部를 '황부黃部'라고 한 것이[164] 이를 말해 준다. 이 '황黃'은 '황皇'과 상통한다. 신라 진흥왕이 월성 동쪽에 새로운 왕궁[新宮]을 지으려다가 황룡黃龍이 나타남으로 궁궐 대신 사찰을 짓고 사찰 이름을 황룡사皇龍寺라 한 것과[165] 과거 국내성이 있던 통구[집안 지역]를 '황평성皇坪城'이라고 한 사실[166]이 이를 보여준다. 중앙은 왕궁과 떼어놓을 수 없다. 따라서 '황성黃城'은 '황성皇城'으로서 왕이 거주하는 공간을 가리킨다고 할 수 있다.

한편《신증동국여지승람》평양부조에는 '황성'의 다른 이름으로 '경성絅城'이 나온다. 이 경성에 대해 '경성絅城'은 '형성炯城'의 오사誤寫이며 '황黃'과 '형炯'은 음이 비슷하여 '황성黃城'이 '형성炯城'으로 표기된 것으로 보는 견해[167]도 있다. 그러나 '경絅'이 '형炯'의 오기라는 증거가 없으므로 따르기 어렵다. 저자는 경성은 명칭에서 미루어 '경성京城'의 이표기일 가능성이 크다고 본다. 그렇다면 황성은 바로 경성京城인 것이다.《청구요람》에 목멱산 황성에 대해 "고구려 고국원왕이 처음으로 도읍하였다[高句麗故國原王始都]"고 하여 '도都'를 부기附記한 것도 이를 방증해 준다.

황성은 현재의 평양에 있었다.[168] 황성의 구체적인 위치에 대해《삼국사기》고구려본기와 지리지에는 "지금 서경의 목멱산 가운데 있다"[169]고 하였다. 김정호의《대동여지도》,《동여도》,《청구요람》에는 황성을 모두 목멱산에 표시하였다. 이러한 사실 등을 종합하면 황성이 위치한 곳은 서경 동쪽의 목멱산이 된다. 이와는 달리 황성의 위치를 지금의 평양 대성산大城山 밑으로 보는 견해도 있지만 대성산은 구룡산九龍山 또는 노양산魯陽山으로 불렸으며, 목멱산과는 이름도 다르고 위치도 다른 산이므로 이 견해는 성립할 수 없다.

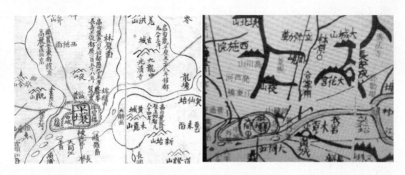

《청구요람》(좌)과 《대동여지도》의 황성과 목멱산(서울대학교 규장각한국학연구원)

이 황성이 오늘날의 어떤 성에 해당되는가에 대해 북한학계에서는 장안성의 북성 근처로 추정하는 견해, 고방산에 있는 용당산성으로 보는 견해, 고방산성(둘레 약3km)과 청호동 토성(평지성, 둘레 약 1.2km)으로 보는 견해 등이 있다. 남한학계에서는 청암리토성으로 보는 견해,[170] 안학궁성지로 보는 견해[171] 등이 있다. 근래에는 의암동토성衣岩洞土城으로 보는 견해가 나와 주목된다.

의암동토성은 서울대학교 중앙도서관이 소장하고 있는 〈조선성지실측도朝鮮城址實測圖〉에 나온다. 이 〈실측도〉는 1911~1924년 사이에 조선총독부 산림과에서 제작한 것이다. 이에 의하면 토성의 둘레는 약 145간, 높이는 약 3척, 바닥 부분 폭은 약 5척 정도였다. 이를 1척=약 0.3미터의 미터법으로 환산하면 둘레 약 261m, 높이 약 0.9m, 아래 폭 1.5m가 된다. 규모는 작고 형태는 방형이다.[172]

《대동여지도》와 《청구도》에는 목멱산 옆에 의암衣岩이 표시되어 있다. 명칭에서 미루어 이곳이 의암동토성이 위치한 곳일 것이다. 그런데 의암은 황성과 함께 표시되어 있다. 이점을 고려하면 의암동토성은 '황성'이거나 황성과 관련된 성일 가능성이 높다.[173] 이 토성에 대한 발굴 조사가 이루어져 실체가 밝혀지기를 기대해 본다.

고국원왕이 평양성을 증축하면서 평양성 동쪽의 목멱산에 별도로 황성을 만든 목적은 국난의 시기에 피난성으로 삼기 위해서였다. 굳이 평양성 쪽을 택한 배경에는 남진의 거점성으로서 평양성이 가지는 전략적 중요성과 경제력 등이 고려되었을 것이다. 황성 축조 시기는 평양성을 증축한 334년에서 고국원왕이 이곳으로 이거한 343년 사이이다. 아마도 평양성을 증축하면서 황성도 함께 축조하지 않았을까 한다.

황성을 축조한 이후 고국원왕은 342년에 전연의 모용황의 공격을 받았다. 국내성이 함락됨으로써 왕궁은 불타버리고, 피난성인 환도성도 파괴되었다. 그래서 고국원왕은 평양 동쪽의 황성으로 이거移居하였다. 황성黃城이 이제 별궁別宮 또는 이궁離宮이 되었다. 이로써 평양성은 부도副都의 기능을 하게 되었다. 그만큼 평양성의 위상이 높아진 것이다.

평양성을 부도라고 하였을 때 정리해 두어야 할 것은 《삼국사기》 동천왕 21년(247)조의 세주에 대한 이해이다. 이 세주에는 "평양은 본래 선인 왕검王儉이 살던 곳이다. 다른 기록에는 [그가] 왕이 되어 왕험王險에 도읍하였다[平壤者本仙人王儉之宅也 或云王之都王險]"는 내용이 나온다. 단군왕검이 세운 고조선의 수도는 왕험이라고도 하였는데 오늘날 평양이었다. 그런데 동천왕이 일시적으로 쌓은 강계의 평양성은 고조선의 수도가 아니었다. 따라서 이 세주는 강계의 평양성에 붙일 수 없다. 그렇다면 동천왕 21년(247)조의 세주는 고국원왕 13년조로 옮기는 것이 타당할 것이다. 이때는 고구려가 평양을 확실히 장악하고 있었기 때문이다. 어쩌면 고국원왕은 평양이 고조선의 수도임을 의식하여 이곳을 적극적으로 경영하여 부도로 삼지 않았을까 한다. 그 결과 부도 평양성은 고조선의 역사를 잇는 상징성도 가지게 되었다. 이후 427년 장수왕은 평양으로 천도하였다. 이리하여 평양은 명실상부하게 고조선의 맥을 잇는 왕도가 되었다.

3. 평양성 전투의 역사적 의미

《삼국사기》에는 삼국 사이에 벌어진 크고 작은 전투 기사가 많이 나온다. 그러나 전투가 일어난 해는 나오지만 전투 장소가 구체적으로 나오는 경우는 많지 않다. 동원된 군사의 규모나 지휘관, 전투 장소까지 나오는 경우는 더구나 많지 않다. 그런데 평양성 전투는 지휘관, 병력 규모, 전투가 벌어진 장소와 일시가 구체적으로 나오는 희귀한 사례이다. 평양성 전투가 일어나게 된 배경과 전투 과정 그리고 결과에 대해서는 앞에서 이미 말하였다. 여기서는 평양성 전투의 특징과 역사적 의미를 종합해서 정리해 두기로 한다.

첫째, 평양성 전투는 중앙집권국가를 이룬 고구려와 백제가 각각 남진 정책과 북진 정책을 추진하는 과정에서 벌어진 피할 수 없는 대결의 산물이었다. 그 대결은 고구려가 313년에 낙랑군을, 314년에 대방군을 멸망시켜 두 나라가 국경을 접하게 되면서부터 시작되었다. 평양성 전투는 남북 세력이 최초로 대결한 전투의 결정판이었다.

둘째, 371년 평양성 전투는 고구려 고국원왕과 백제 근초고왕이라는 두 영웅이 각각 군대를 거느리고 수도를 떠나 전선에서 맞대결을 펼친 전투였다. 한국고대사에서 수도가 아닌 전장 터에서 양국의 국왕이 마주해 싸운 것은 고국원왕과 근초고왕의 평양성 전투가 처음이자 마지막이다.

셋째, 전쟁에 동원된 군사 규모이다. 평양성 공격에 백제는 정병 3만을 동원하였다. 3만 대군의 동원은 백제 역사상 이때가 최초이다. 공격하는 백제군의 규모가 큰 것에서 미루어 평양성을 방어하는 고구려군의 규모도 이에 못지않았을 것이다. 이는 369년에 고구려가 백제의 치양성을 공격할 때 보기 2만을 동원하였다는 것에 의해 방증이 되리라 본다.

넷째, 이 전투의 결과이다. 평양성 전투에서 고국원왕은 백제군의 화살에 맞아 전사하였다. 그러나 백제군은 평양성을 함락하지 못하였다. 두 영웅의 대결에서 근초고왕은 승리하였지만 고구려는 끝까지 평양성을 지켜냈다.

다섯째, 평양성 전투의 결과에 대한 인식이다. 개로왕은 북위에 보낸 국서에서 '할아버지 근구수왕[臣祖須]이 고국원왕의 머리를 베어 달았다[梟斬釗首]'고 하였다. 《삼국사기》 편찬자인 김부식은 이에 대해 '지나친 말[過辭]'이라고 평하였지만 이 전쟁에서의 승리는 백제로서는 자랑스럽지 않을 수 없었다. '효참梟斬'은 이러한 자랑을 압축적으로 표현한 것이다. 반면에 비운을 맛본 고구려의 백제에 대한 인식은 매우 나빴다. 그래서 〈광개토대왕비〉에는 백제를 '백잔百殘' 또는 '잔국殘國'으로 낮추어 불렀고, 백제왕을 '잔주殘主'라 하여 폄하貶下하였다. 고구려 장수왕은 '백제 개로왕과는 옛날에 원수짐이 있었다'고 하였다.[174] 이리하여 고구려와 백제의 관계는 대립관계로 이어졌다.

여섯째, 평양성 전투에서의 승리로 백제는 고구려와 힘의 균형,

이른바 호각지세互角之勢를 이루었다. 백제의 군사력이 고구려군을 충분히 억제할 수 있게 된 것이다. 개로왕이 북위에 보낸 국서에서 "평양성 전투 이후 고구려는 감히 남쪽을 도모하지 못하였다"고 한 말이 이를 보여준다. 이후 한반도에서 국제관계는 고구려와 백제가 중심축이 되어 전개되었다.

일곱째, 낙랑공樂浪公과 낙랑태수樂浪太守라는 책봉호가 가지는 의미이다. 고국원왕은 355년에 전연으로부터 "정동대장군 영주자사 낙랑공 고구려왕"이라는 책봉호를 받았다. 모용황은 낙랑군이 고구려에 의해 멸망할 당시 장통張統이 거느리고 귀부한 낙랑군 주민 1천여 가를 토대로 교군僑郡으로서의 낙랑군을 설치하였다. 이 낙랑군의 위치는 지금의 금주이다.[175] 이처럼 모용황은 낙랑군에 관심을 가지고 있었지만 고국원왕에게 '낙랑공'을 수여하였다. 이는 전연이 원 낙랑지역을 고구려의 영역으로 인정하였음을 보여준다. 이리하여 고구려는 역사의 도시이면서, 문화의 도시인 평양의 영유를 국제적으로 공인받게 되었다.

한편 근초고왕은 371년 평양성 전투에서 비록 평양성은 함락하지는 못하였지만 낙랑군의 일부인 황주지역을 차지하였다. 근초고왕은 이를 매개로 낙랑지역을 차지하였다고 주장하였다. 동진은 이 주장을 받아들여 근초고왕에게 영낙랑태수領樂浪太守의 작호를 수여하였다. 낙랑이 들어간 작호를 가지게 됨으로써 근초고왕은 낙랑지역에 대한 연고권을 국제적으로 인정받게 되었다. 그 계기가 바로 평양성 전투였다.

4. '일통삼한' 의식과 평양

한국고대사는 청동기시대 이후 초기철기시대에 이르기까지 만주와 한반도 각 곳에서 크고 작은 국들이 성립하면서 본격적으로 시작되었다. 가장 먼저 성립한 국이 고조선이다. 이후 만주와 한반도 북부에서는 진번, 임둔이 성립하였고 그 다음으로 부여, 고구려가 성립하였다. 낙랑군을 구성한 현들도 본래는 국이었다. 한반도 중남부지역에서는 마한을 구성한 54국, 진한을 구성한 12국, 변한을 구성한 12국 등 78국의 국명이 알려져 있다. 《삼국사기》와 《삼국유사》에는 음즙벌국, 실직곡국, 이서국 등과 포상8국[浦上八國]으로 알려진 골포국, 칠포국, 사물국 등 78국에 포함되지 않은 국들이 나온다.

철기시대에 들어오면서 농업생산력의 발달과 사회분화의 심화로 각국 사이에 통합운동이 전개되었다. 이 과정에서 만주와 한반도 북부지역은 고구려에 통합되었다. 한강유역에서 영산강 유역에 이르기까지에 걸쳐있던 마한연맹체는 백제에 의해 통합되었다. 소백산맥 이남 낙동강 이동의 진한연맹체는 신라에 의해 통합되었다. 이와 달리 소백산맥 이남, 낙동강 이서, 지리산 이동에 자리한 변한연맹체는 통일왕국을 이루지 못한 채 가야연맹체로 전환되었다. 이리하여 삼국시대가 전개되었다. 이후 삼국은 치열하게 경쟁하면서 일통의 길로 나아갔다. 그 중심에 평양이 있었다.

평양이 일차적으로 부각된 것은 고국원왕이 부왕 미천왕이 쌓은 평양성을 증축하고 또 황성을 축조하여 부도副都로 삼음으로부터였다. 이후 평양성에 새로운 의미가 부가되었다. 이를 보여주는 것이

광개토대왕이 2년(392) 8월에 평양에 아홉 사찰을 세우고,[176] 3년
(393) 7월에 나라 남쪽에 7개의 성을 쌓은[177] 사실이다. 나라 남쪽의
구체적인 위치는 알 수 없지만 평양성 일대일 가능성이 높다. 여기에
서 생각해 보아야 할 것은 평양에 절을 짓고, 성을 쌓으면서 하필이
면 절은 아홉 개로, 성은 일곱 개로 하였는가이다. 이를 해명하는데
단서가 되는 것이 '九'와 '七'이라는 숫자가 가지는 의미이다. 그 의
미는 고려 태조 왕건이 후삼국 통일을 염원하면서 개경에 7층탑을,
서경에 9층탑을 세운 것에서 추정해 볼 수 있다. 태조 왕건의 9층탑
과 7층탑의 건립 목적은 후삼국의 통일이었다. 그러면 '九'와 '七'에
는 일통의 의미가 들어 있다고 할 수 있다. 이에 대해서는 뒤에 다시
말할 것이다. 광개토대왕이 부도인 평양에 9사를 세우고 7성을 쌓은
것은 고려 태조 왕건이 평양에 9층탑을, 개경에 7층탑을 세우려고
한 것과 묘하게 대응된다. 평양이 강조되고, 9와 7이 강조된 것이다.
이로 미루어 9사와 7성 건립은 삼국을 일통하겠다는 광개토대왕의
의지가 반영된 것이 아닐까 한다.

이 토대 위에서 장수왕은 15년(427)에 평양성으로 천도를 단행하
였다.[178] 이로써 평양성은 명실상부하게 고구려의 수도가 되었다. 고
구려는 일통삼한을 이루지 못하고 멸망하였지만 이후 평양성은 일통
삼한 의식의 상징으로 되어 갔다. 이는 다음과 같은 몇 가지 사례에
서 살펴볼 수 있다.

첫째, 648년 신라 김춘추는 당나라로 건너가 당 태종을 만나 이른
바 나당동맹을 맺었다. 이 과정에서 김춘추와 당태종은 전후처리 문
제에도 합의하였다. 전후처리에서 핵심은 고구려의 땅을 누가 어디
까지 차지하느냐였다. 이때 기준은 수도 평양이었다. 평양을 차지하

는 것은 고구려를 멸망시켰다는 의미를 내포하고 있기 때문이다.[179] 그래서 당 태종은 당연히 당이 평양을 차지한다고 하였을 것이다. 한편 김춘추가 평양을 차지하겠다는 제안을 하였음을 보여주는 자료는 없다. 그렇지만 그 가능성은 열어두는 것이 좋을 것이다. 이렇게 전후처리를 논의하는 과정에서 당은 평양성을, 신라는 평양 이남을 차지하는 것으로 의견이 조율되지 않았을까 한다. 그 결과 '평양 이남'이 특별히 강조되었던 것이다. 이는 671년(문무왕 11)에 문무왕이 당나라 장군 설인귀에게 보낸 답서答書에서 "당태종이 백제와 고구려를 평정한 뒤 평양 이남과 백제 토지는 아울러 신라의 것으로 하겠다"는 기사에서[180] 확인된다. 이와 달리 '평양 이남 백제토지'를 백제 땅으로 보고 신라의 삼국 통일은 백제 통합을 의미하는 것으로 보는 견해도 있다.[181] 평양성을 차지하겠다는 김춘추의 꿈은 이루어지지 못하였지만 평양 이남 즉 대동강을 국경선으로 한 것은 이후 일통삼한을 상징하는 징표로 인식되는 계기가 되었다.

둘째, 후백제 견훤甄萱이 고려 태조 왕건王建에게 보낸 친서이다. 여기에는 "내가 기대하는 일은 내 활을 평양성平壤城의 문루에 걸고 내 말로 패강浿江 물을 마시게 하는 것이오"라고[182] 한 말이 나온다. 이때의 패강은 대동강을 말한다. '평양성 문루에 활을 건다'는 것은 고려를 멸망시켜 일통을 하겠다는 의지의 표현이다. 이 시기 고려의 수도는 개성이었고, 개성을 감싸고 흐르는 강은 예성강이었다. 그렇다면 견훤은 고려를 멸망시키는 것에 대해 당연히 "내가 기대하는 일은 내 활을 송악(개경) 문루에 걸고 내 말에게 예성강 물을 마시게 하는 것이오"라고 말해야 하였을 것이다. 그럼에도 견훤은 개경 대신 평양성을, 예성강 대신 패강(대동강)을 끌어들여 통일 의지를 표방하였다. 이는 김춘추가 평양 이남만을 차지하는 것으로 전후처리를 합의한 것에서 한 걸음 더 나아간 것이다.

견훤이 이러한 발상을 하게 된 배경에는 견훤의 역사 인식이 깔려 있었다. 상주 출신인 견훤은 892년(진성여왕 6)에 무진주(광주광역시)에서 몸을 일으키고 나서 900년(효공왕 4)에 완산주(전북 전주시)에 이르렀다. 이때 백성들이 환영하고 위로하는 것을 보고 견훤은 다음과 같이 말하였다.

> 내가 삼국의 시초를 살펴보니, 마한이 먼저 일어나고 후에 혁거세가 발흥하였으므로 진한과 변한이 따라서 일어났다. 이에 백제가 금마산에서 개국하여 600여 년이 되어 총장惣章 연간에 당나라 고종이 신라의 요청을 들어 장군 소정방을 보내 배에 군사 13만을 싣고 바다를 건너왔고, 신라의 김유신이 잃은 영토를 다시 찾기 위해 황산을 지나 사비에 이르러 당나라군과 합세하여 백제를 쳐 멸망시켰다. 내 이제 감히 완산에 도읍하여 의자왕의 묵은 분함을 씻지 않겠는가?[183]

이 기사는 견훤의 역사 인식을 잘 보여준다. 견훤은 '마한이 먼저 일어나고 그 뒤에 혁거세가 발흥하였다'고 말했다. 이 말이 사실과 합치하는지의 여부는 두고라도 견훤은 백제가 신라보다 먼저 개국되었음을 강조하였다. 다음으로 견훤은 신라가 당나라 군대를 끌어들여 백제를 멸망시켰으므로 신라에 대한 묵은 분함을 씻어내야겠다고 하였다. 그래서 견훤은 완산에 도읍하면서 국호를 후백제라고 하였다. 백제 계승의식을 분명히 한 것이다. 이 백제 계승의식에는 백제의 영광을 재현하겠다는 뜻도 포함되어 있었을 것이다. 백제의 영광은 바로 근초고왕-근구수왕 대의 영광을 말한다. 그 영광의 핵심에 평양성 전투에서의 승리가 있었다. 그래서 견훤은 고구려 계승을 표방한 왕건을 공격하면서 '개성의 문루가 아니라 평양성의 문루'에 활을 걸고, '예성강물이 아니라 대동강물'로 말을 먹이겠다고 다짐하지 않았을까 한다.

셋째, 고려 태조 왕건의 일통의식에도 평양이 자리하고 있었다. 이를 보여주는 것이 태조 왕건이 최응崔凝에게 한 다음과 같은 말이다.

> 어느 날 태조가 최응에게 이르기를 '옛날에 신라가 9층탑을 만들어 드디어 일통의 위업을 달성하였다. 이제 개경에 7층탑을 건조하고 서경에 9층탑을 건축하여 현묘한 공덕을 빌어 악당들을 제거하고 삼한을 합하여 일가로 하려고 한다. 경은 나를 위해 발원하는 글을 지어라' 하니 최응은 드디어 발원소를 지었다.[184]

이 기사에 의하면 태조 왕건은 신라가 9층탑을 세워 삼국통일을 이룩한 것을 본받아 현공玄功(부처님의 힘)에 의해 삼한을 일통하겠다고 서원하였다. 실제로 신라는 선덕여왕 3년(634)에 분황사에 7층모전석탑을, 13년(644)에 황룡사에 9층목탑을 세웠다.[185] 일통삼한을 기원하며 세운 것이다. 경주 남산 탑곡마애불상군 북면 암벽의 연꽃대좌 위에 앉아 있는 불상의 우편에 9층목탑을, 좌편에 7층목탑을 새긴 것도 이러한 염원의 표현일 것이다.

이를 본받아 태조 왕건은 개경에 7층탑을, 서경에 9층탑을 세우기로 하였다. 7층탑과 9층탑 건립은 일통삼한 의식의 표현이었다.[186] 여기에서 주목되는 것이 서경에 9층탑을 세우겠다고 한 점이다. 서

경주 남산 탑곡마애불상군
북벽마애목탑

경의 9층탑은 신라 황룡사의 9층탑과 그대로 대응된다. 이 9층탑을
수도 개경이 아닌 서경(평양)에 세우기로 한 것은 태조 왕건이 삼한
일통과 관련하여 서경을 매우 중시하였음을 보여준다. 이 또한 평양
이 일통의식의 상징임을 보여준다. 그 시발점이 고구려가 평양을 부
도로 한 이후 평양성을 둘러싼 백제와 고구려의 공방이었다. 고구려
고국원왕과 백제 근초고왕이라는 맞수의 평양성 대결이 가지는 역사
적 의미는 여기에 있는 것이다.

후주

제1부

1　《삼국사기》권제17 고구려본기 미천왕 즉위년조의 "美川王…西川王之子古鄒加
咄固之子" 참조.

2　《삼국지》권30 위서 동이전 고구려조의 "王之宗族 其大加皆稱古雛加 消奴部本
國主 今雖不爲王 適統大人 得稱古雛加 亦得立宗廟 祠靈星社稷 絶奴部世與王婚
加古鄒之號" 참조.

3　《삼국사기》권제17 고구려본기 서천왕 11년조의 "冬十月 肅愼來侵 屠害邊民…
王於是 遣達賈往伐之 達賈出奇掩擊 拔檀盧城 殺酋長 遷六百餘家於扶餘南烏川
降部落六七所 以爲附庸 王大悅 拜達賈爲安國君 知內外兵馬事 兼統梁貊肅愼諸部
落" 참조.

4　《삼국사기》권제17 고구려본기 봉상왕 원년조의 "春三月 殺安國君達賈 王以賈
在諸父之行 有大功業 爲百姓所瞻望 故疑之謀殺 國人曰 微安國君 民不能免梁貊
肅愼之難 今其死矣 其將焉託 無不揮涕相弔" 참조.

5　《삼국사기》권제17 고구려본기 봉상왕 2년조의 "九月 王謂其弟咄固有異心 賜死
國人以咄固無罪哀慟之" 참조.

6　《삼국사기》권제17 고구려본기 봉상왕 즉위년조의 "幼驕逸 多疑忌" 참조.

7　《삼국사기》권제17 고구려본기 산상왕 즉위년조의 "令羣臣立延優爲王 發歧聞之
大怒 以兵圍王宮 呼曰 兄死弟及禮也 汝越次簒奪大罪也" 참조.

8　이기백, 1959, 〈고구려왕비족고〉《진단학보》20호, 진단학회.

9　《삼국사기》권제17 고구려본기 미천왕 즉위년조의 "初 烽上王疑其弟咄固有異心
殺之 子乙弗畏害出遁 始就水室村人陰牟家 傭作 陰牟不知其何許人 使之甚苦 其
家側草澤蛙鳴 使乙弗 夜投瓦石禁其聲 晝日督之樵採 不許暫息 不勝艱苦 周年乃
去" 참조.

10　《삼국사기》권제17 고구려본기 미천왕 즉위년조의 "與東村人再牟販鹽 乘舟抵鴨
淥 將鹽下寄江東思收村人家 其家老嫗請鹽 許之斗許 再請不與 其嫗恨恚 潛以屨
置之鹽中 乙弗不知 負而上道 嫗追索之 誣以履屨 告鴨淥宰 宰以屨直 取鹽與嫗 決
笞放之 於是 形容枯槁 衣裳藍縷 人見之 不知其爲王孫也" 참조.

11 《삼국사기》권제17 고구려본기 봉상왕 5년조의 "王謂羣臣曰 慕容氏兵馬精强 屢
犯我疆場 爲之奈何 國相倉助利對曰 北部大兄高奴子 賢且勇 大王若欲禦寇安民
非高奴子 無可用者 王以高奴子爲新城太守 善政有威聲 慕容廆不復來寇" 참조.

12 《삼국사기》권제17 고구려본기 봉상왕 9년조의 "春正月 地震 自二月至秋七月 不
雨 年饑民相食 八月 王發國內男女年十五已上 修理宮室 民乏於食 困於役 因之以
流亡" 참조.

13 《고려사》권128 열전 권제41 반역2 정중부전의 "…仲夫義方等喜曰 事已濟矣
乃留其黨 守行宮 高義方紹膺等 選驍勇 直走京城 至街衢所 殺別監金守藏等 入闕
執樞密院副使梁純精…內侍祗候金光等內直員僚 皆殺之" 참조.

14 《삼국사기》권제17 고구려본기 봉상왕 9년조의 "王知不免 自經 二子亦從而死"
참조.

15 《삼국사기》권제17 고구려본기 미천왕 3년조의 "秋九月 王率兵三萬 侵玄菟郡 虜
獲八千人 移之平壤" 참조.

16 한국 고대의 부에 대해서는 노태돈, 1975, 〈삼국시대 '부'에 관한 연구-성립과
구조를 중심으로-〉《한국사론》2집, 서울대학교 국사학과 참조.

17 노중국, 2018, 《백제정치사》, 일조각, 29~31쪽.

18 《삼국지》권30 위서 동이전 고구려조의 "伯固死 有二子 長子拔奇 小子伊夷模 …
拔奇怨爲兄而不得立 與消奴加各將下戶三萬餘口 詣康降 還住沸流水 …" 참조.

19 《삼국지》권30 위서 동이전 고구려조의 "絶奴部世與王婚 加古鄒之號" 참조.

20 이기백, 1959, 〈고구려왕비족고〉《진단학보》20호, 진단학회.

21 《삼국사기》권제18 고구려본기 고국원왕 12년조의 "追獲王母周氏及王妃而歸…"
참조.

22 《삼국사기》권제15 고구려본기 태조대왕 69년조의 "十二月 王率馬韓穢貊一萬餘
騎 進圍玄菟城 扶餘王遣子尉仇台 領兵二萬 與漢兵幷力拒戰 我軍大敗" 참조.

23 《후한서》지제23 군국5 유주 요동군조의 "西安平 魏氏春秋曰 縣北有小水 南流入
海…" 참조.

24 《삼국사기》권제15 고구려본기 태조대왕 94년조의 "秋八月 王遣將 襲漢遼東西安
平縣 殺帶方令 掠得樂浪太守妻子" 참조.

25 《삼국사기》권제17 고구려본기 동천왕 16년조의 "王遣將 襲破遼東西安平" 참조.

26 《삼국사기》권제17 고구려본기 미천왕 12년조의 "秋八月 遣將襲取遼東西安平"
참조.

27 《자치통감》권88 효민황제 상 건흥 원년조의 "四月 遼東張統據樂浪帶方二郡 與高
句麗王乙弗利相攻 連年不解 樂浪王遵 說統帥其民千餘家歸廆 廆爲之置樂浪郡 以
統爲太守 遵參軍事" 참조.

28 이용범, 1975, 〈대륙관계사-고대편(상)〉《백산학보》18집, 백산학회; 공석구, 2019, 〈요서지역으로 옮겨 간 낙랑군의 추이〉《백산학보》115호, 백산학회.

29 《삼국사기》권제17 고구려본기 미천왕 14년조의 "冬十月 侵樂浪郡 虜獲男女二千餘口" 및 15년조의 "秋九月 南侵帶方郡" 참조.

30 《진서》권108 재기8 모용외의 "慕容廆字弈洛瑰 昌黎棘城鮮卑人也 其先有熊氏之苗裔 世居北夷 邑于紫蒙之野 號曰東胡 其後與匈奴並盛 控弦之士二十餘萬 風俗官號與匈奴略同 秦漢之際 爲匈奴所敗 分保鮮卑山 因以爲號" 참조.

31 이 각석문에 대해서는 박한제, 2003,《제국으로 가는 긴 여정-박한제 교수의 중국 역사 기행3》, 사계절; 윤은숙, 2011, 〈북아시아 유목민의 역사 요람 흥안령〉특집논문 : "동북아 국제정세와 한·만 지역 국가의 대외교섭"-몽골족의 활동을 중심으로,《역사문화연구》39집, 한국외국어대학교 역사문화연구소 참조.

32 박한제, 2003,《제국으로 가는 긴 여정-박한제 교수의 중국 역사 기행3》, 사계절

33 《진서》권108 재기8 모용외의 "涉歸死 其弟耐篡位 將謀殺廆 廆亡潛以避禍 後國人殺耐 迎廆立之." 참조.

34 田立坤, 1996, 〈棘城新考〉《遼海文物學刊》第2期, 박순발, 2015, 〈고고학적으로 본 요서지역〉《백제와 요서지역》백제학연구총서 쟁점백제사 7, 한성백제박물관, 62쪽 재인용.

35 《진서》권108 재기8 모용외의 "太康十年 廆又遷于徒河之靑山 廆以大棘城卽帝顓頊之墟也 元康四年 乃移居之 敎以農桑 法制同于上國…永嘉初 廆自稱鮮卑大單于" 참조.

36 《진서》권39 열전9 왕준전의 "浚字彭祖 … 其後浚布告天下 稱受中詔承制 乃以司空荀藩爲太尉 光祿大夫荀組爲司隸 大司農華薈爲太常…以妻舅崔毖爲東夷校尉" 참조.

37 《진서》권108 재기8 모용외의 "裴嶷至自建鄴 帝遣使者 拜廆監平州諸軍事安北將軍平州刺史 增邑二千戶 尋加使持節都督幽州東夷諸軍事車騎將軍平州牧 進封遼東郡公 邑一萬戶" 참조.

38 《진서》권6 제기제6 원제 건무 원년조의 "十二月乙亥…鮮卑慕容廆襲遼東 東夷校尉平州刺史崔毖奔高句驪" 참조.

39 《삼국사기》권제17 고구려본기 미천왕 20년조의 "冬十二月…毖與數十騎 棄家來奔 其衆悉降於廆" 참조.

40 하성의 위치에 대해 대릉하 하류의 동쪽 연안으로 보는 견해(孫進己王綿厚, 1989,《東北歷史地理》2, 黑龍江人民出版社, 171쪽)가 있다.

41 《자치통감》권91 진기 13 태흥 2년조의 "高句麗將如奴子據于河城 廆遣將軍張統掩擊禽之 俘其衆千餘家" 참조.

42 《십육국춘추》권23 전연록1 모용외의 "高句麗將如奴子據于河城 寇掠遼東 廆遣樂浪太守張統 掩擊擒之 俘其衆千餘家" 참조.

43 《양서》권54 열전 제48 제이 동이 고구려전의 "句驪王乙弗利頻寇遼東 庾不能制" 참조.

44 백다해, 2023, 〈4~6세기 고구려 국제관계의 전개와 요동〉, 이화여자대학교 대학원 박사학위논문, 41쪽.

45 《삼국사기》권제17 고구려본기 미천왕 20년조의 "我將如孥據于河城 庾遣將軍張統 掩擊擒之 俘其衆千餘家 歸于棘城" 참조.

46 '맹'의 개념과 다양한 사례의 정리는 백다해, 2023, 〈4~6세기 고구려 국제관계의 전개와 요동〉, 이화여자대학교 대학원 박사학위 논문, 36~49쪽 참조.

47 우리나라의 사례로는 665년 신라 문무왕이 웅진도독이 된 부여융과 취리산에서 회맹할 때 백마를 죽여 천지신께 맹세하고 삽혈을 한 것을 들 수 있다. 《삼국사기》권제6 신라본기 5년조의 "秋八月 王與勅使劉仁願 熊津都督扶餘隆 盟于熊津就利山…至是 刑白馬而盟 先祀神祇及川谷之神 而後歃血 其盟文曰…" 참조.

48 《삼국사기》권제17 고구려본기 미천왕 20년조의 "王數遣兵寇遼東 慕容庾遣慕容翰慕容仁伐之 王求盟 翰仁乃還" 참조.

49 《자치통감》권91 진기 13 원제 태흥 3년조의 "十二月 高句麗寇遼東 慕容仁與戰 大破之 自是不敢犯仁境" 참조.

50 《삼국사기》권제17 고구려본기 미천왕 31년조의 "遣使後趙石勒 致其楛矢" 및 《진서》권105 재기 석륵 하의 "時 高句麗肅愼致其楛矢" 참조.

51 《삼국지》권4 위서4 삼소제기 제4 진류왕 환의 "(景元)…三年 夏四月 遼東郡言肅愼國遣使 重譯入貢 獻其國弓三十張…楛矢長一尺八寸 石弩三百枚";《삼국지》권30 위서 동이전 읍루조의 "其弓長四尺 力如弩 矢用楛 長尺八寸 靑石爲鏃 古之肅愼氏之國也 善射 射人皆入目 矢施毒 人中皆死" 참조.

52 《사기》권47 공자세가 제17의 "孔子遂至陳 主於司城貞子家 歲餘 …有隼集于陳廷而死 楛矢貫之 石砮矢長尺有咫 陳湣公使使問仲尼 仲尼曰 隼來遠矣 此肅愼之矢也 昔武王克商 通道九夷百蠻 使各以其方賄來貢 使無忘職業 於是 肅愼貢楛矢石砮 長尺有咫" 참조.

53 《삼국지》권30 위서 오환선비동이전 제30의 "書稱 東漸於海 西被於流沙 其九服之制…未有知其國俗殊方者也 自虞曁周 西戎有白環之獻 東夷有肅愼之貢 皆曠世而至 其邈遠也如此" 참조.

54 《진서》권105 재기5 석륵 하의 "勒因饗高句麗宇文屋孤使 酒酣…" 참조.

55 신광철, 2022, 〈관방체계를 통해 본 고구려의 국가 전략〉, 고려대학교대학원 박사학위논문, 250쪽.

56 백다해, 2023, 〈4~6세기 고구려 국제관계의 전개와 요동〉, 이화여자대학교 대학원 박사학위논문, 51쪽.

57 《양서》권54 열전 제48 제이 동이 신라전의 "普通二年 王姓募名秦 始使 使隨百濟

奉獻方物…語言待百濟而後通焉" 참조.

58 《삼국사기》 권제24 백제본기 비류왕 즉위년조의 "比流王 仇首王第二子 性寬慈愛
人 又強力善射" 참조.

59 이상의 서술은 노중국, 2018, 《백제정치사》, 일조각, 183~187쪽의 내용을 요약한
것이다.

60 《삼국사기》 권제24 백제본기 비류왕 즉위년조의 "久在民間 令譽流聞" 참조.

61 천관우, 1976, 〈삼한의 국가형성 (하)〉 《한국학보》 제2권 2호, 일지사.

62 노중국, 2018, 《백제정치사》, 일조각, 124~127쪽.

63 《삼국사기》 권제24 백제본기 고이왕 즉위년조의 "古尒王 蓋婁王之第二子也 仇首
王在位二十一年薨 長子沙伴嗣位 而幼少不能爲政 肖古王母弟古尒卽位" 참조

64 《삼국사기》 권제24 백제본기 고이왕 13년조의 "秋八月 魏幽州刺史毌丘儉與樂浪
太守劉茂朔方太守王遵 伐高句麗 王乘虛遣左將眞忠 襲取樂浪邊民 茂聞之怒 王恐
見侵討 還其民口" 참조.

65 《삼국사기》 권제24 백제본기 책계왕 즉위년조의 "責稽王…高句麗伐帶方 帶方請
救於我 先是 王娶帶方王女寶菓爲夫人…" 참조.

66 정재윤, 2001, 〈위의 대한 정책과 기리영 전투〉 《중원문화논총》 5집, 충북대학교
중원문화재연구소.

67 《삼국사기》 권제24 백제본기 책계왕 즉위년조의 "責稽王…高句麗伐帶方 帶方請
救於我 先是 王娶帶方王女寶菓爲夫人 故曰帶方我舅甥之國 不可不副其請 遂出師
救之 高句麗怨 王慮其侵寇 修阿且城蛇城備之" 참조.

68 이도학, 1990, 〈백제 사성의 위치에 대한 재검토〉 《한국학논집》 17집, 한양대학교
한국학연구소.

69 《삼국사기》 권제24 백제본기 책계왕 13년조의 "九月 漢與貊人來侵 王出禦爲敵兵
所害薨" 참조.

70 《삼국사기》 권제24 백제본기 분서왕 7년조의 "春二月 潛師襲取樂浪西縣 冬十月
王爲樂浪太守所遣刺客賊害薨" 참조.

71 《삼국사기》 권제24 백제본기 비류왕 즉위년조의 "及汾西之終 雖有子 皆幼不得立
是以爲臣民推戴卽位" 참조.

72 《삼국사기》 권제24 백제본기 비류왕 9년조의 "夏四月 謁東明廟 拜解仇爲兵官佐
平" 참조.

73 이기백, 1959, 〈백제왕위 계승고〉 《역사학보》 11집, 역사학회.

74 《삼국사기》 권제24 백제본기 비류왕 30년조의 "夏五月 星隕 王宮火 連燒民戶"
참조.

75 《삼국사기》 권제24 백제본기 비류왕 30년조의 "秋七月 修宮室 拜眞義爲內臣佐
平" 참조.

76 《삼국사기》권제24 백제본기 근초고왕 2년조의 "春正月···拜眞淨爲朝廷佐平 淨王后親戚" 참조.

77 노중국, 2018, 《백제정치사》, 일조각, 188~190쪽.

78 《삼국사기》권제23 백제본기 시조 온조왕 31년조의 "春正月 分國內民戶爲南北部"와 33년조의 "秋八月 加置東西二部" 참조.

79 《삼국지》권30 위서 동이전 부여조의 "諸加別主四出道 大者主數千家 小者數百家" 참조.

80 양기석, 2000, 〈백제 초기의 부〉《한국고대사연구》17집, 한국고대사학회.

81 《삼국지》권30 위서 동이전 한조의 "部從事吳林以樂浪本統韓國 分割辰韓八國以與樂浪 吏譯轉有異同 臣智激韓忿 攻帶方郡崎離營 時太守弓遵樂浪太守劉茂興兵伐之" 참조.

82 천관우, 1976, 〈삼한의 국가형성 (하)〉《한국학보》제2권 2호, 일지사; 이현혜, 1997, 〈3세기 마한과 백제국〉《백제의 중앙과 지방》, 충남대학교 백제연구소; 정재윤, 2001, 〈위의 대한 정책과 기리영 전투〉《중원문화논총》5집, 충북대학교 중원문화연구소.

83 윤용구, 1999, 〈삼한의 대중교섭과 그 성격-조위의 동이경략과 관련하여-〉《국사관논총》85집, 국사편찬위원회; 윤선태, 2001, 〈마한의 진왕과 신분고국〉《백제연구》34집, 충남대학교 백제연구소; 김기섭, 2002, 〈백제의 국가성장과 비류계의 역할〉《청계사학》16·17합집, 한국정신문화연구원 청계사학회.

84 노중국, 2018, 《백제정치사》, 일조각, 150~153쪽.

85 《삼국지》권4 위서 삼소제기 제왕방전 정시 7년조의 "夏五月 討濊貊 皆破之 韓那奚等數十國 各率種落降" 참조.

86 《삼국사기》권제13 백제본기 온조왕 13년조의 "八月 遣使馬韓 告遷都 遂畫定疆場 北至浿河 南限熊川 西窮大海 東極走壤" 참조.

87 노중국, 2018, 《백제정치사》, 일조각, 160~163쪽.

88 《삼국사기》권제24 백제본기 비류왕 18년조의 "春正月 以王庶弟優福爲內臣佐平" 및 24년조의 "九月 內臣佐平優福 據北漢城叛 王發兵討之" 참조.

89 노중국, 2018, 《백제정치사》, 일조각, 180~186쪽 및 197~199쪽.

90 《삼국지》권30 위서 동이전 부여조의 "有敵諸加自戰" 참조.

91 《삼국사기》권제23 백제본기 초고왕 49년조의 "秋九月 命北部眞果領兵一千 襲取鞨石門城" 참조.

92 《삼국사기》권제24 백제본기 비류왕 17년조의 "秋八月 築射臺於宮西 每以朔望習射" 참조.

93 《삼국사기》권제25 백제본기 아신왕 7년조의 "九月 集都人 習射於西臺" 참조.

94 《삼국사기》권제24 백제본기 비류왕 24년조의 "秋七月 有雲如赤鳥夾日" 참조.

95 《삼국사기》권제24 백제본기 비류왕 13년조의 "夏四月 王都井水溢 黑龍見其中" 참조.

96 《삼국사기》권제23 백제본기 온조왕 27년조의 "夏四月 二城降 移其民於漢山之北 馬韓遂滅 秋七月 築大豆山城"및 36년조의 "秋七月 築湯井城 分大豆城民戶居 之"참조.

97 유원재, 1992, 〈백제 탕정성 연구〉《백제논총》3집, 백제문화개발연구원.

98 《삼국사기》권제23 백제본기 온조왕 36년조의 "八月 修葺圓山錦峴二城 築古沙夫 里城"참조.

99 《삼국사기》권제2 신라본기 흘해이사금 21년조의 "始開碧骨池 岸長一千八百步" 참조.

100 小山田宏一, 2005, 〈백제의 토목기술〉《고대도시와 왕권》백제연구총서 제13집, 충남대학교 백제연구소편, 서경문화사; 황상일, 2019, 〈김제평야 충적층 규조분 석을 통한 벽골제 초축 기능 연구〉《수리사적 측면에서 본 벽골제》사적 제111호 김제 벽골제 학술대회, 원광대학교 마한백제문화연구소·전라북도·김제시.

101 최완규·권정혁, 2019, 〈고지형 분석을 통한 벽골제 기능의 재검토〉《수리사적 측면에서 본 벽골제》사적 제111호 김제 벽골제 학술대회, 원광대학교 마한백제 문화연구소·전라북도·김제시; 울산문화재연구원, 2020, 《김제 벽골제 제내지유 적》.

102 《일본서기》권27 천지기 원년조의 "冬十二月…避城者 西北帶以古連旦涇之水 東 南據深埿巨堰之防 …"참조.

103 윤무병, 1992, 〈김제벽골제발굴보고〉《백제고고학연구》백제연구총서 제2집, 충남대학교 백제연구소,

104 벽골제 축조 시기에 대한 다양한 견해의 정리는 성정용, 2007, 〈김제 벽골제의 성격과 축조시기 재론〉계명사학회 편, 《한·중·일의 고대 수리시설 비교연구》, 계명대학교 출판부 참조.

105 국립청주박물관·포항산업과학연구원, 2004, 《진천 석장리 철생산 유적》학술 조사보고서 제9책, 215~225쪽.

106 노중국, 2010, 〈백제의 수리시설과 김제 벽골제〉《백제학보》4집, 백제학회; 전 북문화재연구원, 2017, 《김제 벽골제》Ⅲ~Ⅳ.

107 《진서》권97 열전 제67 사이 마한전의 "武帝大康元年二年 其主頻遣使 入貢方物 七年八年十年 又頻至 太熙元年 詣東夷校尉何龕上獻 咸寧三年 復來 明年又請內 附"참조.

108 《자치통감》권88 진기10 민제 건흥 원년조의 "初 中國士民避亂者…唯慕容廆政 事脩明 愛重人物 故士民多歸之 廆舉其英俊 隨才授任…廣平游邃…西方虔西河宋 奭及封抽裴開爲股肱 平原宋該…昌黎劉贇及封奕封裕典機要"참조.

109 지배선, 1986, 《중세동북아사연구-모용왕국사-》, 일조각, 39쪽.

110 《진서》권109 재기 제9 모용황전의 "句麗百濟及宇文段部之人 皆兵勢所徙 非如 中國慕義而至 咸有思歸之心…"참조.

111 《진서》권109 재기 모용황의 "殿下以英聖之資 克廣先業 南摧强趙 東滅句麗 開境 三千 戶增十萬" 및 《자치통감》권97 진기19 목제 영화 원년조의 "及殿下繼統 南摧强趙 東兼高句麗 北取宇文 拓地三千里 增民十萬戶" 참조.

112 이병도, 1976, 〈부여고〉《한국고대사연구》, 박영사; 김기섭, 1997, 〈백제의 요 서경략설 재검토-4세기를 중심으로-〉《한국 고대의 고고와 역사》, 학연문화사; 여호규, 2015, 〈4세기~5세기 초엽 백제의 대중교섭 양상〉《백제의 성장과 중국》 백제학연구총서 쟁점백제사 5, 한성백제박물관.

113 강종훈, 2015, 〈4세기 전반 백제군의 요하 일대에서의 활동에 관한 기사의 검토〉 《백제와 요서지역》백제학연구총서 쟁점백제사 7, 한성백제박물관.

114 노중국, 2024, 〈백제와 중국 북조 왕조와의 관계와 군사 활동-중국 군현과 5호 16국 그리고 북위에 대한 군사 활동을 중심으로-〉《백제영역사》, 광진문화원.

115 《수서》권81 열전 제46 동이 백제전의 "初以百家濟海 因號百濟" 참조.

제2부

1 《삼국사기》권제128 고구려본기 고국원왕 즉위년조의 "故國原王 一云國罡上王 諱 斯由 或云釗…"참조.

2 《수서》권81 열전 제46 동이 고려전의 "至裔孫位宮 以魏正始中 入寇西安平 毌丘 儉拒破之 位宮玄孫之子 曰昭列帝 爲慕容氏所破 遂入丸都 焚其宮室 大掠而還 昭 列帝後爲百濟所殺" 참조.

3 《위서》권100 열전 제88 고구려전의 "位宮亦有勇力…其玄孫乙弗利 利子釗 烈帝 時與慕容氏相攻擊…釗後爲百濟所殺 世祖時 釗曾孫璉" 참조.

4 노태돈, 1988, 〈5세기 금석문에 보이는 고구려인의 천하관〉《한국사론》19집, 서울대학교 국사학과.

5 《삼국사기》권제18 고구려본기 미천왕 15년조의 "春正月 立王子斯由爲太子" 참조.

6 《주서》권49 열전제41 이역 상 고려전의 "又有神廟二所 一曰夫餘神 刻木作婦人 之象 一曰登高神 云是其始祖夫餘神之子 竝置官司 遣人守護 蓋河伯女與朱蒙云" 참조.

7 《三國史記》권제14 고구려본기 대무신왕 3년조의 "春三月 立東明王廟" 참조.

8 《三國史記》권제14 고구려본기 유리명왕 22년조의 "冬十月 王遷都於國內 築尉 那巖城" 참조.

9 《三國史記》 권제14 고구려본기 유리명왕 28년조의 "孝子之事親也 當不離左右以 致孝 若文王之爲世子 解明在於別都…" 참조.

10 강진원, 2008, 〈고구려 시조묘 제사연구 -친사의 성립과 변천을 중심으로-〉《한 국사론》 54집, 서울대학교 국사학과; 조우연, 2010, 〈고구려의 왕실조상 제사 -4~5세기 시조 주몽의 위상과 의미 변화를 중심으로-〉《한국고대사연구》 60집, 한국고대사학회.

11 《삼국사기》 권제16 고구려본기 신대왕 3년조의 "秋九月 王如卒本 祀始祖廟 冬十 月 王至自卒本" 참조.

12 《삼국사기》 권제16 고구려본기 고국천왕 2년조의 "秋九月 王如卒本 祀始祖廟" 및 동천왕 2년조의 "春二月 王如卒本 祀始祖廟 大赦" 참조.

13 《삼국사기》 권제18 고구려본기 고국원왕 2년조의 "春二月 王如卒本 祀始祖廟 巡 問百姓老病賑給 三月 至自卒本" 참조.

14 《삼국지》 권30 위서 동이전 고구려조의 "其國有王 其官有相加對盧沛者古雛加主 簿優台丞使者皂衣先人 尊卑各有等級…其置官 有對盧則不置沛者 有沛者則不置 對盧" 참조.

15 《삼국지》 권30 위서 동이전 고구려조의 "王之宗族 其大加皆稱古雛加 消奴部本國 主 今雖不爲王 適統大人 得稱古雛加 亦得立宗廟 祠靈星社稷 絶奴部世與王婚 加 古雛之號" 참조.

16 《삼국지》 권30 위서 동이전 고구려조의 "諸大加亦自置使者皂衣先人 名皆達於王 如卿大夫之家臣 會同坐起 不得與王家使者皂衣先人同列" 참조.

17 김철준, 1975, 〈고구려·신라의 관계조직의 성립과정〉《한국고대사회연구》, 지식 산업사.

18 《삼국사기》 권제16 고구려본기 고국천왕 13년조의 "王謂晏留曰 若無子之一言 孤 不能得巴素以共理 今庶績之凝 子之功也 乃拜爲大使者" 참조.

19 《삼국사기》 권제16 고구려본기 동천왕 20년조의 "王復國論功 以密友紐由爲第 一…追贈紐由爲九使者 又以其子多優爲大使者 " 참조.

20 임기환, 2004, 《고구려 정치사 연구》, 도서출판 한나래, 227쪽; 여호규, 2014, 《고구려 초기 정치사 연구》 외대 역사문화 연구총서 08, 신서원, 406~407쪽.

21 임기환, 2004, 《고구려 정치사 연구》, 도서출판 한나래, 236쪽.

22 김철준, 1975, 〈고구려·신라의 관계조직의 성립과정〉《한국고대사회연구》, 지식 산업사.

23 〈모두루묘지 묵서〉의 "世遭官恩 恩賜祖之△道城民谷民幷領前王△育如此" 참조.

24 이와는 달리 371년에 고국원왕이 전사한 것을 계기로 도-성-곡제가 마련된 것으 로 보는 견해(김현숙, 2005, 《고구려의 영역 지배 방식 연구》, 도서출판 모시는 사람들, 281~282쪽)도 있다.

25 여호규, 1995, 《3세기 후반~4세기 전반 고구려의 교통로와 지방통치조직-남도와

북도를 중심으로〉《한국사연구》91, 한국사연구회.

26 이와는 달리 '도'가 당시의 지방통치 단위가 아닌 것으로 파악하는 견해(임기환, 〈1987, 고구려 초기의 지방통치체제〉《경희사학》14, 경희사학회)도 있다.

27 《삼국사기》권제16 고구려본기 고국천왕 13년조의 "晏留言於王曰…西鴨淥谷左勿村乙巴素者" 참조.

28 《삼국사기》권제17 고구려본기 서천왕 7년조의 "夏四月 王如新城 或云 新城國之東北大鎭也 獵獲白鹿" 참조.

29 김현숙, 2005,《고구려의 영역 지배 방식 연구》, 도서출판 모시는 사람들, 279쪽.

30 《삼국사기》권제17 고구려본기 봉상왕 2년조의 "秋八月 慕容廆來侵 …時 新城宰北部小兄高奴子 領五百騎迎王 逢賊奮擊之…王喜 加高奴子爵爲大兄" 및 5년조의 "秋八月…北部大兄高奴子賢且勇…王以高奴子爲新城太守…" 참조.

31 《삼국사기》권제15 고구려본기 태조대왕 55년조의 "冬十月 東海谷守獻朱豹" 및 권제17 고구려본기 서천왕 19년조의 "夏四月…海谷太守獻鯨魚…" 참조.

32 이기백, 1977, 〈한국의 전통사회와 병제〉《한국학보》6집, 일지사.

33 《삼국지》권30 위서 동이전 부여조의 "邑落有豪民…以弓矢刀矛爲兵 家家自有鎧仗…有敵諸加自戰 下戶俱擔糧飮食之" 참조.

34 《양서》권54 열전 제48 제이 고구려전의 "便弓矢刀矛 有鎧甲" 참조.

35 김재홍, 1991, 〈신라 중고기의 촌제와 지방사회 구조〉《한국사연구》72집, 한국사연구회.

36 《삼국지》권30 위서 동이전 고구려조의 "出好弓 所謂貊弓是也" 참조.

37 최병현, 2014, 〈초기 등자의 발전〉《중앙고고연구》14집, 중앙문화재연구원. 이와는 달리 415년에 만들어진 북연 馮素弗墓 출토 등자가 가장 오래된 실물 등자이므로 5세기에 와서야 중장기병대가 등장한 것으로 보는 견해(신경철, 1985, 〈고식등자고〉《부대사학》9집, 부산대학교사학회)도 있다.

38 吉林省文物考古硏究所·集安市博物館, 2004, 《集安市高句麗王陵》, 文物出版社, 118쪽.

39 이와는 달리 고국원왕이 12년(342)에 중장기병 중심의 모용황 군대에 패배한 이후 중장기병을 도입한 것으로 보는 견해(여호규, 2006, 〈집안지역 고구려초대형적석묘의 전개과정과 피장자 문제〉《한국고대사연구》41집, 한국고대사학회)도 있다.

40 《주서》권49 열전 제41 이역 상 백제전의 "王姓扶余氏 號於羅瑕 民呼爲鞬吉支 夏言並王也 妻號於陸 夏言妃也" 참조.

41 《삼국지》권47 오서2 오주전 제2 가화 2년조의 배송지의 주에 인용된 吳書의 "其年 宮遣皂衣二十五人 送旦等還 奉表稱臣 貢貂皮千枚…權義之 皆拜校尉 間一年 遣使者謝宏中書陳恂 拜宮爲單于 加賜衣物珍寶" 참조.

42 《한서》권94 상 흉노전 제64 상의 "單于姓攣鞮氏 其國稱之曰撑犁孤塗單于 匈奴謂
天爲撑犁 謂子爲孤塗 單于者 廣大之貌也 言其象天單于然也" 참조.

43 《후한서》권85 동이열전 제75 고구려전의 "王莽初 發句驪兵以伐匈奴…莽大說 更
名高句驪王爲下句驪侯…建武八年 高句驪遣使朝貢 光武復其王號" 참조.

44 이준성, 2020, 〈모두루 묘지의 판독과 역주 재검토〉《목간과 문자》25집, 한국목
간학회.

45 《삼국사기》권제18 고구려본기 고국양왕 8년조의 "三月 下敎 崇信佛法求福 命有
司 立國社 修宗廟" 참조.

46 조인성, 1991, 〈4-5세기 고구려 왕실의 세계인식의 변화〉《한국고대사연구》4집,
한국고대사학회.

47 《삼국사기》권제20 고구려본기 영양왕 11년조의 "春正月…詔大學博士李文眞 約
古史爲新集五卷 國初始用文字時 有人記事一百卷 名曰留記 至是刪修" 참조.

48 篠原啓方, 2005, 〈고구려적 국제질서 인식의 성립과 전개〉고려대학교 대학원 박
사학위논문, 32~35쪽.

49 武田幸男, 1989, 《高句麗史と東アジア》, 岩波書店, 257-258쪽; 임기환, 2002,
〈고구려 왕호의 변천과 성격〉《한국고대사연구》28집, 한국고대사학회; 여호규,
2014, 《고구려 초기 정치사 연구》외대 역사문화 연구총서 08, 신서원, 438-441
쪽.

50 《진서》권112 재기 제12 부건, 부견 참조.

51 《진서》권116 재기 제16 요익중전의 "今石氏已滅 中原無主 自古以來 未有戎狄作
天子者" 참조.

52 노중국, 2012, 〈백제의 문서행정과 관인제〉《백제와 주변세계》성주탁 교수 추모
논총, 진인진.

53 여호규, 2013, 〈신발견 집안고구려비의 구성과 내용 고찰〉《한국고대사연구》70
집, 한국고대사학회.

54 양기석, 1983, 〈4-5세기 고구려 왕자의 천하관에 대하여〉《호서사학》11집, 호서
사학회; 노태돈, 1988, 〈5세기 금석문에 보이는 고구려인의 천하관〉《한국사론》
19집, 서울대학교 국사학과.

55 〈충주고구려비〉의 "五月中 高麗太王祖王…賜寐錦之衣服…敎諸位賜上下衣服" 참
조.

56 篠原啓方, 2004, 〈고구려 대왕호와 태왕가인식의 확립〉《한국사연구》125집, 한
국사연구회.

57 서봉총을 포함한 주요 신라고분의 편년안에 대한 여러 견해의 정리는 김용성,
2009, 《신라 왕도의 고총과 그 주변》, 학연문화사, 54쪽 참조.

58 최병현, 1981, 〈고신라 적석목곽분의 변천과 편년〉《한국고고학보》10·11합집,
한국고고학회

59 박광렬, 1999, 〈신라 서봉총과 호우총의 절대연대고〉《한국고고학보》41집, 한국 고고학회.

60 《삼국사기》권제4 신라본기 법흥왕 23년조의 "始稱年號 云建元元年" 참조.

61 《삼국사기》권제5 신라본기 진덕왕 2년조의 "冬 使邯帙許朝唐 太宗勅御史問 新羅 臣事大朝 何以別稱年號 帙許言 曾是天朝未頒正朔 是故先祖法興王以來 私有紀 年…" 참조.

62 김정배 엮음, 1991, 《북한의 우리고대사 인식》(Ⅰ), 대륙연구소 출판부, 348~351 쪽; 임기환, 1997, 〈고구려의 연호에 대한 소고〉《황실학논총》1집, 한국황실학 회; 정운용, 1998, 〈금석문에 보이는 고구려의 연호〉《한국사학보》5집, 고려사 학회. .

63 은합 제작 연대와 연수 연호에 대한 여러 견해의 정리는 장창은, 2015 〈서봉총 출토 은합의 성격 재검토〉《한국학논총》43집, 국민대학교 한국학연구소 참조.

64 이한상, 2006, 〈고구려 금속용기문화의 특색〉《고고자료에서 찾은 고구려인의 삶 과 문화》연구총서 14, 고구려연구재단.

65 강현숙, 2012, 〈고구려 고분과 신라 적석목곽분 교차 편년에서의 몇 가지 논의〉 《한국상고사학보》78집, 한국상고사학회; 강현숙, 2015, 〈고구려 연호 개시에 대한 고고학적 논의〉《한국고대사연구》77집, 한국고대사학회.

66 김원룡, 1971, 《신라토기》한국의 미술 1, 열화당; 박광렬, 1999, 〈신라 서봉총과 호우총의 절대연대고〉《한국고고학보》41집, 한국고고학회.

67 노중국, 2006, 〈백제의 관제와 그 성격〉《계명사학》17집, 계명사학회; 이문기, 2000, 〈고구려 막리지의 관제적 성격과 기능〉《백산학보》55, 백산학회.

68 《삼국지》권30 위서30 동이전 고구려조의 "其公會衣服 皆錦繡金銀以自飾 大加主 簿頭著幘 如幘而無後 其小加著折風 形如弁" 참조.

69 신대곤, 1991, 〈고구려 금속제 일괄유물의 한 예〉《고고학지》3집, 한국고고미술 연구소; 신대곤, 1997, 〈우모부관식의 시말〉《고고학지》8집, 한국고고미술연구 소; 吉林省文物考古研究所·集安市博物館 編著, 2004, 《集安高句麗王陵》1990~ 2003年 集安 高句麗王陵調査報告, 文物出版社, 286~289쪽. 한편 평양시 대성구 역의 청암리토성 부근에서 금동광배, 금동불상, 금동장식물과 함께 발견된 금동 관 2점은 왕관이 아니라 사찰의 목조 협시보살상의 보관이라고 한다(양은경, 〈고 구려 청암리토성 주변 출토 금동관의 계보와 용도〉《동북아역사논총》34집, 동북 아역사재단 참조). 그래서 이 책에서는 다루지 않기로 하였다.

70 이한상, 2005, 〈고구려 금속제 장신구문화의 흐름과 특색〉《고구려의 사상과 문 화》연구총서 4, 동북아역사재단.

71 이송란, 2004, 《신라 금속공예 연구》, 일지사, 75쪽.

72 김원용, 1968, 《한국미술사》, 범문사, 64~65쪽; 조선유적유물도감편찬위원회, 1993, 《조선유적유물도감-고구려편2》, 민족문화.

73 《삼국사기》권제24 백제본기 고이왕 27년조의 "二月 下令 六品已上服紫 以銀花飾
   冠…" 참조.

74 《삼국사기》권제33 잡지 제2 색복조의 "法興王制…伊飡迊飡錦冠 波珍飡大阿飡衿
   荷緋冠 上堂大奈麻赤位大舍組纓" 참조.

75 노중국, 1998, 〈신라와 고구려·백제의 인재양성과 선발〉《신라의 인재양성과 선
   발》신라문화제학술발표논문집, 동국대학교 신라문화연구소.

76 《구당서》권199 열전 제149 상 동이 고려전의 "俗愛書籍 至於衡門廝養之家 各於
   街衢造大屋 謂之局堂 子弟未婚之前 晝夜於此讀書習射" 참조.

77 〈천남생묘지명〉의 "曾祖子遊 祖太祚 並任莫離支 父蓋金 任太大莫離支 乃祖乃父
   良冶良弓" 참조.

78 이기동, 1996, 〈고구려사 발전의 획기로서의 4세기-모용연과의 항쟁을 통해서-〉
   《동국사학》30집, 동국사학회.

79 《자치통감》권98 진기 목제 영화 5년조의 "十二月 高句麗王釗送前東夷護軍宋晃
   于燕 燕王儁赦之 更名曰活 拜爲中尉" 참조. 동일한 내용이 《삼국사기》권제18
   고구려본기 고국원왕 19년조에 나온다.

80 이 견해에 대한 소개는 한국고대사회연구소 편, 1992, 〈제3편 낙랑 및 중국계
   금석문〉《역주 한국고대금석문 I》고구려·백제·낙랑 편, 가락국사적개발연구원,
   385쪽 참조.

81 묘지 묵서는 다음과 같다.
   永和十三年十月戊子朔廿六日癸丑 使持節都督諸軍事平東將軍護撫夷校尉樂浪△
   昌黎玄菟帶方太守 都鄕侯 幽州遼東平郭都鄕敬上里 冬壽字△ 年六十九 薨官

82 《자치통감》권95 진기 제17 성제 함강 원년조의 "…以高爲廣武將軍…司馬遼東壽
   共討仁…壽昚爲仁司馬 遂降於仁" 및 성제 함화 11년조의 "觥兵追及楷鹽 斬之
   壽充奔高麗" 참조.

83 이동훈, 2010, 〈동수의 출자로 본 고구려의 낙랑군 지배〉《백산학보》88집, 백산
   학회.

84 안악3호분의 주인공에 대해 고국원왕으로 보는 것이 북한학계의 공식적인 입장이
   다. 그러나 고국원왕은 371년에 죽었고, 이 무덤은 357년에 만들어진 것이어서
   연대가 맞지 않는다. 백제군과 싸우다가 화살에 맞아 죽은 고국원왕의 무덤을
   적대적인 백제와 가까운 곳에 만드는 것도 이치에 맞지 않는다. 따라서 이 견해는
   성립할 수 없다. 현재 우리 학계에서는 동수의 무덤으로 보는 견해가 일반적이다.
   그러나 이 무덤은 규모가 클 뿐만 아니라 벽화의 내용도 동수의 지위에 맞지 않게
   격이 높다. 벽화 묵서 가운데 '聖上幡'의 성상은 고구려왕을 가리키는 용어이다.
   玄室에 그려진 인물이 쓴 백라관은 왕이 쓰는 관이다. 이런 점 등은 이 무덤을
   동수의 무덤으로 보기 어렵게 한다.
   이 문제와 관련하여 저자는 묘지의 동수와 벽화 내용의 주인공은 분리해 보아야

한다는 입장이다. 이 입장에서 보면 본 무덤의 주인공인 묵서의 동수는 전실 입구 벽쪽에 그려진 인물이고, 그가 고구려에서 지녔던 관직은 이 인물 위에 쓰여있는 장하독이다. 한편 전실 내부에서부터 후실에 이르기까지 그려진 벽화의 주인공은 鹵簿의 깃발에 쓰인 '聖上幡'의 '성상' 즉 고구려왕이다. 구체적으로는 고국원왕이다. 동수는 자신은 죽어서도 고국원왕을 모시는 시종과 같은 존재로 생각하고 자신의 모습은 무덤 입구에 그리고 그 위에 자신의 묘지를 쓰도록 하고, 자신이 모신 고국원왕의 생활 모습은 무덤 내부에 장엄하게 그리도록 하였다. 이 때문에 '觀者'도 벽화의 내용이나 무덤의 구조와 크기 등에 대해 토를 달지 않았던 것이 아닐까 한다. 중국에서 관자는 사당이나 무덤의 화상과 벽화를 구경했던 외부의 '관람자'를 가리킨다. 관자에 대해서는 김근식, 2020, 〈고구려 벽화고분의 묵서 연구〉동국대학교대학원 박사학위논문 참조.

동수의 이러한 입장은 〈모두루묘지묵서〉에서 대사자의 관등을 가지고 北扶餘守事를 지낸 모두루가 자신을 '奴客'으로 한없이 낮추고 광개토대왕은 '聖王'으로 한없이 높인 것과 동일하다. 차이점은 모두루는 '노객'과 '성왕'이라는 글자로 그 마음을 표현하였고, 동수는 자신은 '문직이'로, 고국원왕은 '장엄하고 화려한 그림'으로 표현한 것이다. 이에 대해서는 별도의 논고로 정리해 볼 예정이다.

85 공석구, 1989, 〈안악 3호분의 묵서명에 대한 고찰〉《역사학보》121집, 역사학회.

86 임기환, 1995, 〈4세기 고구려의 낙랑·대방지역 경영-안악3호분·덕흥리고분의 묵서명 검토를 중심으로-〉《역사학보》147집, 역사학회.

87 《남제서》권58 열전 제39 동남이 고려전의 "又表曰 臣所遣行龍驤將軍樂浪太守兼長史臣慕遺 行建武將軍城陽太守兼司馬臣王茂 兼參軍行振武將軍朝鮮太守臣張塞" 참조.

88 《사기》권1 오제본기 제1의 "帝堯者 放勳 其仁如天 其知如神…乃命羲和 敬順昊天 集解 孔安國曰 重黎之後羲氏和氏 世掌天地之官…案 聖人不獨治 必須賢輔 乃命相天地之官 若周禮天官卿地官卿也…" 참조.

89 〈포항중성리신라비〉의 "此七王等共論" 참조.

90 《삼국지》권30 위서30 동이전 고구려조의 "有罪諸加評議 便殺之" 참조.

91 《신당서》권220 열전 제145 동이 신라전의 "事必與衆議 號和白 一人異則罷" 참조.

92 노중국, 1979, 〈고구려국상고(상, 하)〉《한국학보》16-17집, 일지사; 임기환, 1987, 〈고구려초기의 지방통치체제〉《경희사학》14집, 경희대학교사학회. 이와는 달리 이 시기 정치운영의 핵심기구는 왕 직속의 君臣회의로 보는 견해(이종욱, 1979, 〈고구려 초기의 좌우보와 국상〉《전해종박사화갑기념사학논총》; 금경숙, 1994, 〈고구려 초기의 중앙정치기구〉《한국사연구》86, 한국사연구회)도 있다.

93 김철준, 1975, 《한국고대사회연구》, 지식산업사, 126-129쪽.

94 《삼국사기》권제16 고구려본기 신대왕 2년조의 "拜答夫爲國相 加爵爲沛者 令知內外兵馬兼領梁貊部落 改左右輔爲國相 始於此" 참조.

95 노중국, 1979, 〈고구려 국상고(상, 하)〉《한국학보》16~17집, 일지사. 이와는 달리 상가는 사여받은 세습직이고, 국상은 국왕이 임명한 최고위 직이므로 양자는 구분해 보아야 한다는 견해(노태돈, 《1999, 《고구려사연구》, 사계절출판사, 150-152쪽), 국상은 국정을 총괄하는 수상이고, 상가는 대수장층 또는 제가회의 의장이므로 양자를 동일시할 수 없다는 견해(이종욱, 1979, 〈고구려 초기의 좌우보와 국상〉《전해종박사화갑기념사학논총》)도 있다.

96 《삼국사기》권제25 백제본기 개로왕 21년조의 "至是 高句麗對盧齊于再曾桀婁古尒萬年再曾古尒皆複姓等帥兵 來攻北城 七日而拔之" 참조.

97 노중국, 1979, 〈고구려 국상고(상, 하)〉《한국학보》16-17집, 일지사.

98 《신찬성씨록》좌경 제번 상의 "百濟 石野 連 百濟國人近速古王孫憶賴福留之後也" 참조.

99 《진서晉書》권9 제기 제8 간문제 함안 2년조의 "六月 遣使拜百濟王餘句為鎮東將軍領樂浪太守" 참조.

100 《일본서기》권9 신공기 52년조의 "秋九月丁卯朔丙子 久氏等從千熊長彥詣之 則獻七枝刀一口 七子鏡一面 及種種重寶" 참조.

101 《일본서기》권9 신공기 55년조의 "五十五年 百濟肖古王薨" 참조.

102 노중국, 2018, 《백제정치사》, 일조각, 108~111쪽.

103 《삼국지》권30 위서 동이전 고구려조의 "伊夷模無子 淫灌奴部生子 名位宮…今句麗王宮是也 其曾祖名宮 生能開目視…今王生墮地 亦能開目視人 句麗呼相似爲位 似其祖 故名之爲位宮" 참조.

104 《삼국사기》권제32 잡지 제1 제사, 고구려·백제 사례의 "古記云…多婁王二年春正月 謁始祖東明廟 … 契王二年夏四月 阿莘王二年春正月 … 並如上行" 참조.

105 《삼국사기》권제24 백제본기 근초고왕 즉위년조의 "比流王第二子也 體貌奇偉有遠識" 참조.

106 김기섭, 2000, 《백제와 근초고왕》, 학연문화사, 50~52쪽.

107 노중국, 2022, 《백제의 정치제도와 운영》, 일조각, 35~38쪽.

108 이기동, 1996, 《백제사연구》, 일조각, 178~179쪽.

109 《수서》권81 열전제46 동이 백제전의 "官有十六品 長曰左平 次大率…" 참조.

110 노중국, 2018, 《백제정치사》, 일조각, 200~201쪽.

111 《일본서기》권11 인덕기 41년조의 "遣紀角宿禰於百濟 始分國郡疆場 俱錄鄉土所出" 참조.

112 原秀三郎, 1976, 〈郡司と地方豪族〉《岩波講座 日本歷史》3 古代 3, 岩波書店.

113 천관우, 1976, 〈삼한의 국가형성 (하)〉《한국학보》제2권 2호, 일지사.

114 山尾幸久, 1989, 《古代の日朝關係》塙選書 93, 塙書房, 119~124쪽.

115 김영심, 1990, 〈5~6세기 백제의 지방통치체제〉《한국사론》22집, 서울대학교

국사학과; 김기섭, 1998, 〈백제 전기의 부에 대한 시론〉한국상고사학회,《백제의 지방통치》, 학연문화사.

116《일본서기》권10 응신기 25년조의 "廿五年 百濟直支王薨 卽子久爾辛立爲王 王年幼 大倭木滿致執國政 與王母相婬 多行無禮" 참조.

117 武田幸男, 1980, 〈六世紀における朝鮮三國の國家體制〉《東アジア世界における日本古代史講座》4 朝鮮三國と倭国, 學生社.

118《양서》권54 열전 제48 제이 백제전의 "號所治城曰固麻 謂邑曰檐魯 如中國之言郡縣也 其國有二十二檐魯 皆以子弟宗族分據之" 참조.

119 이병도, 1976, 〈풍납리토성과 백제시대의 사성〉《한국고대사연구》, 박영사.

120 유원재, 1999, 〈백제의 담로와 담로제〉《역사와 역사교육》3·4호합집, 웅진사학회.

121 이기백, 1973, 〈백제사상의 무령왕〉《무령왕릉》발굴조사보고서, 문화공보부 문화재관리국.

122 武田幸男, 1980, 〈六世紀における朝鮮三國の國家體制〉《東アジア世界における日本古代史講座》4 朝鮮三國と倭国, 學生社.

123 〈지약아식미기목간〉 제3면의 "△道使△次如逢小吏猪耳其身者如黑也 道使復△彌耶方…" 참조.

124 국립부여박물관 편, 2007,《능사: 부여 능산리사지 6~8차 발굴조사보고서》국립부여박물관 유적조사보고서 제13책, 323~329쪽.

125 김수태, 1997, 〈백제의 지방통치와 도사〉《백제의 중앙과 지방》백제연구총서 5, 충남대학교 백제연구소.

126 노중국, 2012,《백제의 대외 교섭과 교류》, 지식산업사, 140~143쪽.

127 이문기, 1997,《신라병제사연구》, 일조각, 280~281쪽.

128《삼국사기》권제40 잡지 제9 직관 하 무관조의 "諸軍官 將軍共三十六人 …" 참조.

129《일본서기》권9 신공기 49년조의 "春三月 以荒田別鹿我別爲將軍 … 將襲新羅 … 請增軍士 卽命木羅斤資沙沙奴跪 是二人 不知其姓人也 但木羅斤資者 百濟將也 領精兵與沙白盖盧共遣之" 참조.

130《삼국사기》권제40 잡지 제9 직관 하 무관 금조의 "大將軍花三副 長九寸 廣三寸三分 上將軍花四副 長九寸五分 下將軍花五副 長一尺" 참조.

131 김두진, 1977, 〈고대인의 신앙과 불교 수용〉《한국사 2 -고대: 민족의 성장-》, 국사편찬위원회.

132 노중국, 2010,《백제사회사상사》, 지식산업사, 358~360쪽.

133 왕인의 활동 시기와 그가 왜에 가지고 간《논어》와《천자문》에 대한 여러 논쟁점에 대해서는 이근우, 2004, 〈왕인의《천자문》·《논어》일본전수설 재검토〉《역사비평》69집, 역사문제연구소 참조.

134《일본서기》권10 응신기 15년조의 "秋八月壬戌朔丁卯 百濟王遣阿直岐 貢良馬二

匹 … 阿直岐亦能讀經典 卽太子菟道稚郎子師焉 … 其阿直岐者 阿直岐史之始祖
也”참조.

135 《삼국사기》권제24 백제본기 근초고왕 30년조의 “冬十一月 王薨 古記云 百濟開
國已來 未有以文字記事 至是得博士高興 始有書記…”참조.

136 이기백 외, 1976, 《우리 역사를 어떻게 볼 것인가》삼성문화문고 88, 삼성미술문
화재단.

137 《삼국사기》권제4 신라본기 진흥왕 6년조의 “伊湌異斯夫奏曰 國史者 記君臣之
善惡 示褒貶於萬代 不有修撰 後代何觀 王深然之 命大阿湌居柒夫等 廣集文士 俾
之修撰”참조.

138 이와는 달리 중국 남경 西善橋에서 출토된 양나라 보국장군의 묘지 제27행 “氏得
私約 不從侯令”의 ‘侯’를 ‘律’의 오기로 보고 남조에서도 ‘부종율령’의 표현이
사용된 것으로 보는 견해(권오영, 2005, 《고대동아시아 문명 교류사의 빛 무령왕
릉》, 돌베개, 83쪽)도 있다.

139 임창순, 1973, 〈매지권에 대하여〉《무령왕릉》 발굴조사보고서, 문화공보부 문화
재관리국.

140 《삼국사기》권제24 백제본기 고이왕 29년조의 “凡官人受財及盜者 三倍徵贓 禁
錮終身”참조.

141 이종욱, 1978, 〈백제의 좌평〉《진단학보》45호, 진단학회.

142 노중국, 1979, 〈고구려 율령에 관한 일시론〉《동방학지》21집, 연세대학교 국학
연구원.

143 曾我部靜雄, 1971, 《中國律令史の研究》, 吉川弘文館, 12쪽의 “凡令以敎喩爲宗
律以懲正爲本 此二法雖前後異時 並以仁爲旨也”참조.

144 노중국, 1986, 〈백제 율령에 대하여〉《백제연구》17집, 충남대학교 백제연구소.
이와는 달리 개로왕 대에 처음 보이는 왕·후호제를 지방제도의 일환으로 보고
율령제의 실시를 개로왕 대로 보는 견해(홍승우, 2009, 〈백제 율령 반포 시기와
지방지배〉《한국고대사연구》54집, 한국고대사학회)도 있다. 그러나 왕·후제는
중앙귀족에게 주는 작호이므로 이 견해는 받아들이기 어렵다.

145 이와는 달리 진한의 원시 율령이 대방군을 통해 들어와 백제에 영향을 준 것으로
보는 견해(정동준, 2017, 〈백제 율령에 미친 중국왕조의 영향-소위 ‘태시율령
계수설’ 비판-〉《동국사학》62집, 동국역사문화연구소)도 있다.

146 《삼국사기》권제24 백제본기 근구수왕 즉위년조의 “高句麗人斯紀 本百濟人 誤
傷國馬蹄 懼罪奔於彼 至是還來 告太子曰 …”참조.

147 《삼국사기》권제24 백제본기 고이왕 28년조의 “春正月初吉 王服紫大袖袍 靑錦袴
金花飾烏羅冠 素皮帶 烏韋履 坐南堂聽事”및《구당서》권199 상 열전 제149 상
동이 백제전의 “其王服大袖紫袍 靑錦袴 烏羅冠 金花爲飾 素皮帶 烏革履”참조.

148 《삼국지》권30 위서30 동이전 한조의 “其俗好衣幘 下戶詣郡朝謁 皆假衣幘…以

瓔珠爲財寶 或以綴衣爲飾 或以縣頸垂耳 不以金銀錦繡爲珍" 참조.

149 《삼국지》권30 위서30 동이전 한조의 "以大鳥羽送死 其意欲使死者飛揚" 참조.

150 국립광주박물관, 1988, 《나주 반남고분군》 종합조사보고서, 국립광주박물관·전라남도·나주군.

151 문화재연구소, 1989, 《익산 입점리 고분》, 93쪽; 최완규·이영덕, 2001, 《익산 입점리 백제고분군》 입점리 1호분 봉토조사, 원광대학교 마한·백제문화연구소.

152 공주대학교박물관·천안온천개발·고려개발, 2000, 《용원리 고분군》, 공주대학교 박물관.

153 이훈, 2005, 〈수촌리고분군 출토 백제 마구에 대한 검토〉 《4~5세기 금강유역의 백제문화와 공주 수촌리 유적》, 충청남도역사문화원 제5회 정기심포지엄, 충청남도역사문화원.

154 전남대학교박물관·호남문화재연구원·문화재청·고흥군, 2015, 《고흥 길두리 안동고분》 전남대학교박물관 학술총서 100, 전남대학교 박물관, 88~89쪽.

155 이동훈·신배영, 2014, 〈화성 향남2지구 동서간선도로 내 유적-화성 요리 고분군 (H지점)을 중심으로-〉 《중부고고학회 학술발표》 2014권 2호, 중부고고학회.

156 박순발, 2004, 〈한성기 백제 대중교섭 일례-몽촌토성 출토 금동과대금구 추고-〉 《호서고고학》 11집, 호서고고학회.

157 이훈, 2010, 〈금동관을 통해 본 4~5세기 백제의 지방통치〉 공주대학교 대학원 박사학위논문.

158 이한상, 2009, 《장신구 사여체제로 본 백제의 지방지배》, 서경문화사.

159 이귀영, 2011, 〈백제관 상징체계의 변화양상〉 《백제의 국제성과 무령왕》 무령왕릉 발굴 40주년 국제학술회의, 공주대학교 백제문화연구소·백제학회.

160 《삼국지》권30 위서 동이전 한조의 "桓靈之末 韓濊彊盛 郡縣不能制 民多流入韓國" 참조.

161 김무중, 2004, 〈고고자료를 통해 본 백제와 낙랑의 교섭〉 《백제시대의 대외관계》, 호서고고학회; 김무중, 2006, 〈화성 기안리 제철유적 출토 낙랑계토기에 대하여〉 《백제연구》 39집, 충남대학교 백제연구소.

162 고씨와 관련한 자료에 대해서는 한국고대사회연구소 편, 1992, 〈제3편 낙랑 및 중국계 금석문〉 《역주 한국고대금석문 I》 고구려·백제·낙랑 편, 가락국사적개발연구원 참조.

163 《후한서》권1 하 광무제기 제1하 6년조의 "六月···初 樂浪人王調據郡不服 秋 遣 樂浪太守王遵擊之 郡吏殺調降" 참조.

164 왕씨와 관련한 자료에 대해서는 한국고대사회연구소 편, 1992, 〈제3편 낙랑 및 중국계 금석문〉 《역주 한국고대금석문 I》 고구려·백제·낙랑 편, 가락국사적개발연구원 참조.

165 《일본서기》권10 응신기 16년조의 "年春二月 王仁來之 則太子菟道稚郎子師之 習諸典籍於王仁 莫不通達 故所謂王仁者 是書首等之始祖也" 참조.

166 유창균, 1983, 《한국 고대한자음의 연구 Ⅱ》, 계명대학교출판부, 120~121쪽.

167 〈포항냉수리신라비〉의 "沙喙至都盧葛文王 … 斯彼暮斯智干支 此七王等共論教" 참조.

168 노중국, 2018, 《백제정치사》, 일조각, 172~173쪽. 이와는 달리 좌장, 좌보 등에 나오는 '左'를 주목하여 이 회의체를 '제좌회의'로 파악하는 견해(박대재, 2006, 《고대한국 초기국가의 왕과 전쟁》, 경인문화사)도 있다. 그러나 좌장, 좌보, 우보의 관명에서 핵심은 '將', '輔'이고 '左'는 보조적인 용어이므로 '제좌회의'란 명칭은 성립할 수 없다고 본다.

169 《삼국사기》권제38 잡지 제7 직관 상의 "上大等 或云上臣 法興王十八年始置"; 권제40 잡지 제9 직관 하 외관조의 "仕臣 或云仕大等 五人 眞興王二十五年始置" 참조.

170 《일본서기》권17 계체기 23년조의 "由是 新羅改遣其上臣伊叱夫禮智干岐 新羅以 大臣爲上臣" 참조.

171 《삼국유사》권제1 기이 제1 진덕왕조의 "王之代有閼川公林宗公述宗公虎林公 慈 藏之父 廉長公庾信公 會于南山亐知巖 議國事…" 참조.

제3부

1 《진서》권109 재기 제9 모용황의 "慕容皝字元眞 廆第三子也 龍顏版齒 身長七尺 八寸 雄毅多權略 尙經學 善天文" 참조.

2 《진서》권109 재기 제9 모용황의 "廆爲遼東公 立爲世子 建武初 拜爲冠軍將軍左 賢王 封望平侯 率衆征討 累有功 太寧末 拜平北將軍 進封朝鮮公 廆卒嗣位 以平北 將軍行平州刺史 督攝部內" 참조.

3 《진서》권109 재기제9 모용황의 "是歲 成帝遣謁者徐孟閭丘幸等持節 拜皝鎮軍大 將軍平州刺史大單于遼東公持節都督 承制封拜 一如廆故事" 참조.

4 《진서》권109 재기 제9 모용황의 "皝自征遼東 克襄平…分徙遼東大姓於棘城 置 和陽武次西樂三縣而歸" 참조.

5 《진서》권109 재기 제9 모용황의 "使其世子雋伐段遼諸城 封弈攻宇文別部 皆大 捷而歸" 참조.

6 《자치통감》권97 진기 제19 목제 영화 원년 12월늬 "燕王皝以爲古者諸侯卽位 各稱元年 於是 始不用晉年號 自稱十二年" 참조.

7 《진서》권109 재기 제9 모용황의 "尋又率騎二萬 親伐宇文歸…皝開地千餘里 徙

其部人五萬餘落於昌黎"참조.

8 　최진열, 2015, 〈16국시대 요서의 인구 증감과 전연·후연·북연의 대응〉《백제와 요서지역》백제학연구총서 쟁점백제사 7, 한성백제박물관, 87쪽서 재인용.

9 　《삼국사기》권제128 고구려본기 고국원왕 5년조의 "春正月 築國北新城" 참조.

10 《자치통감》권96 진기18 함강 5년조의 "九月…觥擊高句麗 兵及新城 新城高句麗 之西鄙 西南傍山 東北接南蘇木底等城…" 참조.

11 여호규, 2014, 《고구려 초기 정치사 연구》외대 역사문화 연구총서 08, 신서원, 485-486쪽.

12 《구당서》권199 상 열전 제149 동이 고려전의 "乾封二年二月 勣度遼至新城 謂諸 將曰 新城是高麗西境鎭城 最爲要害 若不先圖 餘城未易可下" 참조.

13 《한원》권30 번이부 고려전의 "南蘇城在國西北…高麗記云 城在雜城北七十里山上 也" 참조.

14 여호규, 2014, 《고구려 초기 정치사 연구》외대 역사문화 연구총서 08, 신서원, 487~490쪽. 이 남소성을 五龍山城으로 비정하는 견해(임기환, 2013, 〈요동반도 고구려성 현황과 지방지배의 구성〉《한국고대사연구》77집, 한국고대사학회)도 있다.

15 《삼국사기》권제17 고구려본기 서천왕 7년조의 "夏四月 王如新城 或云 新城 國之東 北大鎭也" 참조.

16 《삼국사기》권제17 고구려본기 봉상왕 2년조의 "秋八月 慕容廆來侵 王欲往新城 避賊" 참조.

17 이병도, 1977, 《국역 삼국사기》, 을유문화사, 269쪽.

18 武田幸男, 1981, 〈车頭婁一族と高句麗王權〉《朝鮮學報》99·100輯, 朝鮮學會.

19 임기환, 1987, 〈고구려 초기의 지방통치체제〉《경희사학》14집, 경희사학회.

20 《삼국사기》권제18 고구려본기 고국원왕 6년조의 "春三月 大星流西北 遣使如晉 貢方物" 참조.

21 이 토기에 대한 소개와 내용 검토는 김정배, 1993, 〈북한 출토 연희 2년명 토기〉 《태동고전연구》10집, 태동고전연구소 참조.

22 《자치통감》권96 진기18 성제 함강 4년조의 "五月 趙王虎遣渡遼將軍曹伏將青州 之衆 戍海島 運穀三百萬斛以給之 又以船三百艘運穀三十萬斛 詣高句麗" 참조.

23 이정빈, 2016, 〈4세기 전반 고구려의 해양활동과 황해: 고구려와 후조모용선비의 관계를 중심으로〉《역사와 실학》59집, 역사실학회.

24 공석구, 1988, 〈평안·황해도지방 출토 기년명전에 대한 연구〉《진단학보》65집, 진단학회; 이기동, 1996, 〈고구려사 발전의 획기로서의 4세기-모용연과의 항쟁 을 통해서-〉《동국사학》30집, 동국사학회.

25 《삼국사기》권제18 고구려본기 고국원왕 9년조의 "燕王皝來侵 兵及新城 王乞盟

乃還"참조.

26 공석구, 1998,《고구려 영역확장사 연구》, 서경문화사, 35쪽.

27 《삼국사기》권제18 고구려본기 고국원왕 10년조의 "王遣世子 朝於燕王皝" 및《진서》권109 재기 제9 모용황의 "明年 釗遣其世子朝於皝" 참조.

28 《삼국사기》권19 고구려본기 문자명왕 원년조의 "春三月 魏孝文帝遣使 拜王爲使持節都督遼海諸軍事征東將軍領護東夷中郞將遼東郡開國公高句麗王 賜衣冠服物車旗之飾 又詔王遣世子入朝 王辭以疾 遣從叔升千 隨使者詣闕" 참조.

29 《삼국사기》권제18 고구려본기 고국원왕 12년조의 "春二月 修葺丸都城 又築國內城 秋八月 移居丸都城" 참조.

30 集安縣文物保管所, 1984,〈集安高句麗國內城址的調查与試掘〉《文物》1984年 1期, 47~54쪽.

31 吉林省文物考古研究所·集安市博物館 編著, 2004,《丸都山城》, 文物出版社; 여호규, 1998,《고구려 성 I : 압록강 중상류편》, 국방군사연구소.

32 《자치통감》권97 진기19 성제 함강 8년조의 "冬十月…"참조.

33 《삼국사기》권제18 고구려본기 고국원왕 12년조의 "冬十月 燕王皝遷都龍城 立威將軍翰請先取高句麗 後滅宇文 然後中原可圖…"참조.

34 《삼국사기》권제18 고구려본기 고국원왕 12년조의 "高句麗有二道 其北道平闊 南道險狹"참조.

35 여호규, 2014,《고구려 초기 정치사 연구》외대 역사문화 연구총서 08, 신서원, 479-481쪽.

36 《자치통감》권97 진기 제19 성제 함강 8년조.《삼국사기》권제18 고구려본기 고국원왕 12년조의 "翰曰 虜以常情料之 必謂大軍從北道 當重北而輕南 王宜帥銳兵從南道擊之 出其不意 丸都不足取也 別遣偏師 出北道 縱有蹉跌 其腹心已潰 四支無能爲也"참조.

37 《진서》권109 재기 제9 모용황의 "初段遼之敗也 建威翰奔于宇文歸…乃陽狂恣酒被髮歌呼 歸信而不禁 故得周遊自任 至於山川形便 攻戰要路 莫不練之…皝曰 翰欲來也 乃遺車遺翰弓矢 翰乃竊歸駿馬 攜其二子而還"참조.

38 강선, 2001,〈고구려와 전연의 관계에 대한 고찰〉《고구려연구》11집, 고구려·발해연구회.

39 342년의 전투 과정에 대해서는 공석구, 2007,〈고구려와 모용연의 전쟁과 그 의미〉《동북아역사논총》15호, 동북아역사재단 참조.

40 《위서》권100 열전 제88 고구려전의 "建國四年 慕容元真率衆伐之 入自南陝 戰於木底 大破釗軍 …"참조.

41 《자치통감》권97 진기 성제 함강 8년 겨울 10월조의 "'輕車將軍慕輿埿"참조.

42 《삼국사기》권제18 고구려본기 고국원왕 12년조의 "韓壽曰 高句麗之地 不可戍守

今其主亡民散 潛伏山谷 大軍旣去 必復鳩聚 收其餘燼 猶足爲患 請載其父尸 囚其
生母而歸 俟其束身自歸 然後返之 撫以恩信 策之上也"참조.《진서》권109 재기
모용황 기사에도 같은 내용이 나온다.

43 여호규, 2006, 〈집안지역 고구려 초대형적석묘의 전개과정과 피장자 문제〉《한국
고대사연구》41집, 한국고대사연구회; 임기환 외, 2009,《고구려 왕릉 연구》동
북아역사재단; 정호섭, 2011,《고구려 고분의 조영과 제의》, 서경문화사; 강현숙,
2013,《고구려 고분 연구》, 진인진.

44 한국고대사회연구소, 1992,《역주 한국고대금석문 I》고구려·백제·낙랑 편 한국
고대사회연구소 사료총서① 〈고자묘지명〉의 "至後漢末 高麗與燕慕容戰大敗 國
幾將滅 廿代祖密當提戈 獨入斬首尤多 因破燕軍 重復國本 賜封爲王 三讓不受 因
賜姓高 食邑三千戶 仍賜金文鐵券 曰宜令高密子孫 代代封侯…"참조.

45 한국고대사회연구소 편, 1992, 〈고자묘지명〉《역주 한국고대금석문 I》고구려·
백제·낙랑 편, 가락국사적개발연구원의 나진옥의 견해 소개 참조.

46《삼국사기》권제13 고구려본기 유리명왕 24년조의 "秋九月 王田于箕山之野 得異
人 兩腋有羽 登之朝 賜姓羽氏 俾尙王女"참조.

47《삼국사기》권제14 고구려본기 대무신왕 4년조의 "冬十二月 王出師伐扶餘 次沸
流水上…忽有一壯夫曰 是鼎吾家物也 我妹失之 王今得之 請負以從 遂賜姓負鼎
氏"참조.

48《삼국사기》권제14 고구려본기 대무신왕 15년조의 "春三月 黜大臣仇都逸苟焚求
等三人爲庶人 此三人爲沸流部長 資貪鄙…王聞之曰 敎素不用威嚴 能以智懲惡 可
謂能矣 賜姓曰大室氏"참조.

49《삼국사기》권제18 고구려본기 고국원왕 13년조의 "春二月 王遣其弟 稱臣入朝於
燕 貢珍異以千數 燕王皝乃還其父尸 猶留其母爲質"참조.

50 기경량, 2010, 〈고구려 국내성 시기의 왕릉과 수묘제〉《한국사론》56집, 서울대학
교 국사학과.

51《삼국사기》권제18 고구려본기 고국원왕 13년조의 "秋七月 移居平壤東黃城 城在
今西京東木覓山中"및 권제37 잡지제6 지리제4 고구려조의 "長壽王十五年 移都
平壤 歷一百五十六年…古人記錄 自始祖朱蒙至寶藏王 歷年丁寧纖悉若此 而或云 故國原王
十三年 移居平壤東黃城 城在今西京東木覓山中 不可知其然否"참조.

52《삼국사기》권제18 고구려본기 고국원왕 13년조의 "遣使如晉朝貢"참조.

53《삼국사기》권제18 고구려본기 고국원왕 15년조의 "冬十月 燕王皝使慕容恪來攻
拔南蘇 置戍而還"참조.

54《진서》권109 재기제9 모용황의 "封弈等以皝任重位輕 宜稱燕王 皝於是以咸康三
年 僭卽王位 赦其境內 以封弈爲國相 韓壽爲司馬 裴開…宋晃丁熙張泓等 並爲列
卿將帥"참조.

55《삼국사기》권제18 고구려본기 고국원왕 25년조의 "冬十二月 王遣使詣燕 納質修

275

貢 以請其母 燕王雋許之 遣殿中將軍刁龕 送王母周氏歸國"참조.

56 《삼국사기》권제18 고구려본기 고국원왕 25년조의 "冬十二月…燕王雋許之 遣殿中將軍刁龕…以王爲征東大將軍營州刺史 封樂浪公 王如故"참조.

57 여호규, 2000, 〈4세기 동아시아 국제질서와 고구려 대외정책의 변화-대전연관계를 중심으로-〉《역사와 현실》36집, 한국역사연구회.

58 노태돈, 1988, 〈5세기 금석문에 보이는 고구려인의 천하관〉《한국사론》19집, 서울대학교 국사학과.

59 《삼국지》권30 위서 동이전 예조의 "正始六年 樂浪太守劉茂帶方太守弓遵 以領東濊屬句麗 興師伐之 不耐侯等擧邑降"참조.

60 《삼국지》권30 위서 동이전 한조의 "景初中… 諸韓國臣智加賜邑君印綬 其次與邑長"참조.

61 《삼국사기》권제18 고구려본기 고국원왕 4년조의 "增築平壤城"참조.

62 魏存成, 1985, 〈高句麗初中期的都城〉《北方文物》85-2; 김정배·유재신, 1991, 《중국학계의 고구려사 인식》재수록, 대륙연구소출판부, 120~122쪽.

63 張福有 저, 윤현철 역, 2005, 〈고구려의 평양, 신성과 황성〉《고구려 역사문제 연구 논문집》, 고구려연구재단.

64 이병도, 1978, 《한국고대사연구》, 박영사, 370~373쪽.

65 〈광개토대왕비〉의 "九年己亥 百殘違誓 與倭和通 王巡下平穰…"참조.

66 신동하, 1988, 〈고구려의 사원조성과 그 의미〉《한국사론》19집, 서울대학교 국사학과.

67 발굴보고서의 내용에 대한 정리는 박순발, 〈고구려의 도성과 묘역〉《한국고대사탐구》12집, 한국고대사탐구학회 참조.

68 박순발, 〈고구려의 도성과 묘역〉《한국고대사탐구》12집, 한국고대사탐구학회.

69 《삼국사기》권제19 고구려본기 문자명왕 7년조의 "秋七月 創金剛寺"참조. 금강사에 대해서는 이강근, 2005, 〈고구려 팔각형건물지에 대한 연구〉《선사와 고대》23집, 한국고대학회; 강병희, 〈백제와 고구려 사찰과의 비교〉《백제사찰과 주변국 사찰과의 비교연구-정림사지와 미륵사지를 중심으로-〉, (재)백제역사유적지 구세계유산등재추진단·원광대학교박물관 참조.

70 윤용구, 1999, 〈고구려의 평지성과 한군현성 운용〉《고구려발해연구》8집, 고구려발해학회.

71 오영찬, 2017, 〈낙랑토성 출토 봉니의 연대와 성격〉《동국사학》63집, 동국대학교 동국역사문화연구소; 정인성, 2018, 〈고고학으로 본 위만조선 왕검성〉《한국고고학보》106집, 한국고고학회.

72 이기백·이기동, 1982, 《한국사강좌》1 고대편, 일조각, 72쪽.

73 안병찬, 1990, 〈장수산 일대의 고구려 유적·유물에 대하여〉《조선고고연구》,

1990-2; 최승택, 1991, 〈장수산성의 축조년대에 대하여〉《조선고고연구》 1991-3, 사회과학출판사.

74 강현숙, 2020,〈북한의 고구려 고고학 조사·연구의성과와 과제〉《헤리티지: 역사 와 과학》87호, 국립문화재연구원

75 신광철, 2011,〈황해도 일대의 고구려 관방체계와 남부전선의 변화〉《선사와 고 대》35집, 한국고대학회.

76 안병찬, 1990, 〈장수산일대의 고구려 유적유물에 대하여〉《조선고고연구》 1990-2, 사회과학출판사; 손영종, 1990,《고구려사》, 과학백과사전종합출판사, 176~183쪽; 지승철, 2001,《장수산의 력사와 문화》, 사회과학출판사, 85~88쪽.

77 《삼국유사》권2 기이 제2 남부여 전백제 북부여조의 "按古典記云…至十三世近肖 古王 咸安元年 取高句麗南平壤 移都北漢城 今楊州" 참조.

78 신광철, 2011, 〈황해도 일대의 고구려 관방 체계와 남부 전선의 변화〉《선사와 고대》35집, 한국고대학회

79 《일본서기》권9 신공기 49년조의 "春三月 以荒田別鹿我別爲將軍 則與久氏等 共 勒兵而度之 至卓淳國 將襲新羅 時或曰 兵衆少之 不可破新羅 更復奉上沙白蓋盧 請增軍士 卽命木羅斤資沙沙奴跪 是二人不知其姓名也 但木羅斤資者 百濟將也 領精兵 與沙白蓋盧共遣之 俱集于卓淳 撃新羅而破之 因以平定比自㶱南加羅㗨國安羅多 羅卓淳加羅七國 仍移兵西廻至古奚津 屠南蠻忱彌多禮 以賜百濟 於是其王肖古及 王子貴須 亦領軍來會 時比利辟中布彌支半古四邑 自然降服" 참조.

80 《일본서기》권19 흠명기 2년조의 "聖明王曰 昔我先祖速古王貴首王之世 安羅加羅 卓淳旱岐等 初遣使相通 厚結親好 以爲子弟 …" 참조.

81 李永植, 1993,《加耶諸國と任那日本府》, 吉川弘文館; 연민수, 1998,《고대한일관 계사》, 혜안.

82 末松保和, 1956,《任那興亡史》.

83 천관우, 1978, 〈복원 가야사 (하)〉《문학과 지성》31호, 문학과 지성사.

84 山尾幸久, 1978, 〈任那に關する一試論-史料の檢討を中心に-〉《古代東アジア史 論集》下, 末松保和博士古稀記念会; 古川政司, 1981, 〈5世紀後半の百濟政權と 倭-東城王卽位事情を中心として-〉《立命館文學》433·434合輯號, 立命館大學 人文學會; 鈴木靖民, 1981, 〈木滿致と蘇我氏-蘇我氏百濟人說によせて-〉《日本 のなかの朝鮮文化》51号, 朝鮮文化社.

85 노중국, 1988,《백제정치사연구-국가형성과 지배체제의 변천을 중심으로-》, 일 조각, 139쪽.

86 《삼국사기》권제24 백제본기 근초고왕 21년조의 "春三月 遣使聘新羅" 및 23년조 의 "春三月丁巳朔 遣使新羅 送良馬二匹" 참조.

87 《일본서기》권9 신공기 47년조의 "夏四月 百濟王使久氐彌州流莫古令朝貢…對曰 臣等失道至沙比新羅 則新羅人捕臣等禁囹圄 經三月而欲殺" 참조.

88 김태식, 1993, 《가야연맹사》, 일조각, 182~186쪽.

89 이희준, 1999, 〈신라의 가야 복속 과정에 대한 고고학적 검토〉《영남고고학》25집, 영남고고학회.

90 백승옥, 1995, 〈탁순의 위치와 성격〉《부대사학》19집, 부산대학교사학회.

91 탁순국의 위치에 대한 여러 설의 정리는 김현미, 2005, 〈탁순국의 성립과 대외관계의 추이〉《역사와 경계》57집, 부산경남사학회 참조.

92 《삼국사기》권제3 신라본기 나물왕 18년조의 "百濟禿山城主 率人三百來投…百濟王移書曰 兩國和好 約爲兄弟 今大王納我逃民 甚乖和親之意…請遷之…" 참조.

93 《삼국지》권30 위서 동이전 한조의 "辰王治目支國 臣智或加優呼臣雲遣支報安邪踧支濆臣離兒不例拘邪秦支廉之號" 참조. 이 문장을 끊어 읽는 방식에 대해서는 노중국, 2003, 〈마한과 낙랑·대방군과의 군사 충돌과 목지국의 쇠퇴-정시년간 240-248을 중심으로-〉《대구사학》71집, 대구사학회 참조.

94 《일본서기》권9 신공기 49년조의 "比利碧中布彌支半古四邑"을 비리, 벽중, 포미, 지반, 고사의 다섯 읍으로 끊어 읽는 견해(전영래, 1985, 〈백제 남방경역의 변천〉《천관우선생 환력기념 한국사학논총》, 정음문화사)도 있지만 네 읍으로 보는 것이 타당하다.

95 《일본서기》권10 응신기 8년조의 "百濟記云 阿花王立 無禮於貴國 故奪我枕彌多禮及峴南支侵谷那東韓之地" 참조.

96 제주도에 비정하는 견해는 三品彰英, 1962, 《日本書紀朝鮮關係記事考證 (上)》, 吉川弘文館, 154쪽이다. 해남으로 비정하는 견해는 이도학, 1995, 《백제 고대국가 연구》, 일지사, 349~352쪽이다. 고흥 지역으로 비정하는 견해는 임영진, 2010, 〈침미다례의 위치에 대한 고고학적 고찰〉《백제문화》43집, 공주대학교 백제문화연구소이다.

97 이병도, 1976, 《한국고대사연구》, 박영사, 512~513쪽.

98 이와는 달리 4국의 위치를 부안, 김제, 정읍 지역에 비정하는 견해(천관우, 1979, 〈마한제국의 위치 시론〉《동양학》9집, 단국대학교 동양학연구소)도 있지만 김제와 부안은 비류왕 대에 이미 백제의 영역이 되었으므로 받아들이지 않는다.

99 《삼국유사》권제5 피은 제8 물계자조의 "第十奈解王卽位十七年壬辰…夫保羅 疑發羅 今羅州 竭火之役…" 참조.

100 《삼국사기》권제36 잡지 제5 무주조의 "錦山郡 本百濟發羅郡 景德王改名 今羅州牧" 참조.

101 노중국, 2023, 〈나주 고대사회에 대한 새로운 논점〉《천오백년전, 나주의 기억》, 동신대학교 영산강문화연구센터.

102 임영진, 2017, 〈영산강 유역 옹관의 발생 배경 시론〉《영산강 옹관의 한성 나들이》2017년 겨울 특별전시회, 한성백제박물관·나주복암리고분군전시관.

103 이현혜, 1984, 《삼한사회형성과정연구》, 일조각, 194쪽; 노중국, 2018, 《백제정

치사〉, 일조각, 81~82쪽.

104 《삼국사기》 권제2 신라본기 나해이사금 14년조의 "秋七月 浦上八國 謀侵加羅…";《삼국유사》 권제5 피은 제8 물계자조의 "第十奈解王卽位十七年壬辰 保羅國古自國 今固城 史勿國 今泗州 等八國 幷力來侵邊境" 참조.

105 《삼국지》 권30 위서 동이전 한조의 "部從事吳林以樂浪本統韓國 分割辰韓八國以與樂浪 吏譯轉有異同 臣智激韓忿 攻帶方郡崎離營…" 참조.

106 윤용구, 1999, 〈삼한의 대중교섭과 그 성격-조위의 동이경략과 관련하여-〉《국사관논총》 85집, 국사편찬위원회; 윤선태, 2001, 〈마한의 진왕과 신분고국〉《백제연구》 34집, 충남대학교 백제연구소; 김기섭, 2002, 〈백제의 국가성장과 비류계의 역할〉《청계사학》 16·17합집, 한국정신문화연구원 청계사학회.

107 천관우, 1976, 〈삼한의 국가형성 하〉《한국학보》 제2권 2호, 일지사; 이현혜, 1997, 〈3세기 마한과 백제국〉《백제의 중앙과 지방》, 충남대학교 백제연구소; 정재윤, 2001, 〈위의 대한 정책과 기리영 전투〉《중원문화논총》 5집, 충북대학교 중원문화연구소.

108 노중국, 2018, 《백제정치사》, 일조각, 153~156쪽.

109 《삼국사기》 권제23 백제본기 온조왕 34년조의 "馬韓舊將周勤 據牛谷城叛 王躬帥兵五千 討之 周勤自經 腰斬其尸 幷誅其妻子" 참조.

110 《삼국사기》 권제1 신라본기 탈해이사금 5년조의 "秋八月 馬韓將孟召 以覆巖城降" 참조.

111 서영일, 2006, 〈고구려의 백제 공격로 고찰〉《사학지》 38집, 단국사학회.

112 《양서》 권54 열전 제48 제이 동이 백제전의 "百濟者…馬韓有五十四國…百濟卽其一也 後漸强大 兼諸小國…" 참조.

113 《양서》 권54 열전 제48 제이 동이 백제전의 "百濟者…尋爲高句驪所破 衰弱者累年 遷居南韓地 普通二年 王餘隆始復遣使奉表 稱累破句驪 今始與通好 而百濟更爲强國" 참조.

114 백길남, 2024, 〈5세기 백제의 지배체제 정비와 중국 관작 활용〉, 연세대학교대학원 박사학위논문, 79~80쪽.

115 《통전》 권185 변방1 동이 상 변진조의 "晉武帝咸寧中 馬韓王來朝 自是無聞 三韓蓋爲百濟新羅所呑幷" 참조.

116 《통전》 권185 변방1 동이 상 백제조의 "自晉以後 呑幷諸國 據有馬韓故地" 참조.

117 《양서》 권54 열전 제48 제이 백제전의 "魏時 朝鮮以東馬韓辰韓之屬 世通中國自晉過江泛海 東使有高句麗百濟 而宋齊間 常通職貢 梁興又有加焉" 참조.

118 임영진, 1995, 〈마한의 형성과 변천에 대한 고고학적 고찰〉《한국고대사연구》 10집 (삼한의 사회와 문화 특집호), 한국고대사연구회·신서원; 임영진, 2010, 〈침미다례의 위치에 대한 고고학적 고찰〉《백제문화》 43집, 공주대학교 백제문화연구소.

119 노중국, 2023, 〈나주 고대사회에 대한 새로운 논점〉《천오백년전, 나주의 기억》, 동신대학교 영산강문화연구센터.

120 여호규, 2004, 〈4세기 동북아 국제정세와 고구려 고국원왕의 생애〉《역사문화연구》20집, 한국외국어대 역사문화연구소; 김봉숙, 2013, 〈4세기 고구려와 고국원왕〉《계명사학》24집, 계명사학회.

121 《삼국사기》권제18 고구려본기 고국원왕 39년조의 "秋九月 王以兵二萬 南伐百濟 戰於雉壤 敗績" 및 권제24 백제본기 근구수왕 즉위년조의 "先是 高句麗國岡王斯由 親來侵 近肖古王遣太子拒之 至半乞壤將戰" 참조.

122 이병도, 1976, 〈근초고왕 척경고〉《한국고대사연구》, 박영사.

123 《삼국사기》권제35 잡지제4 지리2 삭주해고군조의 "海皐郡…領縣一 雊澤縣 本高句麗刀臘縣 景德王改名 今白州" 참조.

124 《삼국사기》권제37 잡지제6 지리4 고구려조의 "刀臘縣一云雉嶽城" 참조.

125 이병도, 1959, 《한국사(고대편)》, 진단학회편, 을유문화사, 496쪽.

126 윤경진, 2021, 〈4세기 후반 백제의 대고구려 전쟁과 영토의식〉《한국사연구》193집, 한국사연구회.

127 《삼국사기》권제35 잡지제4 지리2 삭주조의 "兎山郡 本高句麗烏斯含達縣 景德王改名 今因之" 참조.

128 김기웅, 1966, 〈배천산성 답사 보고〉《고고민속》1966-1, 과학원출판사; 신광철, 2011, 〈황해도 일대의 고구려 관방체계와 남부전선의 변화〉《선사와 고대》35집, 한국고대학회.

129 손영종, 1990, 《고구려사》, 과학백과사전종합출판사, 183~195쪽.

130 서영일, 〈고구려의 백제 공격로 고찰〉《사학지》38집, 단국사학회.

131 《삼국사기》권제6 신라본기 문무왕 상 2년조의 "春正月…二十三日 渡七重河 至蒜壤…二月一日 庚信等至獐塞 距平壤三萬六千步…六日 至楊隩 庚信遣阿湌良圖大監仁仙等致軍粮…" 참조.

132 《삼국사기》권제24 백제본기 근초고왕 24년조의 "秋九月 高句麗王斯由帥步騎二萬 來屯雉壤 分兵侵奪民戶" 참조.

133 《삼국사기》권제24 백제본기 근구수왕 즉위년조의 "先是 高句麗國岡王斯由 親來侵…高句麗人斯紀 本百濟人 誤傷國馬蹄 懼罪奔於彼 至是還來 告太子曰 彼師雖多 皆備數疑兵而已 其驍勇唯赤旗 若先破之 其餘不攻自潰 太子從之" 참조.

134 《삼국사기》권제24 백제본기 근구수왕 즉위년조의 "…進擊大敗之 追奔逐北 至於水谷城之西北 將軍莫古解諫曰 嘗聞道家之言 知足不辱 知止不殆 今所得多矣 何必求多" 참조.

135 《삼국사기》권제24 백제본기 근구수왕 즉위년조의 "…太子善之止焉 乃積石爲表 登其上 顧左右曰 今日之後 疇克再至於此乎" 참조

136 《삼국사기》권제24 백제본기 근구수왕 즉위년조의 "其地有巖石 罅若馬蹄者 他
　　人至今 呼爲太子馬迹" 참조

137 《삼국사기》권제24 백제본기 근초고왕 24년조의 "秋九月 高句麗王斯由 帥步騎
　　二萬…王遣太子以兵徑至雉壤 急擊破之 獲五千餘級 其虜獲分賜將士" 참조.

138 《삼국사기》권제42 열전 제2 김유신 중의 "先是 租未坤滄爲夫山縣令 被虜於百濟
　　爲佐平任子之家奴" 참조.

139 《삼국사기》권제6 신라본기 문무왕 상 8년조의 "冬十月二十二日 賜庾信位太大
　　角干…大幢少監本得 蛇川戰 功第一 漢山州少監朴京漢 平壤城內 殺軍主述脫 功
　　第一……賜租一千石 誓幢幢主金遁山 平壤軍營戰 功第一 授位沙滄 賜租七百石…"
　　참조.

140 《삼국사기》권제24 백제본기 근초고왕 24년조의 "冬十一月 大閱於漢水南 旗幟
　　皆用黃" 참조.

141 《삼국사기》권제24 백제본기 근초고왕 26년조의 "高句麗擧兵來 王聞之 伏兵於
　　浿河上 俟其至急擊之 高句麗兵敗北" 참조.

142 《고려사》권58 지 권제12 지리3 서해도 평주조의 "平州本高句麗大谷郡 一云多知
　　忽 新羅景德王 改爲永豐郡…有猪淺 一云浿江" 참조.

143 《신증동국여지승람》권41 황해도 평산도호부 산천조의 "猪灘在府東二十五里 源
　　出遂安郡彦眞山 過新溪縣 至府北爲岐灘 府東爲箭灘 至此灘 其流始大 下流于江
　　陰縣 爲助邑浦 高麗史云 猪灘一云浿江" 참조.

144 이병도, 1976, 〈근초고왕 척경고〉《한국고대사연구》, 박영사.

145 《삼국사기》권제23 백제본기 온조왕 13년조의 "八月 遣使馬韓 告遷都 遂畫定疆
　　場 北至浿河 南限熊川 西窮大海 東極走壤" 참조.

146 이와는 달리 신라가 浿江鎭을 설치함으로써 '패하' 이름이 생겼다는 관점에서
　　패하를 대동강으로 보는 견해(윤경진, 2021, 〈4세기 후반 백제의 대고구려 전쟁
　　과 영토의식〉《한국사연구》193집, 한국사연구회)도 있다. 그러나 이 시기 백제
　　는 수곡성신계까지만 진격하여 대동강은 여전히 고구려의 영역 내에 있었으므로
　　이 견해는 성립하기 어렵다고 본다.

147 《삼국사기》권제35 잡지 제4 지리2 한주조의 "永豐郡 本高句麗大谷郡 景德王改
　　名 今平州" 및 권제37 잡지 제6 지리4 고구려조의 "大谷郡一云多知忽" 참조.

148 《삼국사기》권제10 신라본기 헌덕왕 18년조의 "秋七月 命牛岑太守白永 徵漢山
　　北諸州郡人一萬 築浿江長城三百里" 참조.

149 《삼국사기》권제24 백제본기 근초고왕 26년조의 "冬 王與太子帥精兵三萬 侵高
　　句麗 攻平壤城 麗王斯由力戰拒之 中流矢死"; 《삼국사기》권제18 고구려본기 고
　　국원왕 41년조의 "冬十月 百濟王率兵三萬 來攻平壤城 王出師拒之 爲流矢所中
　　是月二十三日 薨" 참조.

150 《삼국사기》권제37 잡지제6 지리4 백제조의 "按古典記…至十三世近肖古王 取高

句麗南平壤 都漢城";《삼국유사》권제2 기이제2 남부여 전백제 북부여조의 "按古典記云…至十三世近肖古王 咸安元年 取高句麗南平壤 移都北漢城 今楊州" 및 《세종실록》148권 지리지 경기 양주도호부조의 "楊州都護府 本高句麗南平壤城 一云北漢山 百濟近肖古王取之…" 참조.

151 《삼국사기》권제35 잡지제4 지리5 한주조의 "漢陽郡 本高句麗北漢山郡一云平壤 眞興王爲州 置軍主 景德王改名 今楊州舊墟" 참조.

152 《삼국사기》권제10 신라본기 헌덕왕 17년조의 "春正月 憲昌子梵文與高達山賊壽 神等百餘人…欲立都於平壤 攻北漢山州 都督聰明 率兵捕殺之 平壤 今楊州也 太祖製 莊義寺齋文 有高麗舊壤 平壤名山之句" 참조.

153 《일본서기》권19 흠명기 12년조의 "是歲 百濟聖明王親率衆及二國兵 二國謂新羅 任那也 往伐高麗 獲漢城之地 又進軍討平壤 凡六郡之地 遂復故地" 참조.

154 《삼국유사》권2 기이 제2 남부여 전백제 북부여조의 "按古典記云…至十三世近 肖古王 咸安元年 取高句麗南平壤 移都北漢城 今楊州" 참조.

155 윤경진, 2017, 〈고구려 '남평양'의 실체와 출현 배경〉《서울과 역사》95집, 서울 역사편찬원.

156 최종택, 1990, 〈황주 출토 백제 토기 예〉《한국상고사학보》4집, 한국상고사학 회.

157 이와는 달리 지리적으로 평양에 가까운 곳이 수곡성이므로 방원령로를 택한 것으로 보는 견해(윤경진, 2017, 〈고구려 '남평양'의 실체와 출현 배경〉《서울과 역 사》95, 서울역사편찬원)도 있다. 이 견해대로라면 황주 지역에 백제 토기가 나오는 것을 설명할 수 없다.

158 《삼국사기》권제25 백제본기 개로왕 18년조의 "又云…其祖釗輕廢鄰好 親率士衆 凌踐臣境 臣祖須 整旅電邁 應機馳擊 矢石暫交 梟斬釗首…" 참조.

159 《일본서기》권19 흠명기 14년조의 "冬十月庚寅朔己酉…會明 有着頸鎧者一騎 揷 鐃者 鐃字未詳二騎 珥豹尾者二騎幷五騎 連轡到來問曰 小兒等言 於吾田中 客人有 在 何得不迎禮也 今欲早知 與吾可以禮問答者姓名年位 餘昌對曰 姓是同姓 位是 杆率 年廿九矣 百濟反問 亦如前法 而對答焉" 참조.

160 《삼국사기》권제40 잡지 제9 직관하 "四設幢 一曰弩幢 二曰雲梯幢 三曰衝幢 四 曰石投幢" 참조.

161 《삼국사기》권제18 고구려본기 고국원왕 41년조의 "冬十月 百濟王率兵三萬 來 攻平壤城 王出師拒之 爲流矢所中 是月二十三日 薨" 참조.

162 《삼국사기》권제17 고구려본기 동천왕 22년조의 "秋九月 王薨 葬於柴原 號曰東 川王…近臣欲自殺以殉者衆…至葬日 至墓自死者甚多 國人伐柴以覆其屍 遂名其 地曰柴原" 참조.

163 안악3호분의 묘주에 대한 연구사 정리는 서영대, 1992, 〈안악 3호분 묵서명〉 《역주 한국고대금석문》제1권(고구려·백제·낙랑 편), 한국고대사회연구소; 공석

구, 2007, 〈안악3호분의 주인공과 고구려〉《백산학보》78집, 백산학회; 김근식, 2020, 〈고구려 벽화고분의 묵서 연구〉, 동국대학교대학원 박사학위논문 참조.

164 여호규, 2014, 《고구려 초기 정치사 연구》 외대 역사문화 연구총서 08, 신서원 452~453쪽. 이와는 달리 국강상을 〈광개토대왕비〉 주변의 특정 지역으로 비정할 수 없다는 견해(桃岐祐輔, 2009, 〈고구려 왕릉 출토 기와·부장품으로 본 편년과 연대〉《고구려 왕릉 연구》, 동북아역사재단)도 있지만 따르지 않는다.

165 여호규, 2014, 《고구려 초기 정치사 연구》 외대 역사문화 연구총서 08, 신서원, 452~453쪽.

166 고국원왕릉에 대한 여러 견해의 소개는 임기환, 2009, 〈고구려의 장지명 왕호와 왕릉 비정〉《고구려 왕릉 연구》, 동북아역사재단; 김봉숙, 2013, 〈4세기 고구려와 고국원왕〉《계명사학》24집, 계명사학회; 여호규, 2014, 《고구려 초기 정치사 연구》 외대 역사문화 연구총서 08, 신서원 452~453쪽.

167 청동방울의 출토 위치에 대한 정리는 백승옥, 2005, 〈'辛卯年銘 청동 방울'과 태왕릉의 주인공〉《역사와 경계》56집, 부산경남사학회 참조.

168 조법종, 2004, 〈중국 집안박물관 호태왕명문 방울〉《한국고대사연구》33집, 한국고대사학회.

169 백승옥, 2005, 〈'辛卯年銘 청동 방울'과 태왕릉의 주인공〉《역사와 경계》56집, 부산경남사학회; 이희준, 2006, 〈태왕릉의 묘주는 누구인가?〉《한국상고사학보》59집, 한국상고사학회.

170 吉林省文物考古研究所·集安市博物館 編著, 2004, 《集安高句麗王陵》1990~2003年 集安高句麗王陵調査報告, 文物出版社.

171 동북아역사재단, 2009, 《고구려 유적의 어제와 오늘-고분과 유물-》.

172 이홍종, 2015, 〈한성 백제기 도성권의 지형경관〉《고고학》14-1호, 중부고고학회.

173 이병호, 2011, 〈일제강점기 백제고지에 대한 고적조사사업〉《한국고대사연구》61집, 한국고대사학회; 조가영, 2012, 〈석촌동고분군의 축조 양상 검토〉《한국상고사학보》57집, 한국상고사학회.

174 임영진, 2013, 〈백제, 누가 세웠나-고고학적 측면-〉《백제, 누가 언제 세웠나-백제의 건국시기와 주체세력-》백제학연구총서 쟁점백제사 1, 한성백제박물관.

175 한성백제박물관, 2023, 《서울 석촌동 고분군 발굴조사 약보고서》.

176 강인구, 1984, 《삼국시대 분구묘 연구》, 영남대학교출판부.

177 김기옥, 2014, 〈경기지역 마한 분구묘의 구조와 출토유물〉《한국고고학의 신지평》 제38회 한국고고학대회 발표요지.

178 권오영, 1986, 〈초기백제의 성장과정에 관한 일고찰〉《한국사론》15집, 서울대학교 국사학과; 심재연, 2017, 〈한강 중상류역의 적석총과 석촌동 적석총과의 관계〉《백제 초기 고분의 기원과 계통》한성백제박물관 학술총서, 한성백제박물관.

179 김원용, 1979, 《한국고고학개설》, 일지사.

180 김원용·이희준, 1987, 〈서울 석촌동 3호분의 년대〉《두계이병도박사구순기념한 국사학논총》.

181 임영진, 〈서울 석촌동 고분군의 구성과 변천-1~5호분의 쟁점을 중심으로-〉《제 1회 근초고왕과 석촌동 고분군 국제학술대회》, 한성백제박물관.

182 김원용·배기동, 1983, 《석촌동3호분(적석총)발굴조사보고서》, 서울대학교박물 관; 서울대학교박물관, 1984, 《석촌동3호분(적석총) 복원을 위한 발굴 보고서》.

183 김원용 · 이희준, 1987, 〈서울 석촌동 3호분의 년대〉《두계이병도박사구순기념 한국사학논총》.

184 이휘달, 2005, 〈중국과 백제 출토 육조청자의 비교검토〉, 전남대 석사학위논문.

185 서울대학교박물관, 1984, 《석촌동3호분(적석총) 복원을 위한 발굴보고서》.

186 임영진, 2012, 〈중국 육조자기의 백제 도입 배경〉《한국고고학보》83집, 한국고 고학회.

187 김원용·이희준, 1987, 〈서울 석촌동 3호분의 연대〉《두계이병도박사구순기념한 국사학논총》.

188 박순발, 2001, 《한성백제의 탄생》, 서경문화사, 284쪽.

제4부

1 《삼국사기》 권제18 고구려본기 고국원왕 즉위년조의 "諱丘夫 故國原王之子也 身長 大 有雄略" 참조.

2 《삼구유사》 권제1 왕력 고구려 대무신왕조의 "第三大武神王 名無恤 一作味留 姓解氏" 참조.

3 《해동고승전》 권제1 유통 일지일의 순도조의 "順道 句高麗第十七解味留王 或云小獸 林王…" 참조.

4 《삼국사기》 권제13 고구려본기 시조 동명성왕 즉위년조의 "國號高句麗 因以高爲 氏" 참조.

5 《삼국유사》 권제1 기이제1 고구려조의 "國號高句麗 因以高爲氏 本姓解也 今自言是 天帝子 承日光而生 故自以高爲氏" 참조.

6 김철준, 1975, 〈고구려·신라의 관계조직의 성립과정〉《한국고대사회연구》, 지식산 업사.

7 《삼국지》 권30 위서 동이전 고구려조의 "本有五族 有消奴部絶奴部順奴部灌奴部桂 婁部 本消奴部爲王 稍微弱 今桂婁部代之" 참조.

8 《삼국지》권30 위서 동이전 고구려조의 "伊夷模無子 淫灌奴部 生子名位宮 伊夷模死 立以爲王 今句麗王宮是也 其曾祖名宮 生能開目視…今王生墮地 亦能開目視人 句麗呼相似爲位, 似其祖 故名之爲位宮" 참조.

9 《일본서기》권19 흠명기 16년조의 "八月 百濟餘昌謂諸臣等曰 少子今願奉爲考王 出家脩道 諸臣百姓報言 今君王欲得出家修道者 且奉敎也" 참조.

10 양기석, 2013, 《백제 정치사의 전개과정》, 서경문화사, 195~197쪽; 노중국, 2018, 《백제정치사》, 일조각, 406~408쪽.

11 《삼국지》권30 위서 동이전 고구려조의 "伯固死 有二子 長子拔奇 小子伊夷模 拔奇 不肖 國人便共立伊夷模爲王…拔奇怨爲兄而不得立 與消奴加各將下戶三萬餘口 詣康降 還住沸流水" 참조.

12 《삼국사기》권제25 백제본기 개로왕 즉위년조의 "蓋鹵王 或云近蓋婁" 참조.

13 《삼국사기》권제18 고구려본기 소수림왕 2년조의 "立大學 教育子弟" 참조.

14 중국 태학의 변화 과정에 대해서는 高明史 저, 오부윤 역, 1995, 《한국 교육사 연구》 대명출판사 참조.

15 《진서》권113 재기제13 부견 상의 "堅親臨太學…問難五經 博士多不能對……堅廣 修學官 召郡國學生 通一經以上充之 公卿已下子孫並遣受業 …堅自是每月一臨太 學 諸生競勸焉…堅親臨太學 考學生經義優劣 品而第之…上第擢敍者八十三人" 참조.

16 高明史 저, 오부윤 역, 1995, 《한국 교육사 연구》 대명출판사, 34쪽.

17 《삼국사기》권제18 고구려본기 소수림왕 2년조의 "夏六月 秦王苻堅 遣使及浮屠 順道 送佛像經文" 참조.

18 《해동고승전》권제1 유통 1의 1 순도조의 "或說順道從東晉來 始傳佛法" 참조.

19 《고승전》권10 담시전의 "釋曇始 關中人…晉孝武太元之末 齎經律數十部 往遼東 宣化 顯授三乘 立以歸戒 蓋高句驪聞道之始也" 참조.

20 《삼국사기》권제18 고구려본기 소수림왕 4년조의 "僧阿道來" 참조.

21 《삼국사기》권제18 고구려본기 소수림왕 5년조의 "春二月 始創肖門寺 以置順道 又創伊弗蘭寺 以置阿道" 참조.

22 《해동고승전》권제1 유통 1의 1 순도조의 "後四年 神僧阿道至自魏 存古文 始創省 門寺 以置順道 記云 以省門爲寺 今興國寺是也 後訛寫爲肖門 又刱伊弗蘭寺 以置 阿道 古記云 興福寺是也" 참조.

23 《삼국유사》권제3 홍법 제3 순도조려조의 "又云肖門寺今興國 伊弗蘭寺今興福者 亦誤 按麗時都安市城 一名安丁忽 在遼水之北 遼水一名鴨淥 今云安民江 豈有松 京之興國寺名" 참조.

24 《삼국유사》권제3 홍법제3 원종흥법 염촉멸신조.

25 《일본서기》권19 흠명기 13년조의 "冬十月 百濟聖明王 更名聖王 遣西部姬氏達率

怒唎斯致契等 獻釋迦佛金銅像一軀 幡盖若干 經論若干卷…乃歷問群臣曰 西蕃獻
佛…可禮以不 蘇我大臣稻目宿禰奏曰 西蕃諸國一皆禮之…物部大連尾輿中臣連
鎌子同奏曰 我國家之王天下者 恒以天地社稷百八十神 春夏秋冬 祭拜爲事 方今改
拜蕃神 恐致國神之怒 天皇曰 宜付情願人稻目宿禰 試令禮拜 大臣跪受而忻悅 …
淨捨向原家爲寺" 참조.

26 《해동고승전》권제1 유통 1의 1 석망명전의 ""釋亡名高句麗人也 志道依仁 守眞據
　　德…晋支遁法師貽書云…" 참조.

27 《양고승전》제4 의해1 지도림8의 "遁在白馬寺 與劉系之等 談莊子逍遙篇云…"참
　　조.

28 《해동고승전》권제1 유통 1의1 석망명전의 ""釋亡名高句麗人也…性貞峙 道俗綸
　　綜 往在京邑 雖持法綱 內外具瞻 弘道之匠也…" 참조.

29 신동하, 1988, 〈고구려의 사원조성과 그 의미〉《한국사론》19, 서울대학교 국사학
　　과.

30 《삼국사기》권제18 고구려본기 소수림왕 3년조의 "始頒律令" 참조.

31 《문헌통고》권166 형고 5 형제의 "唐之刑書有四 曰律令格式 令者尊卑貴賤之等數
　　國家之制度也 格者百官有司之所常行之事也 式者其所常守之法也 凡邦國之政 必
　　從事於此三者 其有所違及人之爲惡 而入於罪戾者 一斷以律" 참조.

32 이 책은 僞撰일 가능성이 높다는 지적(仁井田陞, 1964,《唐令拾遺》, 東京大學出版
　　會, 3쪽)도 있다.

33 曾我部靜雄, 1971,《中國律令史の研究》, 吉川弘文館, 7쪽.

34 池田溫, 1970, 〈律令官制の形成〉《岩波講座 世界歷史 古代 5》東アジア世界の形
　　成 2, 岩波書店.

35 曾我部靜雄, 1971,《中國律令史の研究》, 吉川弘文館, 11쪽.

36 노중국, 1979, 〈고구려 율령에 관한 일시론〉《동방학지》21집, 연세대학교 국학연
　　구원.

37 《진서》권113 재기 제13 부견 상의 "年七歲 聰敏好施 擧止不踰規矩" 참조.

38 松下洋巳, 〈前秦苻堅政權の性格について〉《史苑》57-2, 立教大学史学会.

39 《삼국사기》권제18 고구려본기 소수림왕 7년조의 "十一月 南伐百濟 遣使入苻秦
　　朝貢" 참조.

40 《진서》권3 제기 제3 무제 태시 4년조의 "春正月…丙戌 律令成 封爵賜帛各有差…
　　戊子 詔曰…又律令既就 班之天下 將以簡法務本 惠育海內 宜寬有罪 使得自新…"
　　참조.

41 전봉덕, 1968, 〈신라율령고〉《한국법제사연구-암행어사연구 기타-》, 서울대학교
　　출판부.

42 《자치통감》권104 진기 효무제 태원 2년조의 "春 高句麗新羅西南夷 皆遣使入貢于

秦" 참조.

43 《삼국사기》권제3 신라본기 내물왕 18년조의 "百濟禿山城主 率人三百來投 王納
之 分居六部 百濟王移書曰 兩國和好 約爲兄弟 今大王納我逃民 甚乖和親之意 非
所望於大王也 請還之 答曰 民者無常心 故思則來 斁則去 固其所也 大王不患民之
不安 而責寡人 何其甚乎 百濟聞之 不復言" 참조.

44 《삼국사기》권제3 신라본기 내물왕 37년조의 "春正月 高句麗遣使 王以高句麗强
盛 送伊湌大西知子實聖爲質"로 보냈다.

45 〈광개토대왕비〉의 "十年庚子 教遣步騎五萬 往救新羅…昔新羅寐錦未有身來論事
△國罡上廣開土境好太王…△△△朝貢" 참조.

46 《삼국사기》권제3 신라본기 눌지왕 18년조의 "春二月 百濟王送良馬二匹 秋九月
又送白鷹 冬十月 王以黃金明珠 報聘百濟" 참조.

47 《삼국사기》권제18 고구려본기 소수림왕 7년조의 "冬十一月 王薨 葬於小獸林 號
爲小獸林王" 참조.

48 吉林省文物考古研究所·集安市博物館 編著, 2004, 《集安高句麗王陵》, 文物出版社.

49 魏存成, 2007, 〈集安高句麗大形積石墓王陵研究〉《社會科學戰線》 2007-4期.

50 임기환, 2009, 〈집안의 장지명 왕호와 집안의 왕릉 비정〉《고구려왕릉연구》, 동북
아역사재단.

51 東潮, 2007, 〈고구려 왕릉과 능원제-국내성~평양성 시대-〉《고구려왕릉연구》,
동북아역사재단.

52 《삼국사기》 권제24 백제본기 근초고왕 26년조의 "王引軍退 移都漢山" 참조.

53 《삼국사기》권제37 잡지제6 지리4 백제조의 "按古典記…至十三世近肖古王 取高
句麗南平壤 都漢城" 참조.

54 《삼국유사》권제2 기이제2 남부여 전백제 북부여조의 "按古典記云…至十三世近
肖古王 咸安元年 取高句麗南平壤 移都北漢城 今楊州" 참조.

55 《삼국사기》권제35 잡지제4 지리2 한주조의 "漢陽郡 本高句麗北漢山郡 一云平壤
眞興王爲州 置軍主 景德王改名 今楊州舊墟" 참조.

56 《삼국사기》권제5 신라본기 태종 무열왕조의 "冬十月…仍命所司 創漢山州莊義寺
以資冥福";《삼국유사》권제1 기이 제1 장춘랑 파랑조의 "…又爲創壯義寺於漢山
州 以資冥援" 참조.

57 정구복·노중국·산동하·김태식·권덕영, 1996, 《역주 삼국사기》Ⅳ 주석편(하), 한
국학중앙연구원, 주 86) 양주조.

58 이도학, 2014, 〈백제 왕궁과 풍납동토성〉《한성백제의 왕궁은 어디에 있었나-한
성의 도시구조-》백제학연구총서 쟁점백제사 3, 한성백제박물관.

59 《세종실록지리지》권148 양주도호부조의 "楊州都護府 本高句麗南平壤城 一云北漢
山 百濟近肖古王取之 二十五年辛未 自北漢山南漢山移都之" 참조.

60 김기섭, 2000, 《백제와 근초고왕》, 학연문화사, 305~310쪽.

61 《삼국사기》권제7 신라본기 문무왕 하 12년조의 "八月 築漢山州畫長城 周四千三百六十步" 참조.

62 한국토지공사 토지박물관, 2003, 《남한행궁지 제4·5차 조사보고서》.

63 신희권, 2014, 〈백제 한성도읍기 도성 방어 체계 연구〉《향토서울》86집, 서울특별시 시사편찬위원회.

64 숭렬전의 건립과정에 대해서는 한형주, 2019, 〈조선시대 '역대시조묘'에 대한 의례적 고찰〉《국학연구》39집, 한국국학진흥원 참조.

65 《삼국사기》권제24 백제본기 근초고왕 28년조의 "秋七月 築城於靑木嶺" 참조.

66 《신증동국여지승람》권4 개성부 상 산천 송악조의 "松嶽 在府北伍里 鎭山 初名扶蘇 又稱鵠嶺…O.按百濟始祖十年冬十月 靺鞨寇百濟…百濟軍敗績 依靑木山自保…所謂靑木山 疑卽此 又王昌瑾鏡文云 巳年中 二龍見 一卽藏身靑木中 靑木松也 謂松岳也" 참조.

67 《동사강목》제1 상 임자 마한 백제시조 10년조

68 이병도, 1976, 《국역 삼국사기》, 박영사, 355쪽.

69 《삼국사기》권제23 백제본기 온조왕 10년조의 "冬十月 靺鞨寇北境 王遣兵二百 拒戰於昆彌川上 我軍敗績 依靑木山自保…" 참조.

70 《삼국사기》권제25 백제본기 진사왕 2년조의 "春 發國內人年十五歲已上 設關防 自靑木嶺 北距八坤城 西至於海" 참조.

71 《삼국사기》권제25 백제본기 아신왕 4년조의 "冬十一月 王欲報浿水之役 親帥兵 七千人 過漢水 次於靑木嶺下…" 참조.

72 《삼국사기》권제25 백제본기 개로왕 15년조의 "秋八月 遣將侵高句麗南鄙 冬十月 葺雙峴城 設大柵於靑木嶺 分北漢山城士卒戌之" 참조.

73 《진서》권9 제기 제9 간문제 함안 2년 조의 "春正月辛丑 百濟林邑王各遣使貢方物" 참조.

74 《진서》권9 제기 제9 간문제 함안 2년 조의 "六月 遣使拜百濟王餘句爲鎭東將軍領樂浪太守" 참조.

75 김한규, 1985, 〈남북조시대의 중국적 세계질서와 고대한국의 막부제〉《한국고대의 국가와 사회》, 일조각; 김종완, 1995, 《중국남북조사연구-조공·교빙관계를 중심으로》, 일조각, 120~121쪽.

76 이주현, 1998, 〈군부체제로 본 위진남북조사〉《중국학보》38집, 한국중국학회.

77 《송서》권97 열전 제57 이만 백제전의 "少帝景平二年 映遣長史張威 詣闕貢獻" 참조. 이 기사의 경평 2년(424)은 《삼국사기》의 연표대로 하면 구이신왕 5년이어서 전지왕(405~420)과는 연대가 맞지 않는다.

78 이 부관에 대해 동아시아 여러 나라들의 왕들이 막부를 설치하여 국정을 운영하였다는 증거가 없다는 입장에서 대중국 외교를 위한 虛職에 불과한 것으로 보는 견해(이성규, 2003, 〈한국 고대국가의 형성과 한자 수용〉《한국고대사연구》32

집, 한국고대사학회)도 있다.

79 《양서》권54 열전 제48 제이 고구려전의 "孝武太元十年 以句驪王安爲平州牧‥安始 置長史司馬參軍官" 참조. 고구려왕 安은 연대에서 미루어 보면 광개토대왕이다.

80 노중국, 2012, 《백제의 대외 교섭과 교류》, 지식산업사, 151쪽.

81 노중국, 2010, 《백제사회사상사》, 지식산업사, 238~240쪽

82 권오영, 2011, 〈196호 유구의 성격〉《풍납토성XII-경당지구 196호 유구에 대한 보고-》한신대학교박물관총서 제37책, 한성백제박물관·한신대학교박물관.

83 《태평어람》권781 동이 신라조의 "秦書曰 苻堅建元十八年 新羅國王樓寒 遣使衛 頭 獻美女 國在百濟東 " 참조.

84 노중국, 2012, 《백제의 대외교섭과 교류》, 지식산업사, 159~161쪽.

85 방선주, 1973, 〈예, 백제관계 호부에 대하여〉《사총》17·18합집, 고려대학교 사학 회.

86 《진서》권102 재기 제2 유총의 "準自號大將軍漢大王 置百官" 참조.《통감》권90 에는 '大'를 '天'으로 적고 있어서 여기서는 천왕의 사례로 들어 둔다.

87 《진서》권112 재기 제12 부건의 "永和七年 僭稱天王單于 赦境內死罪" 참조.

88 《진서》권112 재기 제12 부건의 "以升平元年 僭稱大秦天王…赦其境內 改元曰永 興" 참조.

89 《진서》권113 재기제13 부견 상의 "洛健之兄子也 雄勇多力…於是 自稱大將軍大 都督秦王 署置官司…分遣使者 徵兵於鮮卑烏丸高句麗百濟及薛羅休忍等諸國 並 不從" 참조.

90 노중국, 2012, 〈백제의 문서행정과 관인제〉《백제와 주변세계》, 성주탁교수 추모 논총, 진인진.

91 흉노의 좌현왕·우현왕 제도에 대해서는 護雅夫, 1980, 《古代トルコ民族史硏究》, 山川出版社 참조.

92 《한서》권94 상 흉노전 제64 상의 "其國稱之曰撐犂孤塗單于 匈奴謂天爲撐犂 謂子 爲孤塗 單于者廣大之貌也 言其象天單于然也" 참조.

93 《후한서》권89 남흉노열전 제79의 "其大臣貴者左賢王 次左谷蠡王 次右賢王 次于 谷蠡王 謂之四角 次左右日逐王 次左右溫禺鞮王 次左右漸將王 是爲六角 皆單于 子弟…" 참조.

94 《송서》권97 열전 제57 이만 백제전의 "世祖大明二年 慶遣使上表曰…文武良輔 世蒙朝爵…仍以行冠軍將軍右賢王餘紀爲冠軍將軍 以行征虜將軍左賢王餘昆 行 征虜將軍餘暈 並爲征虜將軍" 참조.

95 《삼국사기》권제25 백제본기 개로왕 18년조의 "於是 盡發國人 烝土築城" 참조.

96 《진서》권130 재기 제30 赫連勃勃의 "赫連勃勃字屈子…義熙三年 僭稱天王大單 于…以叱干阿利領將作大匠 發嶺北夷夏十萬人 于朔方水北 黑水之南 營起都城 勃

勃自言 朕方統一天下 君臨萬方 可以統萬爲名 阿利性尤工巧 然殘忍刻暴 乃蒸土
築城 錐入一寸 卽殺作者而弁築之" 참조.

97 심광주, 2010, 〈한성 백제의 '증토축성'에 대한 연구〉《향토서울》76집, 서울특별
시사편찬위원회.

98 《일본서기》권9 신공기 49년조의 "春三月…仍移兵西廻至古奚津 屠南蠻忱彌多禮
以賜百濟…" 참조.

99 〈충주고구려비〉의 "五月中 高麗太王祖王…賜寐錦之衣服…敎諸位賜上下衣服" 참조.

100 《일본서기》권19 흠명기 2년조의 "聖明王曰 昔我先祖速古王貴須王之世 安羅加
羅卓淳旱岐等 遣使相通 厚結親好 以爲子弟…" 참조.

101 《삼국사기》권제24 백제본기 근초고왕 24년조의 "冬十一月 大閱於漢水南 旗幟
皆用黃" 참조.

102 《일본서기》권9 신공기 52년조의 "秋九月丁卯朔丙子 久氐等從千熊長彦詣之 則
獻七枝刀一口 七子鏡一面及種種重寶" 참조.

103 칠지도의 성격에 대한 다양한 견해의 정리는 김영심, 1992, 〈칠지도〉《역주 한국
고대금석문》제1권고구려·백제·낙랑편, 가락국사적개발연구원 참조.

104 김정배, 1980, 〈칠지도 연구의 새로운 방향〉《동양학》10집, 단국대학교 동양학
연구소.

105 노중국, 2010, 《백제사회사상사》, 지식산업사, 236쪽.

106 吉田晶, 2001, 《七支刀の謎を解く》 四世紀後半の百濟と倭, 新日本出版社,
36~37쪽.

107 神保公子, 1975, 〈七支刀の解釋をめぐつて〉《史學雜志》84-11, 東京大學 史學
會; 鈴木靖民, 1983, 〈石上神宮七支刀銘についての一試論〉國学院大學文学部史
学科編, 《日本史學論集》上, 吉川弘文館.

108 《삼국사기》권제25 백제본기 전지왕 즉위년조의 "腆支王…阿莘之元子…漢城人
解忠來告曰 大王棄世…" 참조.

109 《송서》권97 열전 제57 이만 백제전의 "仍以行冠軍將軍右賢王餘紀爲冠軍將軍
以行征虜將軍左賢王餘昆 行征虜將軍餘暈 並爲征虜將軍…" 및 《남제서》권58 열
전 제39 동남이 백제전의 "…寧朔將軍面中王姐瑾 歷贊時務…今假行冠軍將軍都
將軍都漢王 建威將軍八中侯餘古 弱冠輔佐…" 참조.

110 양기석, 1984, 〈5세기 백제의 왕·후·태수제에 대하여〉《사학연구》38집, 사학연
구회; 노중국, 2012, 〈백제의 왕·후호, 장군호제와 그 운영〉《백제연구》55집,
충남대학교 백제연구소.

111 《삼국사기》권제24 백제본기 근구수왕 2년조의 "以王舅眞高道爲內臣佐平 委以
政事" 참조.

112 《삼국사기》권제25 백제본기 아신왕 즉위년조의 "阿莘王 或云阿芳 枕流王之元

子…王薨時 年少 故叔父辰斯繼位";《일본서기》권9 신공기 65년조의 "百濟枕流王薨 王子阿花年少 叔父辰斯奪立爲王" 참조.

113 《일본서기》권10 응신기 3년조의 "是歲 百濟辰斯王立之 失禮於貴國天皇…由是百濟國殺辰斯王以謝之 紀角宿禰等便立阿花爲王而歸" 참조.

114 이기백, 1959,〈백제왕위 계승고〉《역사학보》11집, 역사학회.

115 《위서》권100 열전 제88 백제전의 "臣祖須整旅電邁 應機馳擊 矢石暫交 梟斬釗首 …" 참조.

116 《일본서기》권19 흠명기 2년조의 "夏四月 … 聖明王曰 昔我先祖速古王貴首王之世 安羅加羅卓淳旱岐等 初遣使相通 厚結親好 以爲子弟" 참조.

117 《삼국사기》권제4 신라본기 진흥왕 37년조의 "崔致遠鸞郎碑序曰 國有玄妙之道曰風流 設敎之源 備詳仙史 實乃包含三敎 接化羣生" 참조.

118 《삼국유사》권제3 탑상 제4 미륵선화 미시랑 진자사조의 "第二十四眞興王 姓金氏…慕伯父法興之志 一心奉佛 廣興佛寺 度人爲僧尼 又天性風味 多尙神仙 擇人家娘子美艶者 捧爲原花 要聚徒選士 敎之以孝悌忠信 亦理國之大要也…王又念欲興邦國 須先風月道…" 참조.

119 노중국, 2020,《역사의 맞수①-백제 성왕과 신라 진흥왕-》, 지식산업사, 88~91쪽.

120 백제의 도가사상에 대해서는 장인성, 2005,〈한성 백제시대 도교문화〉《향토서울》65집, 서울특별시사편찬위원회; 김영심, 2011,〈백제문화의 도교적 요소〉《한국고대사연구》64집, 한국고대사학회 참조.

121 노중국, 2010,《백제사회사상사》, 지식산업사, 384~380쪽.

122 《삼국사기》권제24 백제본기 침류왕 원년조의 "九月 胡僧摩羅難陁自晉至 王迎之致宮內 禮敬焉 佛法始於此" 및 2년조의 "春二月 創佛寺於漢山 度僧十人" 참조.

123 《삼국사기》권제24 백제본기 침류왕 즉위년조의 "枕流王 近仇首王之元子 母曰阿尒夫人" 참조.

124 이병도, 1977,《국역 삼국사기》, 을유문화사, 378쪽 주1.

125 조경철, 2015,《백제불교사연구》솔벗한국학총서 19, 지식산업사.

126 《삼국유사》권제1 기이제1 사금갑조의 "書中云射琴匣 王入宮 見琴匣射之 乃內殿焚修僧與宮主潛通而所奸也 二人伏誅……" 참조.

127 《삼국사기》권제24 백제본기 근구수왕 5년조의 "春三月 遣使朝晉 其使海上遇惡風 不達而還" 참조.

128 《양서》권54 열전제48 제이 백제전의 "晉太元中王須 義熙中王餘映 宋元嘉中王餘毗 立遣使獻生口" 참조.

129 《진서》권9 세기 제9 효무제 태원 7년조의 "九月 東夷五國遣使來貢方物" 참조.

130 노중국, 2012,《백제의 대외 교섭과 교류》, 지식산업사, 152~153쪽.

131 《진서》권9 제기 제9 효무제 태원 11년조의 "夏四月 以百濟王世子餘暉爲使持節
都督鎭東將軍百濟王" 참조.

132 《태평어람》권781 동이 신라조의 "秦書曰 苻堅建元十八年 新羅國王樓寒 遣使衛
頭 獻美女 國在百濟東" 참조.

133 심재룡, 2019, 〈김해 대성동고분의 변천과 가락국사회〉《가야고분군 V》, 가야고
분군세계유산등재추진단.

134 이현우, 〈중국계 유물로 본 김해 대성동고분군〉《대성동고분군-다섯번의 발굴
10년의 기록》대성동고분박물관 학술연구총서 22책, 대성동고분박물관.

135 《삼국사기》권제25 백제본기 근구수왕 10년조의 "春二月 日有暈三重 宮中大樹
自拔 夏四月 王薨" 참조.

136 《삼국사기》권25 백제본기 진사왕 7년조의 "春正月 重修宮室 穿池造山 以養奇禽
異卉" 참조.

137 장인성, 《백제의 종교와 사회》, 서경, 2001, 30쪽.

138 《일본서기》권9 신공기 65년조의 "百濟枕流王薨 王子阿花年少 叔父辰斯奪立爲
王" 참조.

139 《삼국사기》권제18 고구려본기 소수림왕 5년조의 "秋七月 攻百濟水谷城" 참조.

140 《삼국사기》권제24 백제본기 근초고왕 30년조의 "秋七月 高句麗來攻北鄙水谷城
陷之 王遣將拒之 不克" 참조.

141 《삼국사기》권제24 백제본기 근초고왕 30년조의 "王又將大擧兵報之 以年荒不
果" 참조.

142 《삼국사기》권제18 고구려본기 소수림왕 6년조의 "冬十一月 侵百濟北鄙"; 권제
24 백제본기 근구수왕 2년조의 "冬十一月 高句麗來侵北鄙" 참조.

143 《삼국사기》권제18 고구려본기 소수림왕 7년조의 "冬十月 無雪雷 民疫 百濟將兵
三萬 來侵平壤城; 권24 백제본기 근구수왕 3년조의 "冬十月 王將兵三萬 侵高句
麗平壤城" 참조.

144 《삼국사기》권제18 고구려본기 소수림왕 7년조의 "十一月 南伐百濟"; 권24 백
제본기 근구수왕 3년조의 "十一月 高句麗來侵" 참조.

145 《삼국사기》권제18 고구려본기 소수림왕 8년조의 "旱 民饑相食 秋九月 契丹犯北
邊 陷八部落" 참조.

146 王健群 저, 임동석 역, 1985, 《광개토왕비연구》, 역민사, 223쪽.

147 천관우, 1979, 〈광개토왕비문 재론〉《전해종박사화갑기념사학논총》, 일조각; 金
渭顯, 1981, 《契丹的東北政策》, 華世出版社, 5~11쪽.

148 《삼국사기》권제18 고구려본기 광개토왕 즉위년조의 "九月 北伐契丹 虜男女五
百口 又招諭本國陷沒民口一萬而歸" 참조.

149 《삼국사기》권24 백제본기 근구수왕 6년조의 "大疫 夏五月 地裂 深五丈橫廣三

丈 三日乃合"참조.

150 《삼국사기》 권24 백제본기 근구수왕 8년조의 "春 不雨至六月 民饑 至有鬻子者 王出官穀贖之"참조.

151 《삼국사기》 권제18 고구려본기 고국양왕 3년조의 "秋八月 王發兵 南伐百濟"; 《삼국사기》 권24 백제본기 진사왕 2년조의 "八月 高句麗來侵"참조.

152 〈광개토대왕비〉의 "以六年丙申 王躬率水軍 討伐利殘國…而殘主困逼 獻出男女 生口一千人 細布千匹 跪王自誓 從今以後 永爲奴客…於是 得五十八城村七百 將 殘主弟幷大臣十人 旋師還都"참조.

153 《삼국유사》 권제1 기이 제1 고조선조의 "…號曰 壇君王儉 以唐高卽位五十年庚 寅…都平壤城 今西京 始稱朝鮮"참조.

154 《삼국사기》 권제22 고구려본기 보장왕 하 27년조의 "論曰 玄菟樂浪 本朝鮮之地 箕子所封 箕子敎其民以禮義田蠶織作 設禁八條 是以其民不相盜 無門戶之閉 婦人 貞信不淫 飮食以籩豆 此仁賢之化也 而又天性柔順 異於三方 故孔子悼道不行 欲 浮桴於海以居之 有以也夫"참조.

155 《삼국사기》 권제18 고구려본기 고국원왕 13년조의 "秋七月 移居平壤東黃城 城 在今西京東木覓山中"참조.

156 《삼국사기》 권제37 잡지 제6 지리4 고구려조의 "都國內…長壽王十五年 移都平 壤…平原王二十八年 移都長安城…寶藏王二十七年而滅…而 或云 故國原王十三年 移居平壤東黃城 城在今西京東木覓山中 不可知其然否"참조.

157 기경량, 2017,《고구려 왕도 연구》, 서울대학교대학원 박사학위논문, 128~137쪽.

158 임기환, 2018, 〈고구려 전기 도성 관련 기사의 재검토-기사의 원전 계통을 중심 으로-〉《역사문화연구》65집, 한국외국어대학교 역사문화연구소.

159 권순홍, 〈고구려 '평양'의 변천과 전기 평양성의 위치에 관한 쟁점 검토〉《역사문 화연구》70집, 한국외국어대학교 역사문화연구소.

160 김지희, 2016, 〈고구려 고국원왕의 평양 이거와 남진〉《한국사론》62집, 서울대 학교 국사학과.

161 《삼국사기》 권제19 고구려본기 안장왕 11년조의 "春三月 王畋於黃城之東"참조.

162 《신증동국여지승람》 권51 평안도 평양부 산천조의 "木覓山在府東四里 有黃城 古址 一名絅城…"참조.

163 임기환, 2018, 〈고구려 전기 도성 관련 기사의 재검토 - 기사의 원전 계통을 중 심으로 - 〉《역사문화연구》65집, 한국외국어대학교 역사문화연구소.

164 《후한서》 권85 동이열전 제75 고구려전의 "凡有五族 有消奴部絶奴部順奴部灌奴 部桂婁部 案今高驪五部 一曰內部 一名黃部 即桂婁部也…"참조.

165 《삼국사기》 권제4 신라본기 진흥왕 14년조의 "春二月 王命所司 築新宮於月城東 黃龍見其地 王疑之 改爲佛寺 賜號曰皇龍"참조.

293

166 이병도, 1976,《한국고대사연구》, 박영사, 371~373쪽.

167 기경량, 2020, 〈고국원왕대 '평양동황성'의 위치와 이거 기록의 성격〉《한국학연구》57집, 인하대학교 한국학연구소.

168 이와는 달리 자강도 江界로 보는 견해(이병도, 1978,《한국고대사연구》, 박영사, 370~373쪽), 집안 東臺子遺址로 보는 견해(魏存成, 1985, 〈高句麗初中期的都城〉《北方文物》85-2; 김정배·유재신, 1991,《중국학계의 고구려사 인식》재수록, 대륙연구소출판부, 120~122쪽), 집안의 평지성으로 보는 견해(여호규, 2014, 〈고구려 도성의 구조와 경관의 변화〉《삼국시대 고고학개론》1, 진인진), 임강시 六道溝鎭 樺皮甸子村의 고성으로 보는 견해(張福有 저, 윤현철 역, 2005, 〈고구려의 평양, 신성과 황성〉《고구려 역사문제 연구 논문집》, 고구려연구재단) 등도 있다.

169 《삼국사기》권제18 고구려본기 고국원왕 13년조의 "秋7月 移居平壤東黃城 城在今西京東木覓山中"및 권제37, 잡지 제6 지리 제4 고구려조의 "寶藏王二十七年而滅 古人記錄…而或云 故國原王十三年 移居平壤東黃城 城在今西京東木覓山中 不可知然否 平壤城似今西京 而浿水則大同江是也" 참조.

170 민덕식, 1989, 〈고국원왕대 평양성의 위치에 관한 시고〉《용암 차문섭교수 화갑기념 사학논총》, 신서원.

171 임기환, 2007, 〈고구려 평양 도성의 정치적 성격〉《한국사연구》137집, 한국사연구회.

172 기경량, 2020, 〈고국원왕대 '평양동황성'의 위치와 이거 기록의 성격〉《한국학연구》57집, 인하대학교 한국학연구소.

173 기경량, 2020, 〈고국원왕대 '평양동황성'의 위치와 이거 기록의 성격〉《한국학연구》57집, 인하대학교 한국학연구소.

174 《위서》권100 열전 제88 백제전의 "又詔璉護送安等 安等至高句麗 璉稱昔與餘慶有讎…" 참조.

175 이용범, 1975, 〈대륙관계사-고대편 상〉《백산학보》18집, 백산학회.

176 《삼국사기》권제18 고구려본기 광개토왕 2년조의 "秋八月 百濟侵南邊 命將拒之 創九寺於平壤" 참조.

177 《삼국사기》권제18 고구려본기 광개토왕 3년조의 "八月 築國南七城 以備百濟之寇" 참조.

178 《삼국사기》권제18 고구려본기 장수왕 15년조의 "移都平壤" 참조.

179 노중국, 2011, 〈7세기 신라와 백제의 관계〉《2010 신라학국제학술대회 논문집》4집 7세기 동아시아의 신라, 경주시·신라문화유산연구원.

180 《삼국사기》권제7 신라본기 문무왕 11년조의 "《삼국사기》권제7 신라본기 문무왕 하 11년조의 "秋七月…大王報書云 先王貞觀二十二年入朝 面奉太宗文皇帝 恩勅 朕今伐高麗 非有他故…山川土地 非我所貪 玉帛子女 是我所有 我平定兩國 平

壤已南百濟土地 並乞你新羅 永爲安逸"참조.

181 김영하, 2009, 〈7세기 후반 한국사의 인식문제-신라의 백제통합론과 삼국통일론을 중심으로-〉《한국사연구》146집, 한국사연구회.

182 《삼국사기》권제50 열전 제10 견훤전의 "所期者 掛弓於平壤之樓 飮馬於浿江之水"참조. 동일한 내용이 《삼국유사》권제2 기이 제2 후백제 견훤조에도 나온다.

183 《삼국사기》권제50 열전 제10 견훤전의 "萱西巡至完山州 州民迎勞 萱喜得人心 謂左右曰 吾原三國之始 馬韓先起 後赫世勃興 故辰卞從之而興 於是 百濟開國金馬山 六百餘年 摠章中 唐高宗以新羅之請 遣將軍蘇定方 以船兵十三萬越海 新羅金庾信卷土 歷黃山至泗沘 與唐兵合攻百濟滅之 今予敢不立都於完山 以雪義慈宿憤乎"참조. 동일한 내용이 《삼국유사》권제2 기이 제2 후백제 견훤조에 나온다. 그러나 마한이 신라보다 먼저 개국하였다는 내용은 빠져있다.

184 《고려사》권92 열전제5 최응전의 "他日 太祖謂崔凝曰 昔新羅造九層塔 遂成一統之業 今欲開京建七層塔 西京建九層塔 冀借玄功 除群醜 合三韓爲一家 卿爲我作發願疏 凝遂製造…"참조.

185 《삼국사기》권제5 신라본기 선덕왕 3년조의 "春正月 改元仁平 芬皇寺成"및 13년조의 "秋九月 皇龍寺塔成九層 高二十二丈"참조. 분황사탑은 현재 3층만 복원되어 있지만 저자는 본래 7층탑이었던 것으로 본다.

186 노중국, 2018, 《백제정치사》, 일조각, 540~543쪽.

찾아보기

297

301